창의폭발 엄마표 수학가베놀이

1판 1쇄 발행   2012년 11월 25일
1판 11쇄 발행 2023년 4월 17일

지은이 이윤정
발행인 유성권
펴낸곳 ㈜이퍼블릭

출판등록 1970년 7월 28일, 제1-170호
주소   서울시 양천구 목동서로 211 범문빌딩 (07995)
대표전화 02-2653-5131 | 팩시밀리 02-2653-2455
www.loginbook.com

- 이 책은 저작권법에 따라 보호받는 저작물이므로 무단전재와 복제를 금지하며, 이 책 내용의 전부 또는 일부를 이용하려면 반드시 저작권자와 ㈜이퍼블릭의 서면 동의를 받아야 합니다.
- 잘못된 책은 구입처에서 교환해 드립니다.
- 책값과 ISBN은 뒤표지에 있습니다.

엄마표 영어, 엄마표 놀이는 **로그인**

가베로 놀기만 해도 수학개념과 원리가 잡힌다!

창의폭발
엄마표
수학가베
놀이

이윤정 지음

로그인

이 책의 놀이를 미리 해보신 분들의 추천평

요즘 아이들이 제일 어렵고 재미없어하는 과목이 수학이라고 하지요. 엄마는 아이를 억지로 끌어당기고 아이는 재미도 없고 이해도 안 되니 고역인데, 그런 엄마와 아이의 답답함을 가시게 해 줄 단비 같은 책이 나왔네요. 초등 1~6학년 수학을 영역별로 보여 주어, 엄마가 설명해 주기 어려웠던 개념을 찾아서 놀이로 익힐 수 있도록 해 줍니다. 다그치고 혼내고 점점 재미없어지게 만드는 수학, 개념도 모른 채 기술만 익히는 수학이 아니라 엄마와 아이가 머리를 맞대고 구체물로 게임하듯 놀면서 머릿속에 구체물로 영상처럼 쏙쏙 들어오는 수학으로 대전환시켜 준 고마운 책입니다.

김민정 (2학년 시현, 6세 세희 엄마)

아이들에게 수학은 어려운 것이 아니라 쉽고 재미있는 과목이라는 것을 알려 주고 싶어서 유아기 때부터 다양한 수학놀이를 해 오고 있어요. 그 중에서 아이들이 가장 좋아하고 실력 향상이 보이는 게 바로 '가베'입니다. 아이들이 자칫 가베수업을 어렵게 받아들일 수도 있기 때문에 최대한 재미있고 다양한 방향으로 접근해야 하는데, 이런 수업 준비를 엄마 혼자 한다는 것은 상당히 어렵습니다. 그래서 가베 관련 책을 통해 아이디어를 얻고 내 아이에게 맞춰 변형해서 적용하곤 합니다. 그런 면에서 이 책은 아주 유용합니다. 다양한 놀이로 수학 개념에 접근함으로써 지루하지 않게 수업을 진행할 수 있도록 짜여 있어요. 공부가 아닌 놀이로 아이들에게 접근하게 한 것이 너무 좋고, 수학적인 감각 외에 창의력까지 길러지니 활용만점입니다. 앞으로 이런 책이 좀 더 많아졌으면 하는 바람입니다.

류지원 (7세 재영, 5세 서윤 엄마)

기존에 나와 있는 가베 교재들은 기초적인 내용들 위주여서 엄마표 가베를 이미 경험한 저희 아이들에게는 맞지 않아 고민이었어요. 좀 더 확장된 활동을 엄마표로 진행해 주고 싶었는데 마땅히 사용할 만한 교재가 없었거든요. 그런데 《창의폭발 엄마표 수학 가베놀이》는 기존에 출시된 책들보다 확장된 활동들이 다양하게 수록되어 있어서 무척 반가웠어요. 게다가 집에서 엄마표로 진행하기에 부담 없게 구성되어 있어서 답답했던 가슴이 뻥 뚫리는 기분이었답니다. 아이들 또한 지루해하지 않고 새로운 활동에 흥미를 갖고 함께 해 주니 저도 기분 좋게 준비를 하게 되더군요. 엄마표 수학가베를 진행하는 분들에게 많은 도움을 줄 수 있는 책이라고 확신합니다.

김수정 (1학년 한울, 7세 한결 엄마)

초등학교 입학을 앞두고 있는 아들의 엄마로서, 수학은 벌써부터 저의 고민거리입니다. 수학을 학습으로 생각하지 않고 놀이를 통해 자연스럽게 익히도록 하기 위해 가베를 구입했지만 일주일에 한 번 선생님과의 수업시간을 제외하고는 우리집 가베는 늘 잠을 자는 신세였어요. 일주일에 한 번으로는 부족하고 엄마인 내가 수업을 하자니 막막했지요. 하지만 이 책을 보면서 엄마인 나도 아이와 함께 가베 수업을 하며 수학을 재미있게 가르칠 수 있겠다는 용기가 생겼습니다. 모든 과정에 활동사진이 실려 있어 쉽게 따라할 수 있고, 수업을 진행할 때 아이에게 어떻게 말해야 하는지도 상세히 나와 있어요. 아이와 함께 책에 제시된 순서대로 차근차근 따라하면 초등수학의 개념을 잘 습득할 수 있을 것 같아요.

심화정 (7세 선재, 3세 윤서 엄마)

가베 책들을 보면 흥미를 유발시키는 쉬운 놀이들이 대부분이어서 가베는 단순한 블록쌓기 교구인 줄 알았어요. 그런데 이 책은 가베가 수학교육에 있어 효과적이고 필수적인 교구라는 새로운 사실을 깨닫게 해 주었습니다. 특히 아이들의 수학 공부를 어떻게 시켜야할지 난감하던 제게는 매우 소중한 책이었어요. 설명하기 어렵고 낯선 '수 개념'을 확실하게 이해하는 데 도움을 받았습니다. 도형, 측정, 확률 등 아이들이 어려워하는 고난이도 수학 개념도 친근하고 알기 쉽게 설명해 주고 있어요. 또한 교과과정과 연계돼 있어 아이들의 수학실력에 직접적인 도움도 될 것 같아요. 단순한 흥미유발을 위한 가베 책이 아닌, 아이들이 어려워하는 '수학의 길잡이'가 되어주는 이 책을 적극 추천합니다.

조문희 (6세 동혁, 3세 동윤 엄마)

아이가 수학문제집을 풀 때마다 개념을 제대로 이해하고 푸는 걸까 하는 의구심이 들었지만 개념을 이해시켜줄 획기적인 방법이 없었기 때문에 아이의 수학학습은 대부분 문제집으로만 해결해 왔습니다. 그런데 이 책을 보니 '수학 개념은 가베로 잡아줘야겠구나!' 하는 생각이 번뜩 들더군요. 5학년 큰 애가 '평면도형의 넓이 구하는 공식'을 외우느라 힘들어했는데, 이 책을 보니 가베를 움직이며 공식이 만들어진 원리를 아주 쉽게 터득할 수 있더군요. 2학년 둘째 아이가 맹연습중인 구구단도 가베를 통해 그 원리를 먼저 체험하게 해 줄걸 하는 아쉬움도 들었어요. '수학=문제집'인 줄 알았던 저와 아이들에게 이 책은 신선한 충격이었습니다. 가까이 꽂아 놓고 아이가 새로운 수학 개념을 배울 때마다 꺼내서 신나게 놀아줘야겠어요.

김현정 (5학년 병후, 2학년 서연 엄마)

머리말

가베를 시작한 지 벌써 10년이 되어갑니다. 유아교육을 전공하며 처음 학교에서 은물이라는 이름으로 교구를 접했을 때는 종류도 많고 외울 것도 많아 머리가 아팠는데, 아이들과 직접 놀이를 해 보니 가베의 매력에 푹 빠지지 않을 수 없었답니다. 그동안 유아교육기관부터 창의력센터, 개인 수업까지 다양한 연령의 아이들과 수업을 하면서 얻게 된 노하우를 자료로 남기고 다른 분들과 공유하기 위해 카페에 올린 것이 계기가 되어 2010년에 《창의폭발 엄마표 가베놀이》 책을 출간하게 됐습니다. 생각보다 많은 분들이 책을 구매해 주시고, 먼지만 쌓이던 가베를 이제야 제대로 활용하게 됐다고 인사까지 해 주시니 그저 감사할 따름입니다.

첫 번째 책을 출간할 때 많은 도움을 줬던 큰 딸이 초등학생이 되면서, 그 흔한 수학 학습지 한 번 안 해 본 딸에게 수학을 어떻게 가르칠지 고민을 했어요. 과거에 수학전문학원에서 초중등 수학을 지도한 적이 있었는데, 대부분의 아이들은 개념을 이해하기 위해 여러 방법으로 수학을 경험하기보다는 계산을 빠르고 정확하게 하는 것과 복잡한 유형의 문제를 암기하는 식으로 공부를 하고 있었어요. 하지만 이런 방법은 결국 수학을 어렵고 지겨운 과목으로 여기게 만든다는 것을 알았기 때문에 저희 딸을 위해서는 실험적인 수학 학습 방법이 필요하다는 생각을 했지요.

이미 시중에는 수학가베에 관한 책이 다수 있었지만, 대부분 '놀이'라기보다는 '문제 풀이'식으로 구성이 돼 있어서 '실험과 발견'과는 다소 거리가 있었습니다. 그래서 여러 선생님들과 스터디를 하며 가베를 이용해 수학 개념을 깨치는 놀이들을 개발하게 됐고 이렇게 《창의폭발 엄마표 수학 가베놀이》를 출간하게 됐습니다.

수학 교육의 트렌드가 바뀌고 있어요!

한 초등 1학년 남자아이와 수학가베를 한 첫날, 1가베로 '홀수 짝수 게임'을 하며 열심히 놀고 있는데 아이는 걱정스러운 표정으로 "선생님, 공부는 언제 해요?"라고 묻더군요. 엄마에게는 분명히 수학시간이라고 들었는데 계속 공으로 놀기만 하니 이상했던 모양이에요. 이런 사례는 초등학생들과 수업을 할 때 흔히 있는 일이에요. 학교에서 책과 연필로 수학을 공부하는 것에 익숙해진 아이들은 '수학' 하면 계산하는 것으로만 인식을 하고 있는 것이지요.

하지만 수학 교육의 트렌드가 바뀌고 있습니다. 2012년 수학 선진화 방안에 따라 2013년부터 수학교과서가 단계적으로 개정됩니다. 기존의 암기와 문제 풀이 위주의 수학교육은 창의성 있는 인재를 만들어 내지 못한다는 문제의식에서 출발하여, 아이들이 보다 쉽고 재미있게 수학을 받아들일 수 있게 바뀝니다. 즉, 수학교육이 전에는 연산 위주였다면 이제는 여러 가지 해결 방법을 찾고 논리적으로 서술하는 형태로 바뀌어 가고 있어요. 이제 수학도 지면 위에서 문제만 풀어 대는 과목이 아니라, 문제를 풀기 위해 실제로 구체물을 조작하고 방법을 고민하면서 개념을 이해하는 활동이 중요해진 거지요. 이것이 가능하기 위해서는 과학시간에 실험을 하듯 수학도 실험을 통해 다양한 방법으로 답을 찾아가는 습관이 필요합니다. 가베는 교구 자체에 수학적인 속성들을 가지고 있기 때문에 수학 실험 재료로 더없이 유용하게 쓰일 수 있습니다.

놀이를 통해 수학 자신감을 키워 주세요!

자릿수 개념이 없던 6살 둘째 아이와 '자릿수 주사위 게임'을 몇 번 했더니 금세 백의 자리까지 척척 읽게 되었답니다. 2학년 아이와 약수에 대한 수업을 했는데, 수업을 너무나 잘 해낸 아이에게 "이건 5학년 형님들이 하는 수학이야." 했더니 스스로 무척 뿌듯해하더군요. 이렇게 책으로만 보면 난해한 수학 개념들이 가베를 직접 손으로 움직이며 놀이로 경험하다 보면 아주 쉽게 이해되곤 합니다.

저희 딸이 1학년일 때 어림하여 세기에 대한 놀이를 진행해 준 적이 있는데, 며칠 뒤 혼자서 과자의 개수를 어림짐작하고 있더군요. 놀이에서 배운 것을 생활 속에서 적용하는 모습을 보면서, 어려운 내용이지만 직접 해본 것이어서 오랫동안 기억에 남는다는 것을 알 수 있었지요. 이렇듯 단순히 읽고 보는 것에서 그치는 것이 아니라, 몸으로 직접 체득한 학습경험은 시간이 흘러도 쉽게 잊혀지지 않습니다. 이는 결국 학년이 올라가도 수학에 자신감을 갖게 하는 원동력이 됩니다.

수학은 학년이 올라가면서 매번 새로운 개념을 배우게 됩니다. 그때마다 엄마가 가베를 활용해 개념 이해를 도와줄 수 있도록 이 책을 집필했습니다. 이 책을 가까이 두시고 언제든지 필요할 때 꺼내어 사용하시기 바랍니다. 창의가베와 달리 수학가베에는 정답이 있어요. 하지만 그 정답을 찾는 방법은 한 가지가 아닐 때가 많습니다. 가능한 여러 가지 방법을 찾아보세요. 엄마가 선생님이 되어 가르치기보다는 마치 탐험가처럼 아이와 함께 이리저리 조작해 보며 답을 찾아 보길 권해드려요. 수학가베의 가장 큰 목적은 수학을 잘하게 되는 것이 아니라, 수학이 생활 속에서 필요한 것이고 재미있다는 것을 알게 해 주는 거라고 생각해요. 아이와 수학의 재미를 탐험하면서 아이의 수학 자신감을 키워 주세요. 엄마와 함께 공부하며 수학을 좋아할 수 있는 계기가 되길 바랍니다.

저자 이윤정

차례

이 책의 놀이를 미리 해보신 분들의 추천평 •4
머리말 •6
수학가베, 왜 해야 할까요? •12
이 책의 구성 및 특징 •16
이 책의 효과적인 활용법 •17

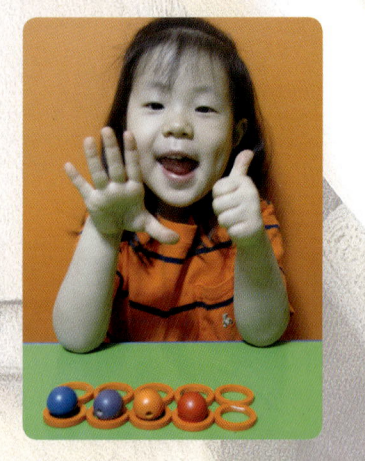

Chapter 1 수와 연산

Unit 1 네 자리 이하의 수

1. 쌍둥이 주사위를 던져라 6세 이상 숫자와 양의 관계 이해하기 •22
2. 자리에 따라 달라요 7세 이상 자릿수의 의미 이해하기 •24
3. 어느 접시를 먹을까? 6세 이상 수의 크기 비교하기 •26

Unit 2 덧셈과 뺄셈

4. 빵 더하기 놀이 6세 이상 한 자리 수의 덧셈 •32
5. 숨은 공은 몇 개? 6세 이상 수의 가르기와 모으기 •34
6. 덧셈 매트릭스 6세 이상 더하기와 양의 관계 이해하기 •36
7. 계란을 팔아요 6세 이상 10의 보수 찾기 •38
8. 1가베 볼링놀이 7세 이상 가르기와 모으기 •40
9. 곶감 나눠 먹기 6세 이상 10 가르기 •42
10. 빼빼로가 길어져요 6세 이상 길이를 이용해 더하기 •44
11. 라푼젤을 구해줘 6세 이상 수와 길이의 관계 이해하기 •46
12. 열매를 따요 6세 이상 덧셈과 뺄셈의 혼합계산 •48
13. 삼각형 덧셈 퍼즐 7세 이상 게임으로 덧셈 연습하기 •50
14. 10만 묶는 고리 괴물 (1) 7세 이상 받아올림이 있는 두 자리 수의 덧셈 •52
15. 10만 묶는 고리 괴물 (2) 7세 이상 받아내림이 있는 두 자리 수의 뺄셈 •54
16. 용돈을 벌어요 8세 이상 세 자리 수 덧셈과 뺄셈 •56

Unit 3 곱셈과 나눗셈

17. 과녁 맞추기 게임 8세 이상 곱셈 이해하고 활용하기 •60
18. 초코칩 쿠키 만들기 8세 이상 2씩 커지는 수 찾기 •62
19. 꼭짓점이 늘어나요 8세 이상 배수의 개념 이해하기 •64
20. 막대가 늘어나요 9세 이상 배수와 약수의 개념 이해하기 •67
21. 동생이랑 나눠 먹어요 8세 이상 나눗셈 개념 이해하기 •70

Unit 4 분수

22. 케이크를 나눠 먹어요 7세 이상 등분할로 분수 이해하기 •76
23. 쓱싹쓱싹 떡을 썰어요 7세 이상 등분할로 분수 이해하기 •79
24. 7가베 도형 퍼즐 8세 이상 등분할된 도형으로 분수 이해하기 •82
25. 조각조각 방석 만들기 8세 이상 분수를 읽고 알맞은 조각 찾기 •84
26. 비스킷 나눠 먹기 10세 이상 분수의 곱셈 이해하기 •88
27. 포도송이 분수놀이 10세 이상 분수의 곱셈 이해하기 •90

Chapter 2 도형

Unit 1 평면도형

28. 색깔공과 모양 친구들 6세 이상 다각형 만들기 •98
29. 삼각형이 되고 싶어 8세 이상 삼각형이 되는 조건 •100
30. 부채를 펼쳐라! 7세 이상 각의 개념 이해하기 •102
31. 직각 먹는 물고기 7세 이상 직각을 가진 물건 찾기 •105
32. 삼각형, 네 이름이 뭐니? 9세 이상 다양한 삼각형의 이름 •108
33. 사각형, 네 이름이 뭐니? 9세 이상 다양한 사각형의 이름 •110
34. 칠교 퍼즐놀이 7세 이상 칠교 만들어서 놀기 •112
35. 펜토미노 퍼즐놀이 8세 이상 펜토미노 만들어서 놀기 •116

Unit 2 대칭과 이동

36. 3가베 대칭놀이 [6세 이상] 도형 뒤집기 •124
37. 4가베 대칭놀이 [6세 이상] 도형 뒤집기 •126
38. 10가베 대칭놀이 [7세 이상] 도형 뒤집기 •128
39. 친구를 껴안아 줘 [9세 이상] 선대칭도형 이해하기 •130
40. 3가베 회전놀이 [8세 이상] 도형 돌리기 •133
41. 4가베 회전놀이 [8세 이상] 도형 돌리기 •136
42. 10가베 회전놀이 [9세 이상] 도형 돌리기 •138
43. 180도 돌려봐 [10세 이상] 점대칭 위치에 있는 도형 만들기 •140

Unit 3 입체도형

44. 발자국을 남겨라! [6세 이상] 입체도형 탐색하기 •146
45. 도형 매트릭스 [6세 이상] 입체도형 탐색하기 •148
46. 같은 점 vs 다른 점 [8세 이상] 직육면체와 정육면체 비교 •151
47. 몇 개나 들어갈까? [8세 이상] 직육면체와 정육면체의 비교 •154
48. 나는 의상 디자이너 (1) [7세 이상] 정육면체의 전개도 만들기 •158
49. 맞는 옷을 찾아라 [8세 이상] 정육면체의 전개도 찾기 •160
50. 나는 의상 디자이너 (2) [7세 이상] 직육면체의 전개도 만들기 •162
51. 나는 의상 디자이너 (3) [7세 이상] 삼각기둥의 전개도 만들기 •164
52. 나는 의상 디자이너 (4) [7세 이상] 원기둥의 전개도 만들기 •166
53. 나는 건축 디자이너 [8세 이상] 쌓기나무 세기 •168
54. 방향에 따라 달라요 [8세 이상] 위·앞·옆에서 본 모양 •171
55. 소마큐브 퍼즐놀이 [7세 이상] 소마큐브 만들어서 놀기 •176

Chapter 3 측정

56. 거인 나라 자 7세 이상 나만의 자로 길이 재기 •184
57. 우유 한 컵 주세요 8세 이상 들이의 개념 이해하기 •186
58. 어떤 그릇을 만들까? 8세 이상 들이에 맞는 그릇 만들기 •188
59. 울타리를 지어 줘 9세 이상 평면도형의 둘레 구하기 •190
60. 제일 넓은 곳은? 9세 이상 직사각형과 정사각형의 넓이 공식 이해하기 •194
61. 넓이가 궁금해 10세 이상 평면도형의 넓이 공식 이해하기 •198
62. 너무 많은 건 어떻게 셀까? 9세 이상 어림하여 세기 •201

Chapter 4 확률과 통계

63. 도형 인기투표 8세 이상 그림그래프로 표현하기 •208
64. 친구를 찾아라 9세 이상 집합으로 묶기 •210
65. 친구들아, 모여라 9세 이상 여러 기준으로 분류하기 •212
66. 4가베 볼링놀이 9세 이상 평균 이해하고 구하기 •214
67. 하루에 책을 몇 권 읽어? 9세 이상 평균 이해하고 구하기 •216
68. 어떤 옷을 입을까? 10세 이상 경우의 수 이해하기 •218
69. 학교 가는 길은 몇 가지? 10세 이상 경우의 수 이해하기 •220
70. 세 자리 수를 만드는 방법은? 10세 이상 경우의 수 이해하기 •222

Chapter 5 규칙성과 문제 해결

71. 패턴 디자이너 6세 이상 무늬의 규칙 찾기 •230
72. 울타리 디자이너 7세 이상 모양의 규칙 찾기 •232
73. 날마다 도넛을 먹어요 7세 이상 수의 규칙 찾기 •234
74. 짝이 없는 친구는 누구? 7세 이상 홀수·짝수 이해하기 •236
75. 방석 차지하기 게임 9세 이상 좌표 찾기 •238
76. 이익일까, 손해일까? 8세 이상 이익과 손해 이해하기 •240

부록
학년별 놀이 찾기 •242
숫자 스티커

수학가베, 왜 해야 할까요?

초등학생들이 가장 어려워하는 과목이 수학?

초등학생들에게 가장 어려워하는 과목을 물으면 대부분 수학을 꼽습니다. 이런 현상은 심지어 초등 저학년에게서도 발견되고 있습니다. 아직 기초단계의 수학을 배우는데도 벌써부터 수학을 어려워하는 이유는 무엇일까요? 첫 번째 이유는 무리한 선행학습 때문이고, 두 번째 이유는 수동적으로 배우기만 해서 개념에 대한 이해가 부족하기 때문이에요.

특히 1~2학년까지는 반복학습이나 암기를 통해 어느 정도 점수를 유지할 수 있습니다. 하지만 3학년부터는 개념에 대한 이해가 중요해지기 때문에, 충분한 개념 이해 없이 문제 풀이만 반복할 경우 아이는 수학을 점점 싫어하게 됩니다. 이런 현상은 4~5학년 때 더 심화되면서 급기야 '수학 포기자'가 나오기도 합니다. 따라서 비교적 학습 부담이 적은 저학년 시기에는 무리한 문제풀이 위주의 수업으로 아이를 지치게 하기보다는 개념을 충분히 이해시켜 주는 작업이 선행되어야 합니다.

단순 연산 반복은 아이의 수학을 망치는 길이다!

대부분의 엄마들은 '수학' 하면 문제집이나 학습지를 먼저 떠올릴 겁니다. 하지만 유초등 아이들에게 문제 풀이, 그중에서도 단순 연산반복 위주의 수학 학습은 수학을 싫어하게 하는 큰 요인이 됩니다. 그 이유를 알기 위해서는 먼저 피아제의 인지발달이론을 이해하셔야 합니다.

피아제의 인지발달이론에 따르면 7~12세는 '구체적 조작기'에 해당합니다. 이 시기 아이들은 구체물을 만지고 옮기고 다양한 관점에서 바라보는 등 직접적인 작업을 통하여 개념을 이해할 수 있는 시기입니다. 즉, 아직 눈에 보이지 않는 것에 대한 추상적인 사고가 어렵기 때문에 뭔가를 직접 보고 만질 수 있어야 인지발달이 가능하다는 것이지요.

예를 들어 6~7세 아이의 경우 문제집에서 다음과 같은 뺄셈이 나오면 혼란스러워합니다.

그림을 보고 다섯 개에서 두 개를 빼는 문제인데, 아이 눈에 보이는 것은 일곱 개이기 때문에 문제를 이해하기 어려워하는 아이들이 꽤 많습니다. 이런 경우 실제 물건을 이용해 다섯 개에서 두 개가 없어지는 과정을 눈으로 보는 것이 훨씬 이해가 쉽습니다.

이렇게 유초등 아이들은 눈에 보이지 않는 추상적인 개념에 대한 사고를 어려워하기 때문에, 가베와 같은 교구를 활용하여 수학을 접하는 것이 효과적이기도 하고 아이들의 흥미를 지속시킬 수도 있어요. 이 시기의 아이들에게 학습지 형태의 문제집으로만 수학을 접하게 하는 것은 수학 공부의 첫단추를 잘못 끼우는 일입니다.

가베는 활동수학에 최적화된 교구

눈이 아니라 손으로 배우는 '활동수학'을 위해 여러 교구가 개발되어 왔는데, 그 중에서도 가베는 수학에서 배우는 입체도형, 평면도형, 선분, 원, 각 등의 주제들을 교구 자체가 가지고 있기 때문에 수학적 개념을 익히기에 더없이 좋은 교구입니다. 그렇기 때문에 가베를 이용해 수학을 배우는 '수학가베'가 하나의 과목으로 자리잡고 엄마들에게 큰 사랑을 받고 있는 것이지요.

수학 개념을 책으로만 봤을 때는 막연해하던 아이들도 가베를 직접 움직이면서 알려 주면 그 개념과 원리를 쉽게 이해하곤 합니다. 즉, 수학가베는 아이들에게 수학은 직접 조작해 보는 활동적인 과목이고 놀이처럼 재미있게 할 수 있는 것이며 답을 찾는 여러 가지 방법이 있다는 것을 알려 줍니다. 무엇이든 원리를 이해하면 쉬워지고, 쉬워지면 재미있어집니다. 이런 수학에 대한 호감은 결국 수학에 대한 자신감으로 이어집니다.

🟩 창의가베 vs 수학가베

가베 수업은 가베 교구를 1가베부터 10가베까지 탐색하고 놀이하면서 교구의 특성을 발견하고 주어진 교구를 이용해서 여러 사물들을 구성하는 활동으로 이루어져 있어요. 기본 가베 수업을 '창의가베'라고 부르고, 과목이 세분화되면서 '수학가베', '미술가베', '문화가베' 등으로 발전했답니다.

'창의가베'는 각 단계의 가베 교구가 지니고 있는 속성들을 놀이를 통해 발견하고 그것들을 활용하여 다양하게 표현하는 것으로서 주된 목적은 '표현'이에요. 새로운 지식이나 기술을 배우는 것이 아니라 아이가 생활 속에서 경험한 많은 것들을 가베라는 정해진 형태의 구체물을 이용하여 표현하는 것이 목적이기 때문에 '맞다, 틀리다' 등 결과에 대한 평가보다는 아이가 즐겁게 말하고 적극적으로 교구를 사용하는 것이 중요하지요. 창의가베 놀이 방법은 《창의폭발 엄마표 가베 놀이》에 자세히 소개되어 있습니다.

'수학가베'는 창의가베보다 목적이 뚜렷합니다. 수학 개념을 이해하고 활용하여 문제를 해결해 내는 것이 목적이니까요. 수학가베를 진행하는 방법에는 크게 두 가지가 있어요. 1가베부터 10가베까지 가베별로 교구를 이용해 수학적인 개념들을 알아나가는 방법이 있고, 놀이하는 아이의 연령에 맞게 또는 초등수학 교과의 순서에 맞게 진행하는 방법이 있어요. 이 책에서는 후자의 방법으로 놀이를 제시하고 있어요.

🟩 수학가베는 언제부터 어떻게 해야 할까?

수학가베는 아이들이 수학을 처음 접할 때부터 사용하기 좋은 교구입니다. 5세 전후에 창의가베를 통해 가베에 익숙해진 다음, 6세 전후에 수학 개념을 접하기 위해 수학가베를 진행하는 경우가 많습니다. 하지만 창의가베를 한 적이 없어도 수학가베를 진행하셔도 됩니다. 초등학교 들어가서 아이가 수학을 어려워하자 수학가베를 처음 시작하는 경우도 많이 있습니다. 시기가 정해져 있는 것은 아니지만, 6세부터 초등 저학년까지를 가장 적기로 권해 드립니다. 처음 수학을 가베로 만나면 수학에 대해 호감을 갖게 되고, 초등 수학 개념을 가베로 접하면 학교 수학에 자신감도 심어줄 수 있기 때문입니다.

초등 1~2학년 때 수학가베 수업을 1년 정도 받으면 될 거라고 생각하는 엄마들이 많아요. 물론 수업을 하면 도움이 되는 부분이 많겠지만, 수학이라는 과목이 1~2학년 때 모든 개념을 이해하고 그것을 기반으로 초등학교 내내 수학을 잘하게 되기는 어렵습니다. 학년이 올라갈수록 기본 개념 위에 또 새로운 개념을 배우고 그것을 익숙하게 활용할 수 있어야 하기 때문에 수학은 꾸준히 이해와 복습이 필요한 과목입니다. 학년마다 새롭게 배우게 되는 개념들을 그때그때 가베를 이용해 익히게 해 주고, 기본 개념을 상기시켜 주거나 복습시켜 줄 때도 가베를 자주 사용해 보세요.

이 책의 구성 및 특징

놀면서 깨치는 개념원리

책으로만 보면 이해하기 어려운 수학 개념들을 놀이를 통해 쉽게 이해할 수 있도록 구성했습니다. 가베 케이크를 잘라 여러 접시로 나누며 '분수'의 개념을 배우고, 10만 묶는 고리괴물 놀이를 하면서 '받아올림'의 원리를 터득하게 됩니다. 아이들이 어려워하는 '도형 돌리기'나 '분수의 연산'도 놀랍도록 쉽게 받아들이게 됩니다. 이렇게 초등학교 교육과정의 주요 수학 개념을 가베를 조작하면서 쉽게 이해할 수 있도록 특별히 고안된 놀이 70개를 수록했습니다.

게임방식 놀이학습

시중에 나와 있는 수학가베 교재들은 대부분 '놀이'라기보다는 '문제 풀이'식으로 구성되어 있어서 '실험과 발견'하고는 다소 거리가 있습니다. 이 책의 놀이들은 가능한 한 게임식으로 구성하여 엄마와 아이가 한바탕 탐구하며 놀다 보면 자연스럽게 수학 개념이 머릿속에 남도록 만들었습니다.

초등 수학 5개 영역별 놀이 수록

초등수학 교육과정에 맞춰 〈수와 연산〉, 〈도형〉, 〈측정〉, 〈확률과 통계〉, 〈규칙성과 문제 해결〉의 5개 챕터로 구성되어 있고, 특히 가베로 개념을 익히기에 좋은 부분을 중점적으로 다루고 있습니다. 초등수학을 예습하거나 복습하면서 영역별 또는 학년별로 놀이를 찾아서 진행할 수 있습니다.

수학이나 가베를 몰라도 문제없어요!

가베에 대해 잘 모르는 엄마, 수학에 자신이 없는 엄마도 쉽게 따라할 수 있도록 단순하면서도 명확하게 구성했습니다. 전 과정을 사진으로 보여줄 뿐만 아니라 놀이목표, 진행방법은 물론 엄마와 아이의 대사, 수학용어 설명, 놀이 포인트까지 짚어 주어 누구나 한눈에 놀이방법을 파악할 수 있도록 했습니다.

이 책의 효과적인 활용법

영역별로 놀이하기

- 초등 수학의 5개 영역별로 챕터가 구성되어 있습니다. 각 영역 안에서는 놀이가 난이도 순으로 배열돼 있습니다. 특정 영역을 중점적으로 익히고 싶다면 학년에 상관없이 영역별로 놀이를 진행하세요.
- 아이가 놀이에 흥미를 느끼고 잘 이해한다면 같은 영역의 좀더 어려운 놀이를 이어서 진행해 보세요. 하지만, 아이가 놀이를 어려워하면 같은 영역의 좀 더 쉬운 놀이를 하며 복습하는 것이 좋아요.

연령별 추천 놀이 고르기

- 모든 놀이에는 추천 연령이 표기되어 있습니다. 아이가 받아들일 수만 있다면, 학년보다는 대상 연령을 참고하여 놀이를 선택하세요. 예를 들어 '보수'의 개념은 1학년 때 배우지만, 보수의 개념을 익히는 놀이는 6세 아이들과도 가능합니다. 또 '넓이'나 '점대칭'은 4~5학년 때 배우지만 수학가베에서는 1~2학년들에게 기본적으로 다루는 부분이에요.
- 가베 수업을 받은 경험이 있거나 가베로 충분히 놀아본 아이들이라면 해당 연령에 맞게 놀이하는 것에 무리가 없을 거예요. 그렇지 않은 아이들이라면 쉬운 놀이부터 차근차근 진행하여 아이가 자신감을 잃지 않도록 해 주세요.

학년별 교과 연계 놀이 고르기

초등학생의 경우 학교 진도에 맞춰서 놀이를 진행할 수 있습니다. 학교에서 배울 내용을 미리 예습하거나 복습할 때 놀이를 진행해 보세요. 개념 이해가 쉬워지면서 학교 수학에 자신이 생길 겁니다. 이때는 부록에 있는 〈학년별 놀이 찾기〉를 참고하세요.

수학동화나 교과서와 함께

수학가베는 창의가베에 비해 목표가 뚜렷하고 수학용어가 많이 나오므로 수학동화나 교과서를 함께 보면서 진행하면 좋습니다. 놀이에 앞서 관련된 수학동화나 교과서를 읽고 시작하면 훨씬 좋은 효과가 있을 거예요.

Chapter 1
수와 연산

- Unit 1 네 자리 이하의 수
- Unit 2 덧셈과 뺄셈
- Unit 3 곱셈과 나눗셈
- Unit 4 분수

Unit 1
네 자리 이하의 수

가베는 '수'를 익히기에 좋은 도구입니다. 1가베 공을 바구니에 던져 넣으면서 '하나, 둘, 셋' 개수를 연습하고, 3가베 정육면체로 주사위를 만들어서 1~6까지의 숫자를 연습할 수 있어요. 아이들이 1~10까지의 수를 알고 나면, 이제 수와 양의 관계를 알려 주세요. 3이 '셋'이고, 6이 '여섯'이라는 것을 주사위 놀이를 통해서 연습할 수 있어요.

1~10까지의 수에는 자신이 있던 아이들이 두 자리 수나 세 자리 수는 어려워하곤 합니다. 예를 들어 3330이라는 세 자리 수에서 각 자리에 있는 3의 크기가 다르다는 것을 인지하지 못하는 것이지요. 이때 가베로 자릿수만큼의 양을 표현하면 아이들은 각 자릿수의 의미를 쉽게 이해하게 됩니다. 그 다음에는 세 자리 수들의 크기를 비교하는 게임을 해 보세요. 그런 과정을 통해서 아이들은 자릿수를 이해하는 것을 넘어서 더 큰 수를 만드는 법까지 자연스럽게 익히게 됩니다.

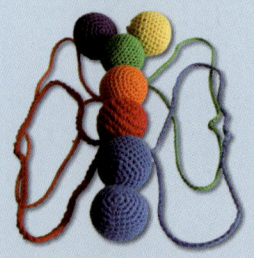
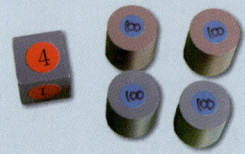

Math Gabe 04

쌍둥이 주사위를 던져라

숫자와 양의 관계 이해하기

6세 이상

'1, 2, 3…'이라는 숫자와 '하나, 둘, 셋…'이라는 양 개념을 알고 있다면, 이 놀이를 통해 숫자와 양의 관계를 몸소 체험하게 해 주세요. 주사위를 던져 나온 수만큼의 공을 꺼내면서 3은 '셋'이고 6은 '여섯'이라는 식으로 숫자와 양의 관계를 알게 됩니다. 꺼낸 공으로 자유롭게 표현놀이도 해 보세요.

▲ 놀이 목표
숫자와 양의 관계를 알 수 있어요.

📦 준비물
1가베, 3가베, 스케치북, 색연필, 부록 스티커

Step 1 숫자를 써서 주사위를 만들어요.

부록의 원 스티커를 12개 준비해요. 스티커에 1~6까지의 숫자를 2장씩 써요.

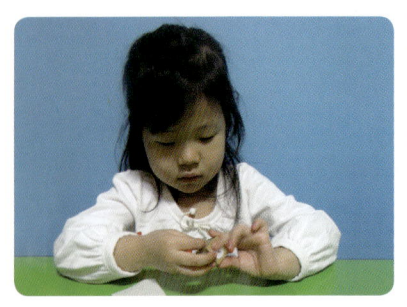

3가베 정육면체에 1~6까지 숫자를 붙여서 주사위를 2개 만들어요.

주사위 한 개에는 끈 없는 공의 표시로 동그라미를 그리고, 다른 한 개에는 끈 있는 공의 표시로 동그라미와 끈을 그려요.

Step 2 주사위 수만큼 가베를 꺼내며 수와 양을 연결해요.

주사위 2개를 동시에 던져요. 나온 수만큼 공을 꺼내요.

🟠 끈 있는 공은 1이 나왔으니까 공을 1개 꺼내자. 끈 없는 공은 2가 나왔으니까 공을 몇 개 꺼내면 될까?
🟢 2개요.

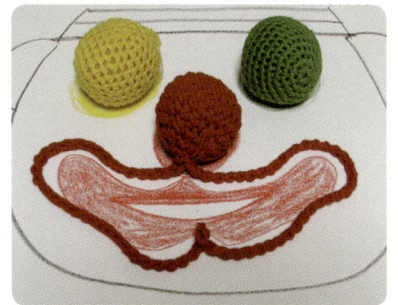

꺼낸 공으로 스케치북 위에 원하는 모양을 만들어요.

🟠 이 공들로 뭘 만들 수 있을까?
🟢 얼굴을 만들 수 있어요.

공이 있던 자리를 색연필로 색칠해요.

🟠 피에로 얼굴이 됐네!

> 스케치북에 흔적을 남기면 더 흥미를 가지고 놀이에 참여하게 돼요.

주사위를 다시 던져서 나온 수만큼 공을 꺼내요.

🟠 끈 있는 공은 4가 나왔네. 몇 개를 꺼내면 될까?
🟢 4개요.
🟠 끈 없는 공은 3이 나왔네. 몇 개를 꺼내면 될까?
🟢 3개요.

4와 3을 합하여 세어 보니 7이에요. 7개의 공으로 자유롭게 모양을 만들어요.

🟠 4개와 3개를 합해서 세어 보자.
🟢 하나, 둘, 셋, …, 일곱!
🟠 잘했어. 7개의 공들을 이용해 무엇을 만들 수 있을까?
🟢 나비를 만들었어요.

공이 있던 자리를 색연필로 칠해서 나비를 꾸몄어요.

> 이 활동을 반복하면서 수와 양을 연결해 보고, 나아가 두 수를 더하는 연습도 해 보세요.

Math Gabe 02

자리에 따라 달라요

자릿수의 의미 이해하기

7세 이상

십진법에서는 첫째 자리가 1, 둘째 자리가 10, 셋째 자리가 100을 의미해요. 그런데 두 자리나 세 자리 수를 처음 배우는 아이들은 일의 자리에 있는 2와 십의 자리에 있는 2, 백의 자리에 있는 2가 다르다는 것을 이해하기 어려워해요. 가베로 자릿수만큼의 양을 표현하면서 각 자릿수의 의미를 이해하고 연습해 보세요.

🔺 **놀이 목표**
자릿수의 의미를 알아요.

📦 **준비물**
7가베, 10가베, 준1가베, 부록 스티커

Step 1 세 자리 수를 자릿수에 맞게 읽어요.

준1가베에서 세 가지 색의 정육면체를 꺼내어 부록의 1~6 숫자 스티커를 붙여요. 색깔마다 자릿값을 정해 주세요.

🟠 빨강은 일의 자리, 노랑은 십의 자리, 파랑은 백의 자리라고 하자.

세 주사위를 던진 후 나란히 놓고, 세 자리 수를 읽는 법을 알려 줘요.

🟠 빨강은 일의 자리니까 6은 그대로 6을 나타내. 노랑은 십의 자리니까 2는 20을 나타내. 파랑은 백의 자리니까 4는 400을 나타내. 그래서 이건 사백 이십 육이라고 읽어.

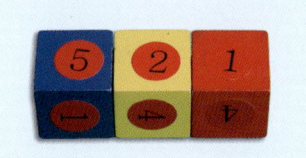

주사위를 다시 던진 후 나란히 놓고, 아이가 세 자리 수를 읽어 보게 해요.

🟠 이 숫자를 읽어 볼래?
🟢 오백 이십 일.

주사위를 던져 여러 가지 세 자리 수를 만들어서 계속 읽는 연습을 해 보세요.

Step 2 자릿수에 맞게 가베로 양을 표현해요.

10가베의 점에 부록의 숫자 1 스티커를 붙여서 일의 자릿수의 양을 표현해요.

🟠 점 하나가 1이야. 빨간 주사위의 5를 점으로 나타내 보자.
🟢 점 5개가 필요해요.

7가베의 원에 숫자 10 스티커를 붙여서, 십의 자릿수의 양을 표현해요. (점 10개는 원 1개와 같아요.)

🟠 원 하나는 10이야. 노란 주사위 3은 30을 나타내. 원이 몇 개 있으면 30이 될까?
🟢 3개 필요해요.

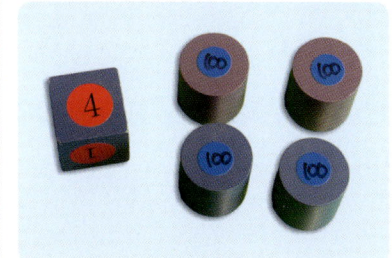

준1가베의 원기둥에 숫자 100 스티커를 붙여서 백의 자릿수의 양을 표현해요. (원 10개는 원기둥 1개와 같아요.)

🟠 원기둥 한 개는 100이야. 파란 주사위의 4는 400을 말해. 원기둥이 몇 개 필요하지?
🟢 4개요.

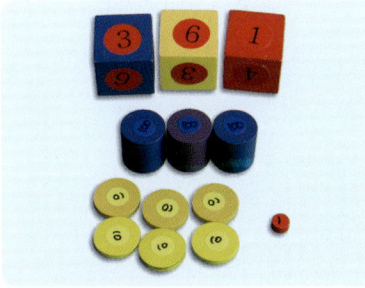

주사위 3개를 던져서 나란히 놓고 세 자리 수에 맞게 가베로 표현해 보세요.

🟠 361은 백이 3개, 십이 6개, 일이 1개인 거야.
🟢 그럼 원기둥 3개, 원 6개, 점 1개가 필요해요.

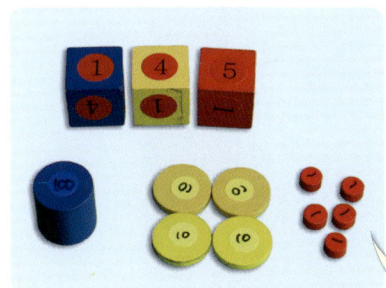

다시 주사위를 던져서 나란히 놓고, 세 자리 수에 맞게 가베로 표현해요.

💬 여러 번 반복하다 보면 각 자릿수의 의미와 양을 자연스럽게 알게 돼요.

Step 3 가베의 양을 보고 세 자리 수를 써요.

엄마가 원기둥과 원, 점을 올려놓아요. 아이는 이를 보고 숫자로 표현해요.

🟠 100이 2개, 10이 1개, 1이 3개 있어. 어떤 수인지 맞춰 봐.
🟢 이백 십 삼이에요.

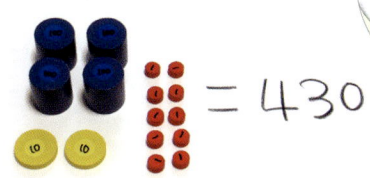

엄마가 다시 가베를 바꿔 놓고, 아이는 이를 보고 숫자로 표현해요.

💬 여러 번 반복하면서 양을 수로 바꾸는 연습을 해요.

※ **자릿수**: 숫자의 위치에 따라 수의 값이 결정되는 것

어느 접시를 먹을까?

수의 크기 비교하기

6세 이상

수학에는 여러 가지 기호가 있어요. 가베의 개수를 비교하며 '크다', '작다', '같다'를 대신하여 사용하는 등호와 부등호에 대해 알아봐요. 이 기호를 사용하면서 두 수의 크기를 비교하고, 나아가 더 큰 수를 만드는 것까지 연습해 봐요.

🔺 **놀이 목표**
수의 크기를 비교할 수 있어요.
더 큰 수를 만들 수 있어요.

📦 **준비물**
1가베, 3가베, 스케치북, 포스트잇, 부록 스티커

Step 1 등호와 부등호의 의미를 알아요.

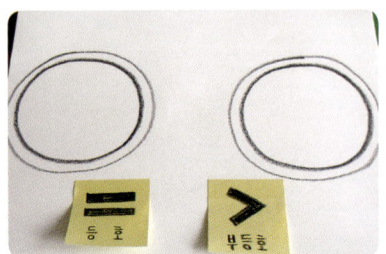

스케치북에 접시 2개를 그려요. 포스트잇에 등호와 부등호를 그려서 이름을 알려 줘요.
🟠 수학에서 쓰는 기호야. 이건 '등호'이고, 이건 '부등호'야.

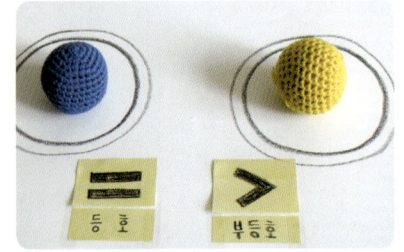

각 접시에 같은 개수의 공을 올려놓아요.
🟠 두 접시에 놓인 공의 개수가 같지?

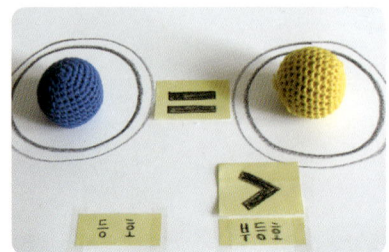

등호 표시를 붙여요.
🟠 '같다'는 기호가 바로 '등호'란다.

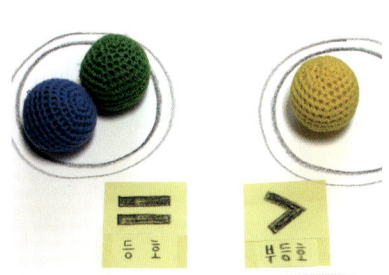

한쪽 접시에 공을 더 많이 놓아요.

🟢 이번엔 왼쪽 접시의 공이 더 많아요.

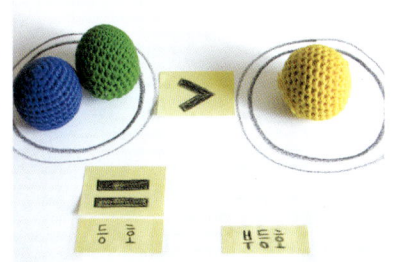

부등호를 큰 쪽을 향해 벌어지도록 놓아요.

🟠 이럴 때는 '등호'가 아니라 '부등호'를 써야 해. 부등호의 벌어진 부분이 큰 쪽을 향해야 한단다.

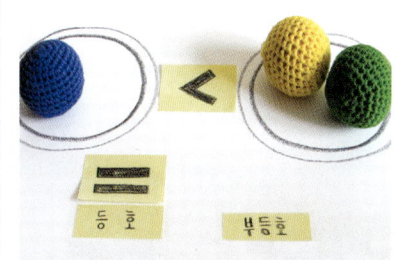

여러 가지 경우를 만들어서 등호와 부등호를 알맞게 사용할 수 있도록 연습해요.

🟠 이번엔 오른쪽 접시의 공이 더 많네. 어떤 기호를 붙여야 할까?

🟢 부등호를 오른쪽이 벌어지게 붙여요.

Step 2 한 자리 수의 크기를 비교해요.

3가베 2개에 부록의 1~6 숫자 스티커를 붙이고, 엄마와 아이가 하나씩 나눠 가져요.

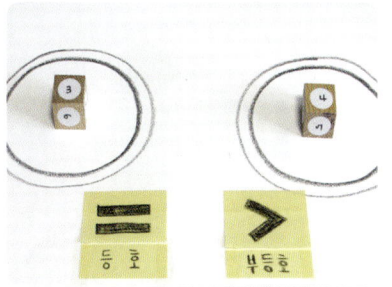

각자 주사위를 던진 후, 접시 위에 숫자가 보이도록 올려놓아요.

🟠 가위이는 3이 나왔고 엄마는 4가 나왔네. 4는 3보다 크다는 것을 기호로 표시해 볼래?

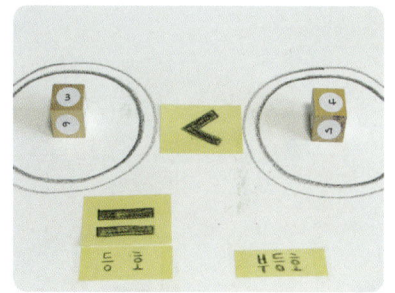

부등호를 알맞은 방향으로 놓아요.

🟢 부등호의 벌어진 곳이 4를 향하도록 놓으면 돼요.

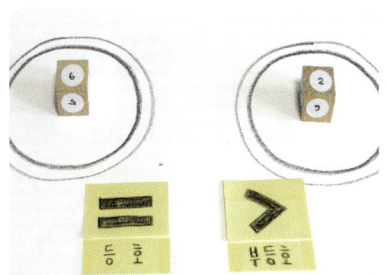

또 주사위를 던져요.

🟠 이번에는 6과 2가 나왔구나.

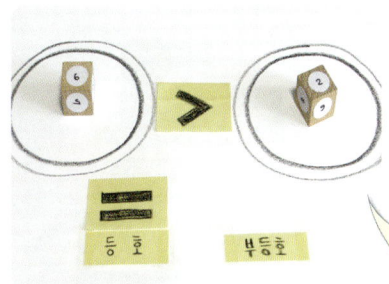

부등호를 알맞은 방향으로 놓아요.

🟢 6이 2보다 크니까 부등호의 벌어진 쪽이 6을 향하도록 놓으면 돼요.

> 등호와 부등호의 사용에 익숙해질 때까지 여러 번 반복해 보세요.

Step 3 두 자리 수의 크기를 비교해요.

주사위를 2개 더 만들어서 4개를 준비해요. 주사위를 2개씩 나누어 가진 후, 던져서 나온 수로 두 자리 수를 만들어요.

엄 가윤이는 4와 4가 나왔네. 그럼 44를 만들 수 있겠구나.

주사위 숫자로 만들 수 있는 두 수 중 더 큰 숫자를 만들어요.

엄 엄마는 2와 1이 나왔구나. 21과 12 중 더 큰 수인 21을 만들게.

두 자리 수의 크기를 비교할 때는 십의 자리의 수를 먼저 비교해요.

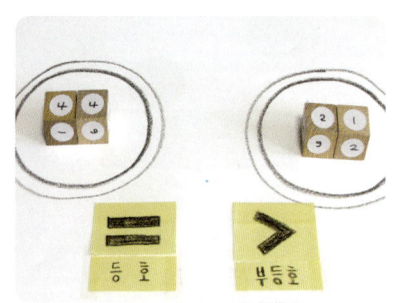

주사위를 접시 위에 놓고 크기를 비교해요.

엄 44와 21중 어떤 수가 클까?
아 44가 커요.

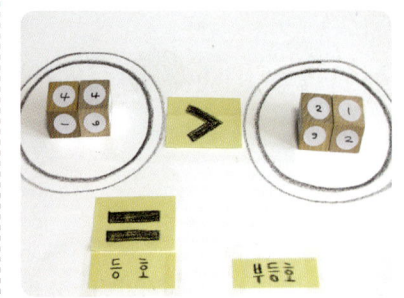

부등호를 놓아요.

아 부등호는 44쪽으로 벌어지게 놓을게요.

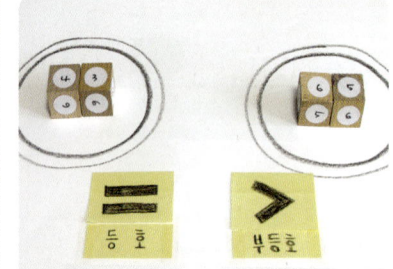

주사위를 또 던져서 두 자리 수를 만들어요.

엄 43과 65 중에서 어느 수가 크지?
아 65가 더 커요.

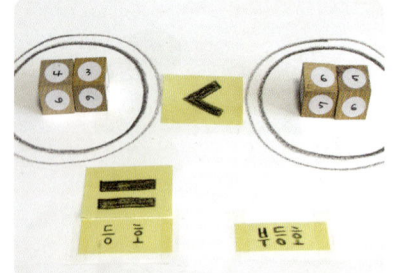

수의 크기를 비교하여 알맞은 기호를 붙여요.

아 부등호는 65쪽으로 벌어지게 놓을게요.

여러 번 반복하면서 두 자리 수의 크기를 비교하는 연습을 해요.

Math Gabe 04

빵 더하기 놀이
한 자리 수의 덧셈

6세 이상

덧셈을 처음 배울 때 숫자만으로 계산을 시작하면 아이들은 무척 혼란스러워해요. 3+3은 33이라고 생각하기도 하지요. 그래서 3에 대응하는 물건 3개와 또 다른 3에 대응하는 물건 3개를 합하여 세어 보는 놀이를 통해, 숫자와 숫자의 더하기는 양이 늘어나는 거라고 이해시켜 주는 것이 좋아요.

🔺 **놀이 목표**
덧셈의 개념을 이해할 수 있어요.

📦 **준비물**
1가베, 스케치북

Step 1 빵을 세면서 덧셈을 이해해요.

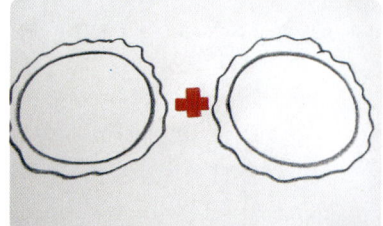

스케치북에 접시 2개를 그리고, 가운데에 더하기 기호를 그려요.
- 엄 가운데 이 모양은 뭘까?
- 아 병원 십자가 같아요.
- 엄 그래. 이건 '더하기'라고 해.

각 접시에 담긴 공의 수를 세어요. 또 그 수들을 합하여 세어요.
- 엄 접시에 빵이 몇 개씩 있지?
- 아 2개요.
- 엄 두 접시의 빵을 더하여 세면 몇 개야?
- 아 하나, 둘, 셋, 넷. 4개요.

여러 방법으로 공을 놓고 더해 보세요.
- 엄 이번에는 접시에 빵이 몇 개씩 있지?
- 아 3개요.
- 엄 두 접시의 빵을 더하여 세면 몇 개야?
- 아 하나, 둘, 셋, 넷, 다섯, 여섯. 6개요.

Step 2 필요한 빵의 개수를 생각하며 덧셈을 이해해요.

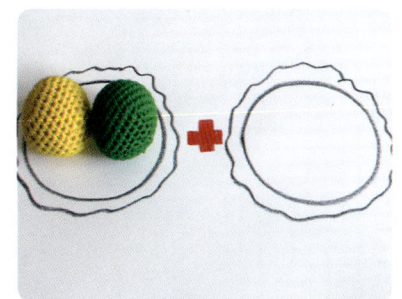

1개의 접시에만 공을 올려놓아요.

엄 한쪽 접시에 빵이 2개 있어.

전체 개수를 말하고 필요한 만큼의 공을 빈 접시에 올려놓도록 해요.

엄 엄마는 빵이 4개 필요해. 빈 접시에 빵을 몇 개 놓아야 모두 4개가 될까?

아 음…, 2개요.

엄 맞아. 2개에 2개를 더하면 4개가 되지.

2+2=4

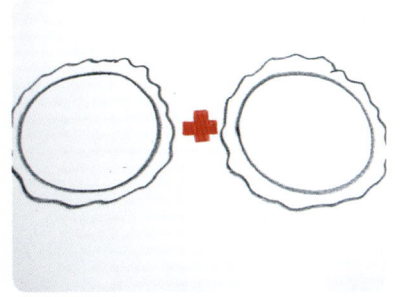

전체 개수를 말하고 두 접시에 나누어 공을 올려놓도록 해요.

엄 빵이 5개 필요해. 2개의 접시에 몇 개씩 놓으면 5개를 만들 수 있을까?

아 한쪽에는 2개, 다른 한쪽에는 3개를 놓으면 돼요.

2+3=5

> 수를 바꿔가며 다양한 방식으로 덧셈을 경험하도록 해 주세요.

> 너무 쉽다고 생각할 수도 있지만, 수학가베를 처음 시작할 때는 수와 양의 일치에 관한 놀이를 꼭 진행해 주세요. 아이가 "이 정도는 너무 시시해."라고 하면 앞으로 배우게 되는 어려운 것들도 알고 보면 이렇게 시시한 것일 수도 있다고 얘기해 주세요.
> 수학은 자신감이 중요하니까요.

Math Gabe 05

숨은 공은 몇 개?

수의 가르기와 모으기

6세 이상

공 6개를 꺼낸 뒤 일부를 숨겨서 6이라는 숫자가 두 수로 갈라질 수 있다는 것을 알아보는 놀이예요. 어른들이 보기에는 쉽지만, 연산에 약한 아이들에게는 도전이 되는 재미있는 놀이랍니다. 본격적인 덧셈과 뺄셈에 들어가기 전에 이렇게 두 수로 가르는 놀이를 많이 해 보세요.

🔺 **놀이 목표**
수의 가르기와 모으기를 할 수 있어요.

📦 **준비물**
1가베, 플라스틱통, 10가베, 작은 컵

Step 1 6을 두 수로 가를 수 있어요.

끈 없는 공을 꺼내서 공의 개수를 세어 봐요.
- 엄: 1가베 끈 없는 공이야. 모두 몇 개지?
- 아: 6개요.

아이가 눈을 감은 동안 공의 일부를 통 속에 감춰요.
- 엄: 엄마가 공 몇 개를 통 속에 숨겼어. 몇 개를 숨긴 걸까?

바깥에 남은 공의 개수를 세어 보고, 통 속에 있는 공의 개수를 추측하도록 해요.
- 엄: 남아있는 공은 모두 몇 개지? 아: 4개요.
- 엄: 그럼 통 속에는 공이 몇 개 있을까?
- 아: 음…, 2개?

직접 꺼내어 확인해 보고, 전체 공의 개수를 세어 봐요.

🟠 통 속에 몇 개가 숨어 있었지?
🟢 2개요.
🟠 4개랑 2개를 합하여 세어 보니 6개가 되는구나.

또 공을 숨겨요. 아이가 어려워하면 끈 있는 공을 참고하여 없어진 색을 생각해 보게 해요.

🟠 이번에는 어떤 색의 공이 숨어있을까?
🟢 주황, 보라, 초록이요.
🟠 그럼 통 속에는 모두 몇 개가 있지?
🟢 3개요.

아이와 함께 번갈아가며 공의 개수 맞추기 놀이를 해 보세요.

> 이 놀이를 반복하다 보면 6을 (1, 5), (2, 4), (3, 3)으로 가를 수 있다는 것을 자연스럽게 알게 돼요.

Step 2 10을 두 수로 가를 수 있어요.

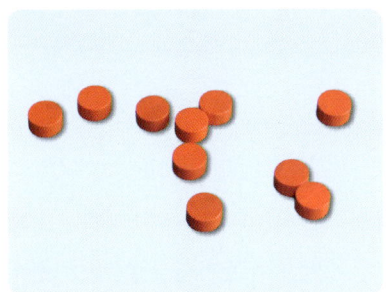

10가베 10개를 세면서 꺼내요.

🟠 이번에는 점 10개로 숨기기 놀이를 해 보자.

컵을 이용해 점의 일부를 숨겨요. 남겨진 점의 개수를 통해 숨겨진 점의 개수를 추측해요.

🟠 남은 점이 몇 개지?
🟢 3개요.
🟠 그럼 컵 속에 몇 개의 점이 숨어 있을까?

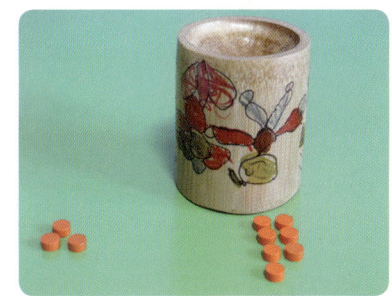

컵을 열어 숨은 점의 개수를 확인하고, 10을 3과 7로 가를 수 있다는 것을 알려 줘요.

🟠 컵 속에 점이 7개 있었구나. 10은 3과 7로 가를 수 있단다.

> 놀이를 반복하면서 여러 가지 경우로 10을 가르기 해 보세요. 10의 보수를 자연스럽게 체득하게 돼요.

※ **가르기**: 한 수를 둘 이상의 수로 나누는 것
※ **모으기**: 둘 이상의 수를 모아서 한 수를 만드는 것

Math Gabe 06

덧셈 매트릭스
더하기와 양의 관계 이해하기

6세 이상

점과 점이 만나는 자리를 찾고 점의 개수를 더하는 놀이예요. 더하기의 개념을 이해하는 것뿐만 아니라, 위치와 방향을 찾으며 공간감각까지 키울 수 있어서 일석이조랍니다.

▲ **놀이 목표**
가르기와 모으기를 경험하며 더하기의 개념을 이해해요.

📦 **준비물**
10가베, 3가베, 스케치북, 부록 스티커

Step 1 한 자리 수를 더해요.

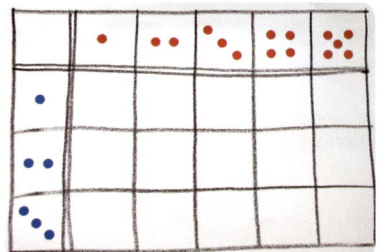

스케치북에 가로 6칸, 세로 4칸의 매트릭스를 그려요. 맨 윗줄에는 10가베 빨간 점을, 맨 왼쪽 줄에는 파란 점을 사진과 같이 놓아요.
🟠 사진과 같이 점을 놓아 줄래?

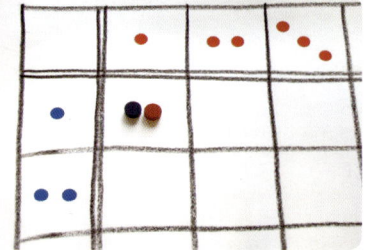

빨간 점 1개와 파란 점 1개가 만나는 칸을 찾아서 10가베 점 2개를 놓아요.
🟠 점 하나와 하나를 더하면 몇 개가 되지?
🟡 2개요.
🟠 그럼 이곳에 점 2개를 놓아 줄래?

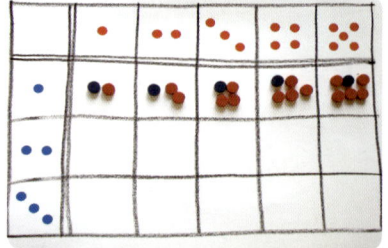

나머지 칸에도 각 수를 더해서 점을 채워 보세요.
🟠 빨간 점 2개와 파란 점 1개가 만나는 이곳에는 점 몇 개를 놓으면 될까?
🟡 3개요.

표를 모두 채우고 아이가 이 연산에 익숙해지면 더 큰 수로 확장해 보세요.

Step 2 한 자리 수를 가를 수 있어요.

3가베 정육면체에 2~7까지 숫자 스티커를 붙여요.

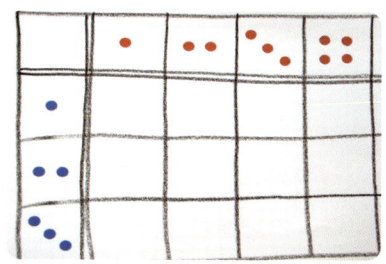

매트릭스 판에는 빨간 점 5개를 빼고 위와 같이 준비해요.

주사위를 던져 나온 숫자만큼 점을 꺼낸 후 둘로 갈라요. 4는 (1, 3), (2, 2), (3, 1)의 세 가지 방법으로 가를 수 있어요.

엄 점 4개를 양쪽으로 가르면 어떻게 되지?
아 2개씩 갈라져요.

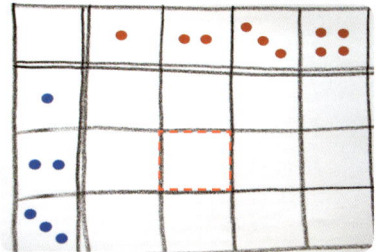

빨간 점 2개와 파란 점 2개가 만나는 곳을 찾아요.

엄 빨간 점 2개와 파란 점 2개는 어디서 만나지?
아 여기요.

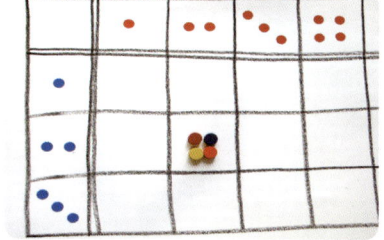

점 4개를 올려놓아요.

엄 거기에 점 4개를 올려놓자.

이 활동을 통해 아이는 4를 2와 2로 가를 수 있다는 것을 경험하게 돼요.

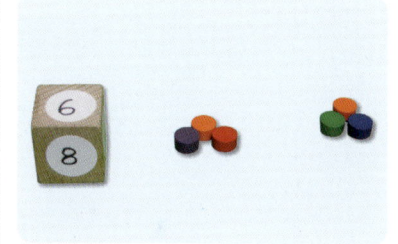

주사위를 또 던져서 나온 숫자만큼의 점을 꺼내어 둘로 갈라요.

엄 6이 나왔네. 점 6개를 둘로 갈라 볼까?
아 3개씩 갈라져요.

6은 (1, 5), (2, 4), (3, 3), (4, 2), (5, 1)의 다섯 가지 방법으로 가를 수 있어요. 그중 매트릭스 칸을 채울 수 있는 곳에 점 6개를 놓아요.

엄 그럼 빨강도 3, 파랑도 3인 곳을 찾아 점 6개를 놓자.

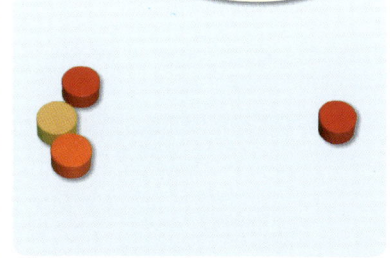

주사위를 던져서 이미 나온 수가 또 나올 경우, 전과 다른 방법으로 수를 갈라서 빈 칸을 채워요.

엄 또 4가 나왔네. 이번에는 다른 방법으로 갈라보자.
아 3과 1로 갈랐어요.

매트릭스의 모든 칸을 채울 때까지 게임을 해 보세요.

엄마와 아이가 번갈아가며 진행하면 아이의 부담을 줄일 수 있어요.

37

Math Gabe 07

계란을 팔아요
10의 보수 찾기

6세 이상

일반적으로 수학에서는 십진법을 사용하기 때문에, 10의 보수(10이 되도록 보충해 주는 수)를 알면 연산을 하는 데 큰 도움이 됩니다. 문제집의 숫자를 계산하기에 앞서, 눈에 보이는 교구를 이용해 10을 만드는 놀이를 하다 보면 어느새 10의 보수 찾기가 쉬워집니다.

▲ **놀이 목표**
10의 보수(짝꿍수)를 찾을 수 있어요.

📦 **준비물**
9가베, 준1가베

Step 1 계란판을 채우며 10의 보수를 찾아요.

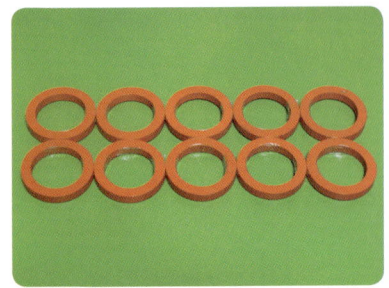

9가베 작은 고리 10개를 두 줄로 붙여요.
엄 여기 계란판이 있어. 계란판에 계란 넣기 놀이를 해 보자.

아이에게 칸이 몇 개인지 세어보도록 해요.
엄 계란판에 칸이 모두 몇 개야?
아 10칸이에요.

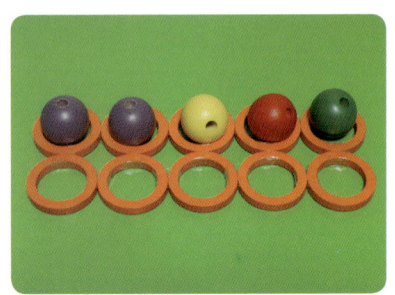

준1가베 구를 5개 주고 구멍에 넣게 해요.
엄 계란을 세면서 칸에 넣어 보자.
아 하나, 둘, 셋, 넷, 다섯! 5개예요.

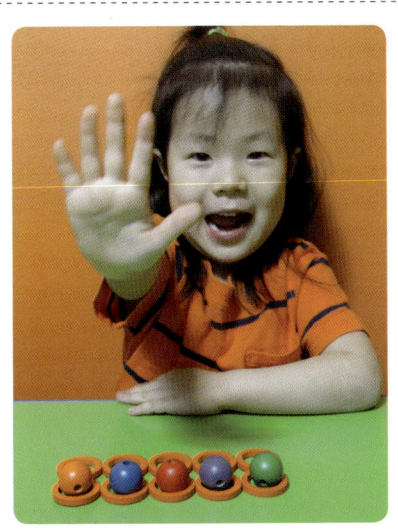

이번에는 구 7개를 구멍 속에 넣게 해요.
- 엄 계란 7개를 세면서 넣어 봐.
- 아 하나, 둘, 셋, 넷, 다섯, 여섯, 일곱!
- 엄 아직 빈자리가 보이네.

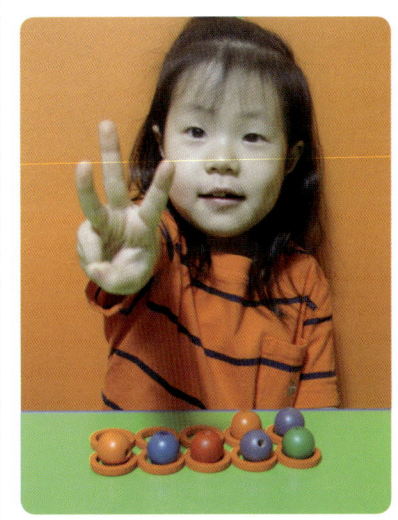

10이 되기 위해 필요한 구의 수를 생각해 보게 해요.
- 엄 칸 10개를 모두 채우려고 해. 닭이 계란을 몇 개 더 낳으면 될까?
- 아 5개요.
- 엄 맞아. 5와 5는 10이 되는 짝꿍수란다. 5+5=10이야.

10이 되기 위해 필요한 구의 수를 생각해 보게 해요.
- 엄 몇 개를 더 채우면 10개가 될까?
- 아 3개요.
- 엄 맞아. 7과 3은 10이 되는 짝꿍수이구나. 7+3=10이야.

> 개수를 바꿔서 반복하며 다양한 10의 보수를 찾아보세요.

Step 2 숫자를 보고 10의 보수를 써요.

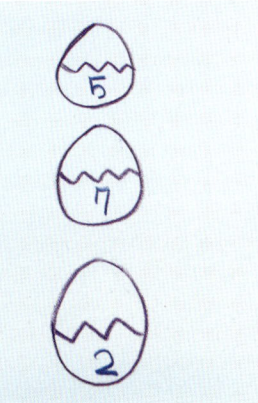

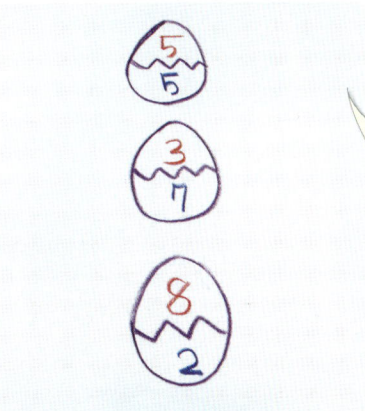

> 문제를 풀기 어려워하면 구슬 넣기를 하면서 생각해 보게 해요. 아이가 10의 보수에 익숙해질 때까지 반복해 보세요.

스케치북에 달걀 그림을 그려요. 달걀 아랫부분에 9 이하의 숫자를 적어요.
- 엄 이 달걀들은 숫자 10이 되면 병아리가 나온단다. 10이 되도록 짝꿍수를 찾아서 적어 보자.

달걀 윗부분에 10이 되기 위한 보수를 적게 해요.
- 엄 5의 짝꿍수는 뭐지?
- 아 5예요.
- 엄 7의 짝꿍수는?
- 아 3이에요.

※ **보수(짝꿍수)**: 어떤 수가 되기 위해 보충해 주는 수

1가베 볼링놀이

가르기와 모으기

7세 이상

구를 굴려 도형 안쪽의 공을 도형 밖으로 밀어내는 놀이예요. 엄마와 아이가 내기를 하며 신나게 게임을 해 보세요. 그런 다음 점수판을 보면서 나간 공의 개수를 통해 남은 공의 개수를 생각해 보세요. 점수를 합산하며 덧셈뿐만 아니라 곱셈의 개념도 이해할 수 있어요.

🔺 **놀이 목표**
가르기와 모으기를 연습해요.
곱셈의 원리를 이해해요.

📦 **준비물**
1가베, 2가베, 10가베, 스케치북

Step 1 남은 공 계산하며 가르기를 연습해요.

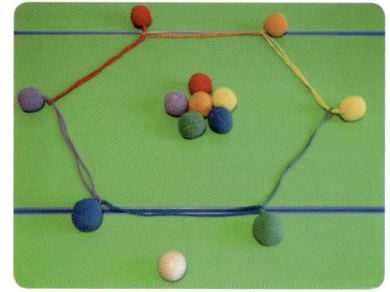

1가베 끈 있는 공으로 육각형을 만들고, 끈 없는 공 6개를 안쪽에 모아요. 아이의 힘이 약하면 삼각형처럼 작은 도형으로 시작해요.

2가베 구를 안쪽에 있는 공을 향해서 굴려요.

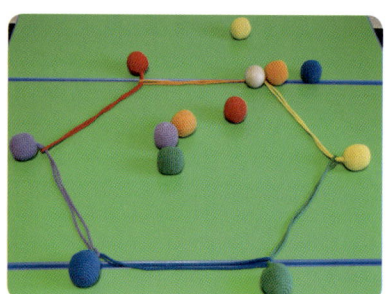

도형 밖으로 나간 공의 개수를 세어요.
🟢 공이 2개 나갔어요.

	상훈	엄마
	나간공	나간공
1회	2	
2회		
3회		
점수		

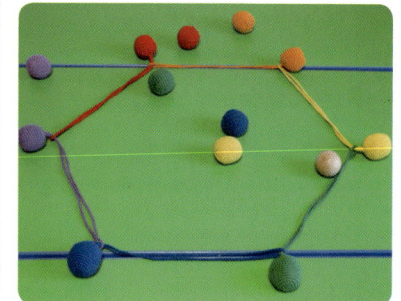

	상훈		엄마	
	나간공	남은공	나간공	남은공
1회	2	4	3	3
2회	3	3	1	5
3회	4	2	2	4
점수				

스케치북에 표를 그리고 나간 공의 개수를 적어요.

🟠 공이 2개 나갔으니까 여기에 2를 쓰자.

엄마와 아이의 점수를 각각 기록하면서 3회까지 진행한 후 공을 정리해요.

🟠 엄마는 3개가 나갔으니까 점수판에 3을 쓸게.

나간 공의 수를 보면서 남은 공의 수를 적어요.

🟠 밖으로 나간 공이 2개일 때 안쪽에 남아있던 공은 몇 개였을까?

> 수의 가르기뿐만 아니라 거꾸로 계산하는 것도 연습할 수 있어요. 즉, 2+□=6에서 □를 구하기 위해 6-2를 할 수 있어요.

Step 2 점수를 계산하며 곱셈을 경험해요.

	상훈		엄마	
	나간공	남은공	나간공	남은공
1회	2	4	3	3
2회	3	3	1	5
3회	4	2	2	4
점수	9		6	

공 하나에 1점씩 계산해서 점수를 합산해 보세요. 세 수의 덧셈을 경험할 수 있어요.

🟠 공 하나의 점수는 1점이야. 세 번의 게임 점수를 모두 더하면 몇 점일까?

🟢 저는 9점이고, 엄마는 6점이에요.

🟠 네가 3점 차이로 이겼구나.

	상훈		엄마	
	나간공	남은공	나간공	남은공
1회	2		3	
2회	3		1	
3회	4		2	
점수				

공 하나에 2점씩 계산해서 점수를 합산해 보세요. 2의 배수를 경험할 수 있어요.

🟠 공 하나에 2점이라면 점수는 모두 몇 점이니? 공 하나마다 점을 2개씩 놓아서 세어 보자.

🟢 저는 18점이고, 엄마는 12점이에요.

🟠 맞아. 네가 6점 차이로 이겼구나.

	상훈		엄마	
	나간공	남은공	나간공	남은공
1회	2		3	
2회	3		1	
3회	4		2	
점수				

공 하나에 3점씩 계산해서 점수를 합산해 보세요. 3의 배수를 경험할 수 있어요.

🟠 공 하나에 3점이라면 점수는 모두 몇 점이니? 공 하나마다 점을 3개씩 놓아서 세어 보자.

🟢 저는 27점이고, 엄마는 18점이에요.

🟠 맞아. 네가 9점 차이로 이겼구나.

> 공 하나의 점수를 바꿔서 여러 수의 배수를 경험하게 해 주세요.

곶감 나눠 먹기 — 10 가르기

6세 이상

준1가베 10개를 막대에 꽂아서 곶감을 만들어요. 곶감을 이리저리 가르고 모으기를 하며 10이 되는 짝꿍수를 찾는 놀이에요. 처음에는 10을 이루는 두 수를 찾아보고, 여기에 익숙해지면 세 수로 10을 만드는 것도 도전해 봐요.

▲ **놀이 목표**
10의 보수를 찾을 수 있어요.
세 수의 덧셈을 경험해요.

📦 **준비물**
2가베, 준1가베, 스케치북

Step 1 곶감을 나누며 10을 두 수로 갈라요.

2가베 긴 막대에 준1가베의 정육면체 10개를 꽂아요. 끝부분이 빠지시 않도록 테이프로 말아요.
🟠 막대에 곶감을 꽂아 줄래? 곶감은 전부 몇 개지?
🟢 10개요.

정육면체 3개를 한쪽으로 갈라놓아요.
🟠 곶감을 나눠 먹자. 엄마가 3개를 먹으면 너는 몇 개를 먹을 수 있어?

남은 쪽의 정육면체를 세어요.
🟢 7개요.
🟠 맞아. 10은 3과 7로 갈라진단다.

💬 수를 바꿔서 계속해 보세요.

Step 2 곶감을 나누며 10을 세 수로 갈라요.

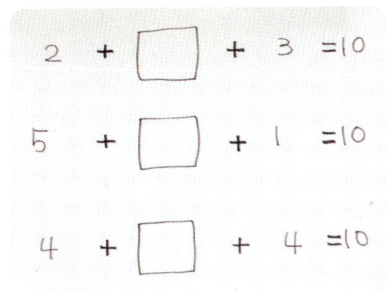

스케치북에 가운데 빈칸이 있고 합이 10이 되는 세 수의 덧셈식을 써요.

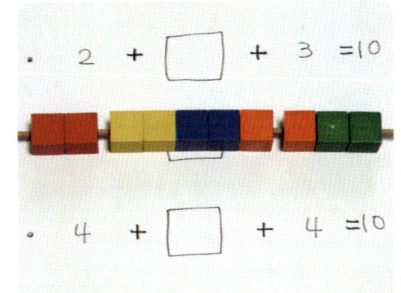

식을 보면서 정육면체를 세 부분으로 나눠요.

🟠 이번에는 아빠도 왔어. 우리 셋이서 곶감을 나눠 먹을 거야. 엄마는 2개, 너는 3개를 먹으면 아빠는 몇 개를 먹을 수 있을까?

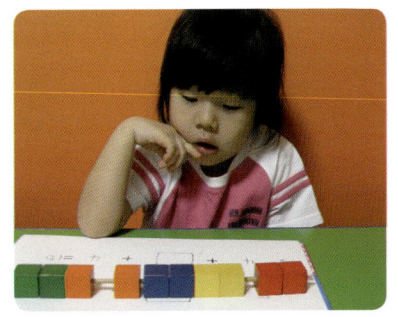

가운데 남아있는 정육면체의 개수를 통해 빈칸에 들어갈 숫자를 생각해 보게 해요.

🟢 가운데에 5개가 있어요. 그러니까 아빠는 5개를 먹을 수 있어요.
🟠 맞아. 그럼 네모 안의 숫자는 뭘까?
🟢 5예요.

> 10을 세 수로 가르는 것을 경험하게 돼요.

빈칸에 답을 쓰고, 10을 만드는 세 수를 확인해요.

🟠 가운데 빈칸에 5를 써 줄래? 식을 보니 2와 5와 3이 만나면 10이 되는구나.

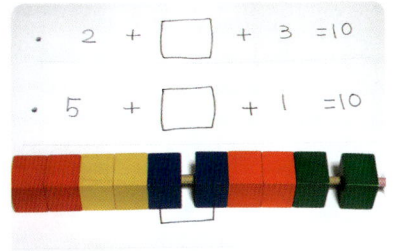

또 다른 식을 같은 방법으로 풀어 봐요.

🟠 이번에는 엄마가 5개, 너는 1개를 먹었어. 아빠 것은 몇 개 남았을까?

스케치북의 빈칸에 답을 쓰고, 10을 만드는 세 수를 확인해요.

> 여러 가지 식을 만들고 앞 과정을 반복하여, 10을 다양한 세 수로 갈라 보세요.

빼빼로가 길어져요

길이를 이용해 더하기

6세 이상

8가베는 길이가 다른 막대들로 구성되어 있어요. 막대들의 길이를 1~6까지의 숫자와 연결한 후, 막대와 막대가 만나면 길어지는 것을 눈으로 확인하고 숫자에 대응시켜 보는 활동이에요. 수의 더하기 개념을 이해할 수 있는 활동으로서, 취학 전 아이들에게 필요한 연산놀이입니다.

🔺 **놀이 목표**
두 수의 덧셈과 세 수의 덧셈을 할 수 있어요.

📦 **준비물**
8가베

Step 1 막대 길이별로 숫자를 연결해요.

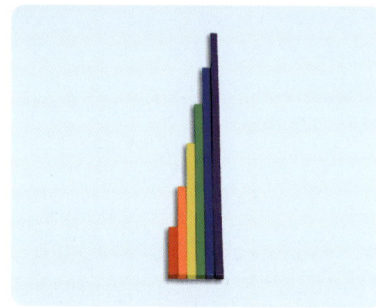

8가베 막대를 길이별로 1개씩 꺼낸 후 순서대로 놓아요. 사진과 동일한 색으로 준비해요.

엄 길이가 모두 6가지구나.

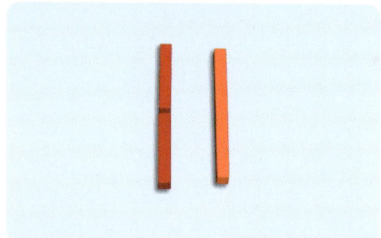

빨간 막대를 2개 놓으면 주황 막대와 길이가 같아요.

엄 빨간 막대를 1이라고 하자. 주황 막대는 빨간 막대 몇 개와 길이가 같지?
아 2개요.
엄 그럼 주황 막대는 2가 되겠구나.

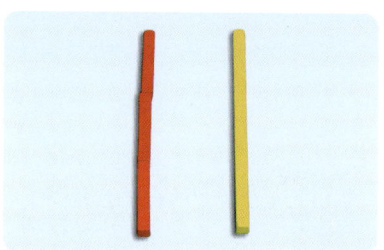

빨간 막대를 3개 놓으면 노란 막대와 길이가 같아요. 이렇게 6번 막대까지 소개해요.

엄 노란 막대는 빨간 막대 몇 개와 길이가 같지?
아 3개요.
엄 그럼 노란 막대는 3이 되겠구나.

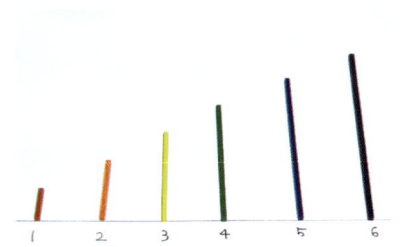

스케치북에 1~6까지의 숫자를 쓰고 알맞은 막대를 올려놓아요.

엄 숫자 위에 막대를 놓아 줘.

덧셈놀이를 하기 위해 같은 색과 같은 길이의 막대를 5개씩 꺼내어 준비해요.

엄 길이와 색이 같은 막대를 5개씩 꺼내서 놓아 줘.

정육면체에 투명테이프를 붙인 후 네임펜으로 1~12까지 숫자를 써요.

엄 1번 막대와 길이가 같은 정육면체 12개가 있어. 차례대로 숫자를 써 보자.

Step 2 길이를 늘이면서 더하기를 연습해요.

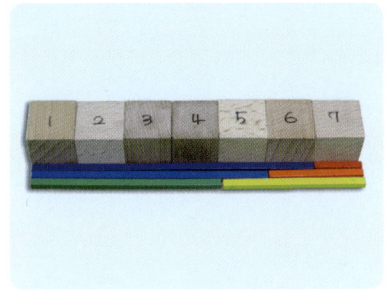

정육면체를 7까지 나열한 후, 두 개의 막대로 7을 만드는 여러 방법을 찾아보세요.

엄 길이가 7인 뻐빼뻐죠를 만들려고 해. 정육면체와 같은 길이가 되도록 막대를 놓아 보자. 1번 막대와 6번 막대를 놓으니 7이 되는구나.

아 5번과 2번도 만나면 7이 돼요.

세 개의 막대로 7을 만들 수 있는 방법을 찾아보세요.

엄 이번에는 막대 세 개로 7을 만들어 보자.

아 3번 막대 두 개와 1번 막대 한 개를 사용하면 7이 돼요.

정육면체를 9까지 나열한 후, 두 개의 막대로 9를 만들 수 있는 여러 방법을 찾아보세요.

엄 이번에는 더 긴 뻐빼뻐죠를 만들 거야. 막대 두 개를 연결해서 길이가 9가 되도록 만들어 보자.

세 개의 막대로 9를 만들 수 있는 여러 방법을 찾아보세요.

12를 만들 수 있는 여러 가지 방법을 찾아보세요.

엄 길이가 더 길어졌네. 막대 2개나 3개를 연결해서 길이가 12가 되도록 만들어 보자.

> 숫자를 개수로만 이해하던 아이들은 이 놀이를 통해 숫자를 길이로도 받아들이게 됩니다. 이런 경험을 통해 다른 각도에서 수를 이해할 수 있어요.

Math Gabe 11

라푼젤을 구해줘
수와 길이의 관계 이해하기

6세 이상

성 꼭대기에 갇혀 있는 라푼젤을 구하기 위해서는 10칸 사다리가 필요해요. 길이가 다양한 사다리를 연결해서 10칸 사다리를 만들어 보세요. 이렇게 새로운 방법으로 덧셈을 놀이처럼 연습하다 보면, 아이들은 수학을 지겨운 문제 풀이가 아닌 즐거운 놀이로 기억하게 될 거예요.

🔺 **놀이 목표**
10을 만드는 세 수를 찾을 수 있어요.

📦 **준비물**
8가베, 3가베, 스케치북

Step 1 사다리를 만들며 수와 높이를 연결해요.

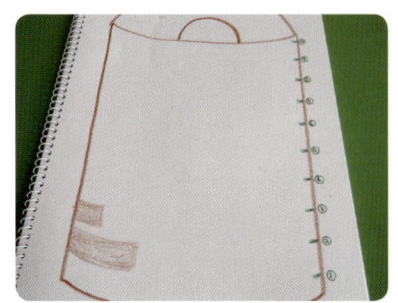

스케치북에 성을 그려요. 성의 높이는 1번 막대(2.5cm)가 10개 들어가도록 해요.

💬 성 꼭대기에는 라푼젤이 갇혀 있어. 라푼젤을 구하려면 사다리가 필요해.

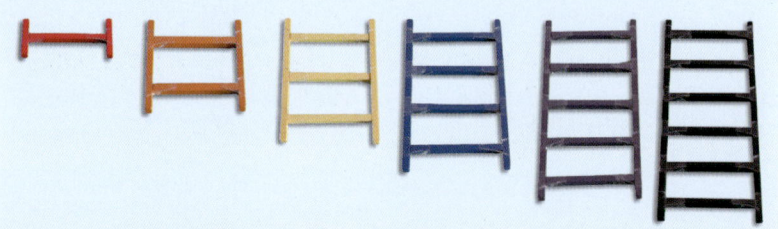

1번 막대로 1칸 사다리를 3개 만들어요. 2번 막대로 2칸 사다리를 2개 만들어요. 3~6칸 사다리는 모두 1개씩 만들어요. 가운데는 모두 2번 막대를 사용해요.

💬 같이 사다리를 만들어 볼까?

Step 2 10칸 사다리를 만들며 더해서 10이 되는 수를 찾아요.

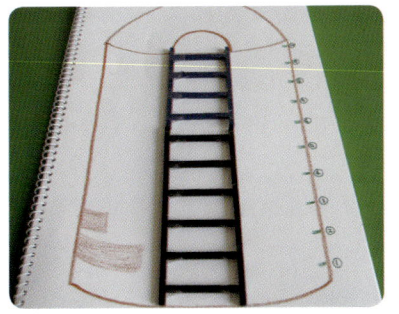

만든 사다리를 이용해서 꼭대기까지 올라가려고 해요. 정확히 10칸의 사다리를 만드는 방법을 찾아봐요.

아 6칸 사다리와 4칸 사다리를 이용하면 꼭대기까지 닿아.

엄 맞아. 6+4=10인 것을 알 수 있어.

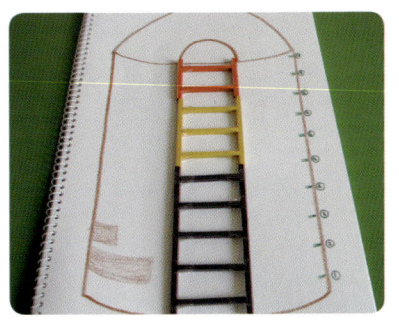

사다리 3개로 10칸을 만드는 방법을 찾아봐요.

아 5칸, 3칸, 2칸 사다리를 이용하면 꼭대기까지 닿아요.

엄 그렇구나. 5+3+2=10이구나.

> 반복되는 경우가 생기지 않도록 덧셈식을 적으면서 해 보세요.

사다리 4개로 10칸을 만드는 방법을 찾아봐요.

아 4칸, 3칸, 2칸, 1칸 사다리를 이용하면 꼭대기까지 닿아요.

엄 그래. 4+3+2+1=10이구나.

> 10이 되는 많은 방법을 찾으면서 답이 하나인 문제 풀이가 아니라, 여러 답을 찾는 능동적인 경험을 할 수 있어요.

Step 3 10칸 사다리 만들기 게임

3가베에 2~5까지를 붙여서 주사위를 만들어요. 주사위를 던져 나온 수만큼 사다리를 선택하여 10칸이 되도록 해요.

엄 주사위에 3이 나왔구나. 그럼 사다리 3개를 선택해서 10을 만들면 돼.

아 2칸, 6칸, 2칸을 골랐어요. 2+6+2=10

> 반복되는 경우가 생기지 않도록 덧셈식을 적으면서 해 보세요.

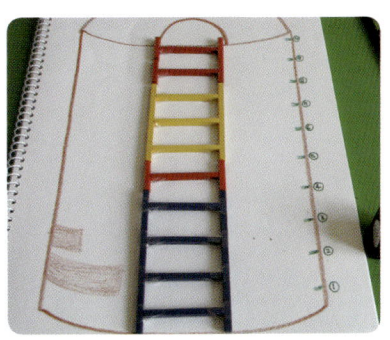

주사위를 계속 던져서 놀이해 보세요.

엄 엄마는 주사위에 5가 나왔구나. 5개의 사다리로 10칸이 되도록 만들어 볼게. 4+1+3+1+1=10

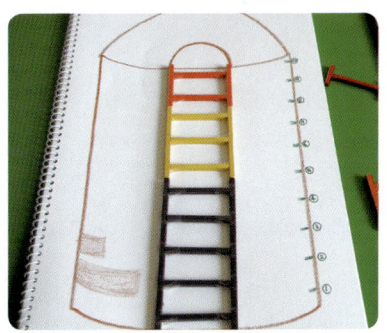

주사위를 던져서 앞에 나온 수가 또 나올 경우, 전에 했던 방법이 아닌 새로운 방법으로 사다리를 만들어요.

엄 이번에도 3이 나왔네. 이전과 다른 방법으로 만들어야 한단다.

아 5+3+2=10

열매를 따요

덧셈과 뺄셈의 혼합계산

6세 이상

나무 위에 열매가 주렁주렁 열렸어요. 열매 따기 놀이를 하면서 주어진 숫자에 맞게 열매를 따는 쉬운 놀이부터 더하기·빼기가 섞인 혼합계산까지 연습할 수 있어요. 나무를 만들고 준비하는 과정부터 아이와 함께 하면 수학놀이가 두 배로 즐거워질 거예요.

🔺 놀이 목표
덧셈과 뺄셈의 혼합계산을 할 수 있어요.

📦 준비물
1가베, 3가베, 바구니, 스티로폼판, 부록 스티커

Step 1 덧셈과 뺄셈의 혼합계산을 연습해요.

1가베 상자에 스티로폼판을 붙여 앞면에 나무를 그리고 연필로 구멍 6개를 뚫어요.

엄 열매 따기 놀이를 해 보자. 같이 나무를 만들어 볼까?

끈 있는 공 6개를 구멍에 넣어 열매를 표현해요.

엄 열매 6개를 달아 보자.

3가베에 1~6의 숫자 스티커를 붙여요. 주사위를 던져서 나온 수만큼 바구니에 끈 없는 공을 담아요.

엄 5가 나왔네. 가원이는 원래 열매 5개를 갖고 있었어.

다시 주사위를 던지고, 나온 수만큼 열매를 따요.

엄 3이 나왔구나. 열매 3개를 따서 바구니에 담아 봐. 바구니의 열매는 모두 몇 개지?

아 전부 8개가 됐어요.

입이 큰 동생 얼굴을 그려요. 동생이 열매를 일부 먹으면 몇 개가 남는지 세어 봐요.

엄 너무 배고픈 동생에게 열매를 하나 줬어. 바구니에서 공을 꺼내 입에 넣어 줘. 그럼 남은 열매는 몇 개지?

아 7개요.

스케치북에 혼합계산식을 써요. 이해가 잘 되도록 바구니와 나무, 동생을 그려 줘요.

엄 우리가 한 덧셈과 뺄셈을 식으로 써 보자. 5+3-1=7이 됐구나.

다시 주사위를 던져서 나온 수만큼 바구니에 공을 담고, 식에 숫자를 써요.

엄 이번에는 스케치북의 빈자리에 식을 쓰면서 해 보자. 주사위에 3이 나왔네. 원래 바구니에 열매 3개가 있었단다.

다시 주사위를 던져져 나온 수만큼 열매를 따고, 식에 숫자를 써요.

엄 5가 나왔으니 열매 5개를 따서 바구니에 담아. 바구니에 열매가 모두 몇 개 있지?

아 8개요.

주사위에 나온 수만큼 공을 빼요. 남은 공은 몇 개인지 세어 보고 식을 완성해요.

엄 동생에게 열매 4개를 줬어. 그럼 바구니에는 모두 몇 개가 남았지?

아 4개요.

엄 맞아. 그래서 3+5-4=4라는 것을 알 수 있어.

> 놀이를 반복하면서 혼합계산에 익숙하게 해 주세요.

※ **혼합계산**: 하나의 식에 덧셈, 뺄셈, 곱셈, 나눗셈 등이 섞여 있는 계산

Math Gabe 13

삼각형 덧셈 퍼즐

게임으로 덧셈 연습하기

7세 이상

단순히 문제를 풀고 답을 적는 지루한 반복학습에 아이가 지쳐하지는 않나요? 즐겁고 재미있는 덧셈 놀이를 해 보세요. 수학이 이렇게 재미있는 거구나 하며 아이가 행복해할 거예요.

🔺 **놀이 목표**
덧셈 속도가 빨라져요.

📦 **준비물**
7가베, 3가베, 부록 스티커

Step 1 정삼각형을 만들어요.

7가베에 있는 둔각 이등변삼각형 3개를 모아 정삼각형을 만들어서 테이프를 붙여요. 8개의 색이 골고루 섞이도록 하면서 10개 이상 만들어요.

엄 둔각 이등변삼각형 3개를 이렇게 모으면 뭐가 되지? 아 정삼각형이요.

부록의 1~8까지의 숫자 스티커를 색깔별로 정해서 붙여요.

엄 빨간색에는 모두 1을 붙여 줘. 노란색에는 모두 2를 붙이고.

3가베에 7~12까지의 숫자 스티커를 붙여요.

Step 2 두 수의 덧셈을 연습해요.

주사위를 던져요. 두 수가 만나 주사위에 나온 수가 되도록 가능한 모든 조각을 연결해요.

🟡 주사위를 던져서 9가 나왔어. 두 수가 만나서 9가 되도록 조각을 연결시켜 보자.

삼각형 2개가 만난 마름모의 수를 더하면 모두 9가 돼요.

🟡 이걸 보면서 더해서 9가 되는 짝꿍수는 무엇이 있는지 말해 보자.
🟢 1과 8, 4와 5, 3과 6, 2와 7이 있어요.
🟡 모두 네 가지 경우가 있구나.

다시 주사위를 던지고, 삼각형을 연결하여 주사위에서 나온 수를 만들어요.

🟡 이번에는 11이 나왔네. 더해서 11이 되는 두 수를 찾아서 연결해 볼까?

마름모 모양의 두 수를 합하면 11이 돼요.

🟡 이걸 보면서 더해서 11이 되는 짝꿍수는 무엇이 있는지 말해 보자.
🟢 3과 8, 4와 7, 6과 5가 있어요.
🟡 모두 세 가지 경우가 있구나.

Step 3 덧셈 퍼즐 게임

아이가 놀이방식에 익숙해지면 다음과 같이 게임을 해 보세요.

1. 가운데 정삼각형 하나를 놓아요.
2. 엄마와 아이가 똑같은 수의 정삼각형을 나누어 가져요.
3. 가위바위보를 해서 이긴 사람이 주사위를 던지고 나온 수를 만들어요.
4. 다음 사람이 주사위를 던지고 나온 수를 만들어요.
5. 자기 차례에 만들 수 있는 방법이 없다면 다음 사람으로 차례가 넘어가요.
6. 가지고 있던 삼각형을 먼저 모두 쓰는 사람이 이겨요.

10만 묶는 고리 괴물 (1)

7세 이상

받아올림이 있는 두 자리 수의 덧셈

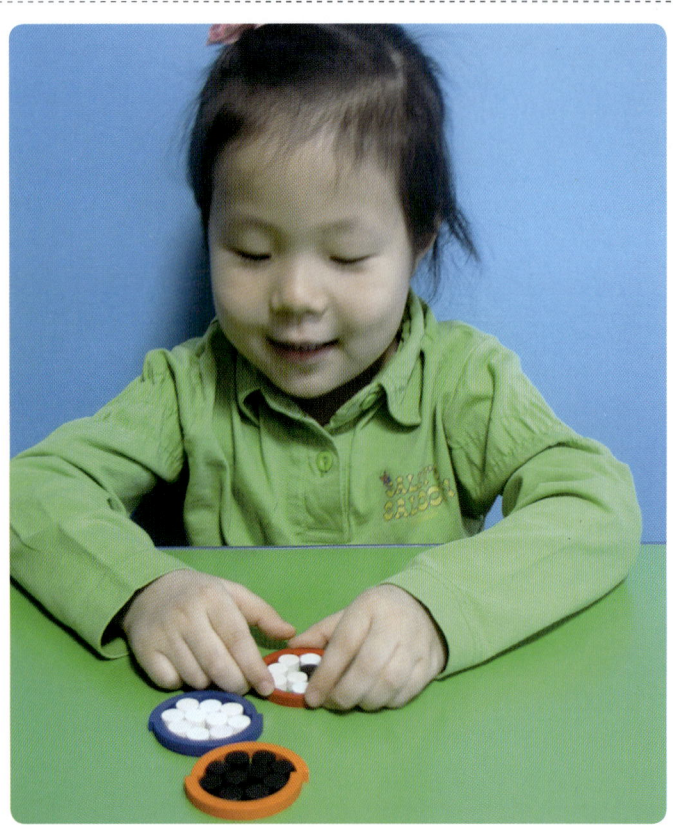

받아올림이 있는 덧셈을 처음 배울 때 아이들은 '받아올림'의 개념을 이해하기 어려워해요. 일의 자리 수 2개를 더해서 10이 넘으면 1을 십의 자리로 올린다는 것이 무슨 말인지 이해하기 힘들거든요. 이런 개념을 아주 쉽게 이해시켜 주는 놀이예요. Step 1에 익숙해진 다음 Step 2, 3에 도전해 보세요.

▲ **놀이 목표**
받아올림의 원리를 이해해요.

🟨 **준비물**
9가베, 10가베

Step 1 점을 10개씩 묶어요.

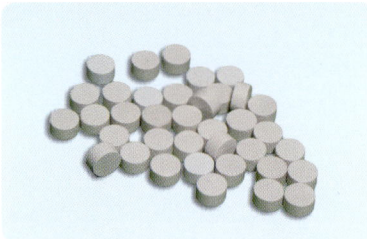

10가베 점을 한 주먹 꺼내서 몇 개일지 짐작해 봐요.

🟧 점은 모두 몇 개인가? 세기 쉽도록 10개씩 묶어 보자.

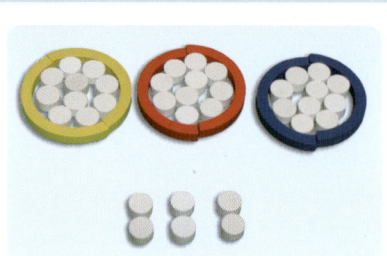

9가베 반고리로 10개씩 묶은 후 세어 봐요.

🟩 이 고리는 10만 묶는 괴물이야. 묶고 보니 10개씩 묶은 것이 3개 있고 나머지가 6개 있네. 그럼 전부 몇 개지?

🟩 36개요.

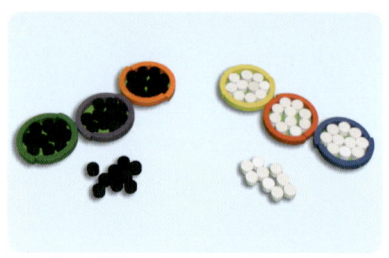

검정색 점도 한 주먹 꺼내어 10개씩 묶어요.

🟩 검정색 점도 모두 10개씩 묶어 줄래?

🟩 10개씩 묶은 것이 3개이고, 나머지가 9개예요. 전부 39개예요.

Step 2 받아올림이 없는 두 자리 수의 덧셈을 이해해요.

10개 묶음을 이용하여 10의 자리 수를 여러 가지 방법으로 더해 봐요.

엄 30+20은 얼마지?
아 50이에요.

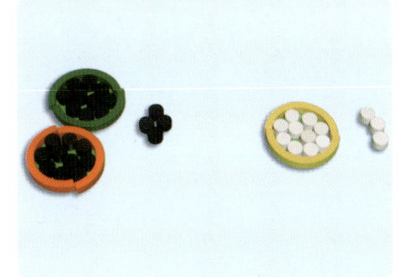

묶음과 낱개를 동시에 이용해서 두 자리 수의 덧셈을 해 봐요. 먼저 24+13을 계산해 봐요.

엄 이번엔 묶음수와 낱개가 함께 있구나. 묶음은 묶음끼리, 낱개는 낱개끼리 더해 보자.

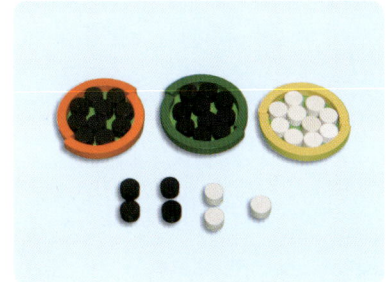

10개 묶음의 개수를 더하고, 낱개 개수를 더해요.

엄 10개 묶음을 더하면 몇 개지?
아 3개요. 그러니까 30이에요.
엄 낱개를 더하면 모두 몇 개지?
아 7개예요.
엄 그럼 24+13=37이 되겠구나.

> 받아올림이 없는 두 자리 수의 덧셈을 여러 가지 방법으로 연습해 보세요.

Step 3 받아올림이 있는 두 자리 수의 덧셈을 이해해요.

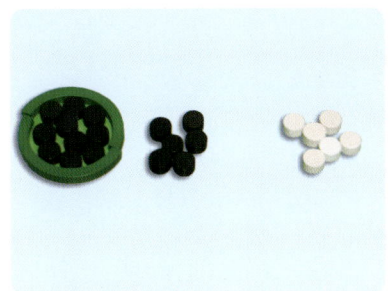

16+6을 계산해 봐요.

엄 이번에는 낱개가 너무 많구나. 10개를 따로 묶어 주자.

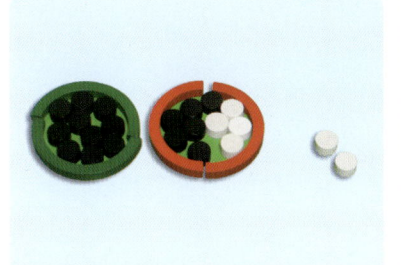

낱개의 점들이 만나니 10개가 넘어요. 10개를 반고리로 묶은 후, 전체 개수를 세어요.

엄 10개 묶음이 2개, 낱개가 2개네.
아 22예요.
엄 맞아. 이렇게 새로운 묶음을 만들어 주는 것을 수학에서는 '받아올림'이라고 해.

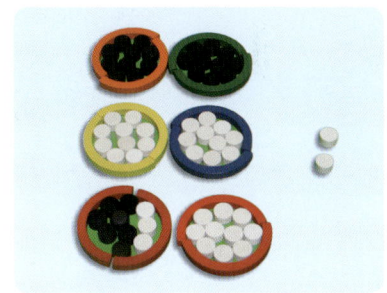

같은 방식으로 27+35를 계산해 봐요.

엄 이번에도 낱개가 많으니 10개를 묶어 봐.
아 10개 묶음이 6개, 낱개가 2개예요. 그러니까 답은 62예요.

> 낱개 10개를 고리로 묶으면서 받아올림의 개념을 이해하게 돼요.

> 받아올림이 있는 두 자리 수의 덧셈을 여러 가지 방법으로 연습해 보세요.

※ **받아올림**: 덧셈에서 같은 자리의 수끼리의 합이 10이거나 10보다 크면 바로 윗자리로 10을 올려서 계산하는 방법

Math Gabe 15

10만 묶는 고리 괴물 (2)

받아내림이 있는 두 자리 수의 뺄셈

`7세 이상`

뺄셈에서 받아내림이 있는 경우 아이들은 실수를 자주 해요. 숫자 식으로만 공식을 외우듯이 받아내림을 배우면 개념을 정확히 이해하지 못해서 문제를 풀 때 실수가 생겨요. 10개의 묶음을 풀어 낱개를 꺼내는 활동을 하면서 눈에 충분히 익혀 놓으면 받아내림의 의미를 잘 이해할 수 있답니다.

🔺 **놀이 목표**
받아내림의 원리를 이해해요.

📦 **준비물**
9가베, 10가베

Step 1 받아내림이 있는 뺄셈을 이해해요.

10가베 10개를 9가베 반고리로 묶어요.
- 엄 고리 안에 점이 몇 개 있지?
- 아 10개요.

10-3을 계산해 봐요. 이를 계산하기 위해서는 묶음을 풀어야 해요.
- 엄 엄마에게 점 3개만 줘. 묶음을 풀어야 점을 뺄 수 있겠지? 점 3개를 주니 남은 점이 몇 개야?
- 아 7개요.
- 엄 10이 되지 않으니 다시 묶을 수가 없구나.

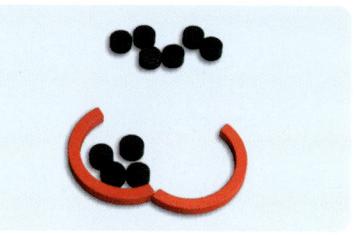

10-6을 계산해 봐요. 이를 계산하기 위해서는 묶음을 풀어야 해요.
- 엄 이번에는 엄마에게 점 6개를 줘.
- 아 4개가 남아요.
- 엄 이렇게 묶음을 풀어 낱개로 만드는 것을 '받아내림'이라고 한단다.

Step 2 받아내림이 있는 뺄셈을 연습해요.

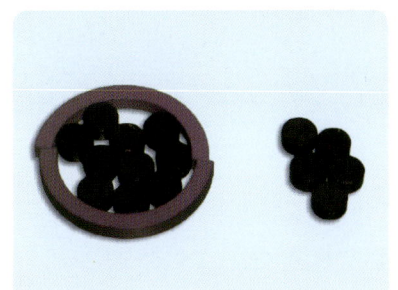

점을 이용해 15-7을 계산해 봐요.
엄 먼저 15를 만들어 보자. 낱개가 5개 밖에 없으니 7개를 빼려면 2개가 더 필요하네.

고리를 풀어 2개를 빼요. 남은 점은 8개예요.
엄 묶음에서 2개를 빼니까 몇 개 남았지?
아 8개요.
엄 그럼 15-7은 8이구나.

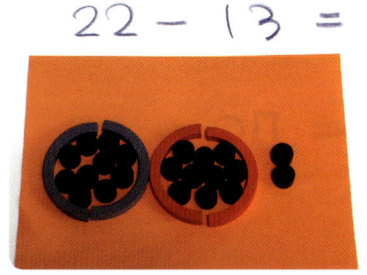

점을 이용해 22-13을 계산해 봐요.
엄 먼저 22를 만들어 보자. 10씩 묶음이 2개 있고 낱개가 2개 있어.

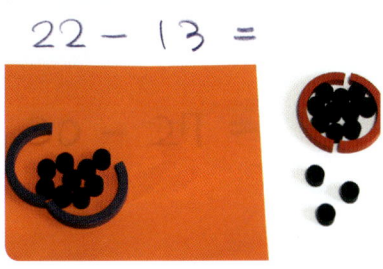

10을 빼기 위해 묶음 하나를 빼요. 3을 빼기 위해 나머지 묶음을 풀어요. 남은 점은 9개예요.
엄 10을 빼기 위해 묶음 1개를 먼저 빼자. 낱개 3을 빼려면 낱개가 모자라니 묶음을 풀어서 빼야겠다. 점이 몇 개 남았지?
아 9개가 남았어요.
엄 그래. 22-13=9이구나.

> 고리를 푸는 과정을 반복하면서 받아내림의 의미를 정확히 이해하게 돼요.

같은 방법으로 30-27을 해 보세요.
엄 먼저 30을 만들어 봐.
아 10개 묶음을 3개 만들면 돼요.

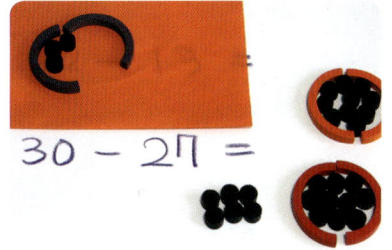

묶음 2개를 빼요. 7을 빼기 위해 나머지 묶음을 풀어요. 남은 점은 3개예요.
엄 남은 점은 모두 몇 개지?
아 3개가 남았어요.
엄 맞아. 30-27=3이구나.

> 문제를 바꿔서 받아내림이 있는 두 자리 수의 뺄셈을 계속 연습해 보세요.

※ 받아내림: 뺄셈에서 같은 자리의 수끼리 뺄 수 없을 때 바로 윗자리에서 10을 빌려서 계산하는 방법

용돈을 벌어요

세 자리 수의 덧셈과 뺄셈

8세 이상

세 자리 수 이상의 연산이 익숙하지 않은 아이와 용돈 기입장 쓰는 놀이를 해 보세요. 들어온 돈과 나간 돈을 쓰고 계산하다 보면, 어느새 큰 수에 대한 두려움이 없어져요.

🔺 **놀이 목표**
큰 수의 연산에 자신감이 생겨요.

📦 **준비물**
7가베, 10가베, 3가베, 스케치북

Step 1 용돈기입장을 만들어요.

아이와 의논하면서 용돈을 벌 수 있는 항목 4개(심부름, 신발 정리 등)와 용돈을 쓸 수 있는 항목 2개(간식 등)를 정해서 3가베에 붙여요.

🟠 용돈을 벌 수 있는 일은 무엇이 있을까?
🟢 심부름하기요.
🟠 용돈을 모으면 어디에 쓰고 싶니?
🟢 과자 사먹을래요.

용돈이 들어오고 나가는 것을 적을 수 있는 표를 위와 같이 준비해요.

🟠 네가 용돈을 얼마큼 벌고 얼마큼 쓰는지 알 수 있도록 표를 만들어서 정리해 보자.

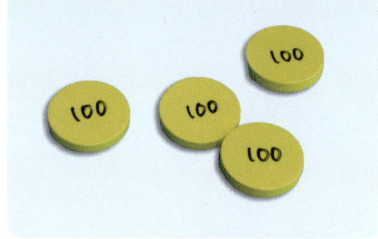

7가베 원에 투명테이프를 붙이고 네임펜으로 100이라고 써서 100원짜리 동전을 10개 이상 만들어요. (100원짜리 동전을 사용해도 돼요.)

🟠 받는 돈은 100원으로 정하고, 쓰는 돈은 200원으로 정하자.

Step 2 용돈기입장 쓰면서 세 자리 수의 덧셈·뺄셈을 연습해요.

주사위를 던져요.

🟠 '신발 정리'가 나왔구나.
신발 정리는 네가 돈을 받는 걸까, 쓰는 걸까?
🟢 받는 거예요.

용돈기입장에 주사위에서 나온 항목과 받은 돈을 적어요.

🟠 그래. 그럼 100원을 줄게. 용돈기입장에는 항목에 '신발 정리'라고 쓰고, 들어온 돈에 '100'을 적으면 된단다.

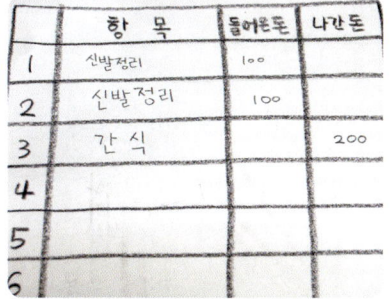

주사위에 '간식'이 나오면 나간 돈에 200원을 표시해요.

🟠 간식은 돈을 쓰는 거지? 쓰는 돈은 200원이야. 어떻게 적어야 할까?
🟢 항목에 '간식'이라고 쓰고, 나간 돈에 200을 적어요.

들어온 돈, 나간 돈을 구분하여 동전을 놓아요.

표를 모두 작성하면 마지막에 남은 돈을 계산해요. 자연스럽게 세 자리 수의 계산을 할 수 있어요.

🟠 들어온 돈과 나간 돈의 합계를 계산하고 남은 돈을 계산해 보자.

> 받는 돈과 쓰는 돈을 120원, 150원, 230원 등과 같이 십 원 단위까지 정하면, 더 어려운 세 자리 수의 계산도 연습할 수 있어요.

Unit 3
곱셈과 나눗셈

구구단은 노래 부르듯이 무조건 외우면 된다고 생각하는 엄마들이 아직도 많아요. 수학의 기초가 되는 곱셈 또한 덧셈·뺄셈과 같이 눈에 보이는 활동을 통해 개념을 잡는 것이 중요해요.

삼각형 1개를 만들려면 막대가 3개 필요하지요. 삼각형 2개를 만들려면 막대가 6개, 삼각형 3개를 만들려면 막대가 9개 필요해요. 아이가 직접 손으로 삼각형을 만들면서 3의 배수를 경험하고 자연스럽게 구구단의 3단을 이해할 수 있는 활동이에요. 이렇게 놀이를 통해서 배수와 구구단을 이해하고, 나아가 약수의 개념까지 파악할 수 있도록 유도해 주세요.

나눗셈 역시 일상생활과 연결시켜 주세요. 동생과 과자를 나눠 먹기 위해 가베를 직접 그릇에 나눠 담으면서 나눗셈의 개념을 이해할 수 있어요. 또 과자가 딱 나누어 떨어지지 않고 남을 때 '나머지'에 대해서 알려주면 되지요.

문제집에서 나눗셈만 보면 머리 아파하는 아이들이 있어요. 가베놀이를 통해 나눗셈도 별거 아니구나 하고 자신감을 가질 수 있도록 도와주세요.

Math Gabe 17

과녁 맞추기 게임

곱셈 이해하고 활용하기

8세 이상

가베로 과녁 맞추기 놀이를 해 볼까요? 먼저 가베 놀이판으로 과녁을 만들어요. 위치에 따라 점수를 정하고 각자의 점수를 계산하면서 곱셈의 개념을 자연스럽게 이해할 수 있어요. 또 놀이를 반복하면서 구구단도 연습할 수 있어요.

▲ **놀이 목표**
곱셈의 개념을 이해해요.

📦 **준비물**
놀이판, 8가베, 9가베, 10가베

Step 1 과녁과 점수판을 준비해요.

놀이판의 중앙에 9가베 큰 고리를 붙이고, 고리 바깥쪽에 8가베 6번 막대로 네모를 만들어 붙여요.

엄: 과녁 맞추기 게임을 할 거야. 우선 과녁을 만들어 보자.

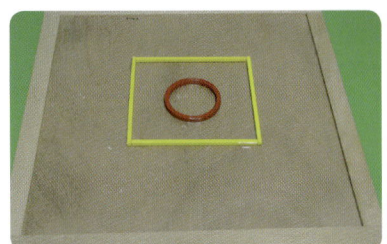

스케치북에 위와 같이 점수판을 그려요.

엄: 엄마는 보라팀을 할게.
아: 저는 주황팀을 할게요.

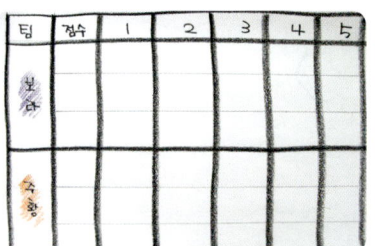

고리 안의 점수는 5점, 네모 안의 점수는 3점, 놀이판의 점수는 2점이라고 정하고, 점수판에 점수를 적어요.

Step 2 게임 점수를 계산하며 곱셈을 이해해요.

보라팀이 점 10개를 손에 쥐고 놀이판을 향해 살짝 뿌려요.

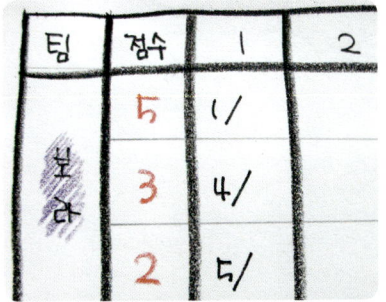

10가베의 위치에 따라 점수판에 개수를 써요.

🟠 고리 안에는 1개, 네모 안에는 4개, 놀이판에는 5개가 있구나. 표에 숫자를 쓰자.

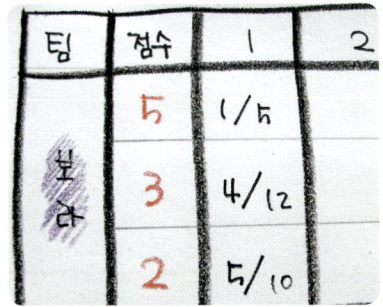

점수와 개수를 곱하여 나온 점수를 적어요.

🟠 네모 안의 점수는 3점인데 점이 4개 들어갔구나. 3점이 4개 있으면 모두 몇 점이지?
🟢 12점이요.

> 이렇게 점수를 계산하는 과정을 통해 곱셈의 개념을 이해할 수 있어요.

이번에는 주황팀이 점 10개를 손에 쥐고 놀이판을 향해 살짝 뿌려요.

점의 개수를 세어서 적어요.

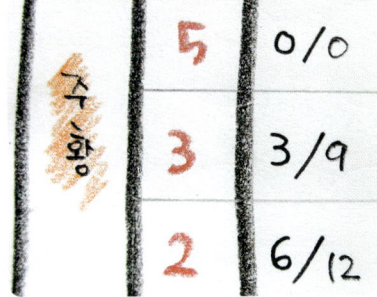

점수와 개수를 곱하여 나온 점수를 적어요.

🟠 네모 밖의 점수는 2점인데 6개가 들어갔네. 2점이 6개면 모두 몇 점이지?
🟢 12점요.

> 같은 방법으로 5회까지 진행하면서 5단, 3단, 2단 구구단을 연습할 수 있어요. 위치별 점수를 바꿔서 다른 단도 연습해 보세요.

61

Math Gabe 18

초코칩 쿠키 만들기

2씩 커지는 수 찾기

8세 이상

초코칩 쿠키 하나에 초코칩을 2개씩 넣어 주려고 해요. 쿠키가 늘어날 때마다 초코칩은 몇 개씩 늘어날까요? 직접 쿠키 속에 초코칩을 넣으면서 2의 배수를 경험해 보는 놀이예요. 초코칩의 개수를 바꾸면 다른 수의 배수도 알 수 있어요. 곱셈을 본격적으로 배우기 전에 이렇게 배수를 경험하는 놀이를 많이 해 주세요.

🔺 **놀이 목표**
2씩 커지는 수를 찾을 수 있어요.

📦 **준비물**
9가베, 10가베, 스케치북

Step 1 2씩 커지는 수를 경험해요.

9가베 작은 고리 하나에 10가베 점을 2개 넣어요.

엄 초코칩 쿠키를 만들어 보자. 쿠키에 맛있는 초코칩을 2개씩 넣을 거야.

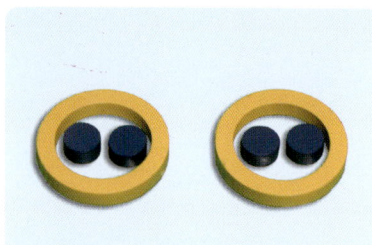

고리가 2개이면 점은 모두 4개예요.

엄 쿠키가 2개면 초코칩은 몇 개 필요하지?
아 하나, 둘, 셋, 넷! 4개요.

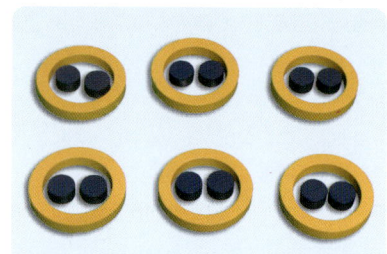

고리가 하나씩 늘어날 때마다 점은 2개씩 늘어나요.

엄 쿠키를 6개 만들었어. 초코칩은 모두 몇 개야?
아 하나, 둘, 셋, 넷... 12개요.

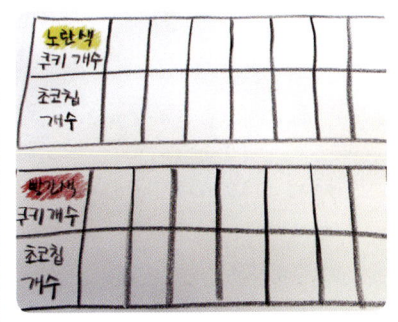

스케치북에 사진과 같이 표를 그려요.

고리의 개수에 따른 점의 개수를 표에 적어요.

아래칸에 적힌 숫자를 보면서 2씩 커지는 수를 확인해요.

🟠 쿠키가 하나씩 늘어날 때마다 초코칩은 몇 개씩 늘어났어?

🟢 2개씩 늘어났어요.

🟠 맞아. 이것을 보고 2단을 외워 볼까?

Step 2 4씩 커지는 수를 경험해요.

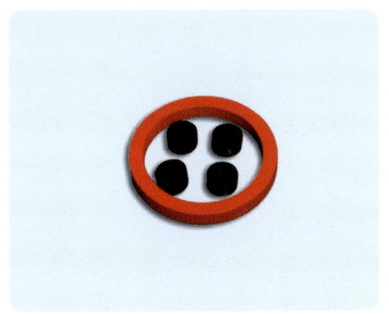

9가베 중간 고리 하나에 점을 4개 넣어요.

🟠 이번에는 조금 큰 쿠키를 만들어 보자.

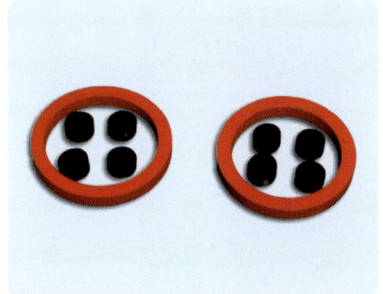

고리가 2개이면 점은 모두 8개예요.

🟠 쿠키가 2개이면 초코칩은 모두 몇 개 필요할까? 이번에는 하나하나 세지 말고 더하기로 계산해 보자.

🟢 4+4=8이에요.

🟠 4를 두 번 더하는 거니까 4x2와 같단다. 그러니까 4x2=8이야.

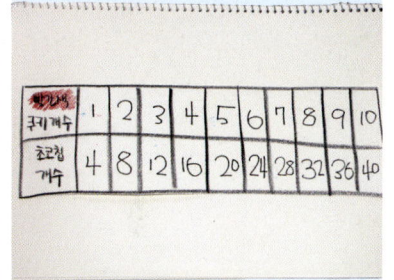

노란색 쿠키는 초코칩 개수가 2씩 커졌는데, 빨간색 쿠키는 초코칩 개수가 4씩 커지는 것을 알 수 있어요.

🟠 쿠키가 하나씩 늘어날 때마다 초코칩은 몇 개씩 늘어났어?

🟢 4개씩 늘어났어요.

🟠 맞아. 4개씩 늘어나는 규칙은 구구단 4단을 외우면 일일이 세어보지 않고도 알 수 있단다.

> 초코칩의 개수를 바꿔서 다른 수의 배수도 연습해 보세요.

Math Gabe 19

꼭짓점이 늘어나요

배수의 개념 이해하기

8세 이상

도형의 꼭짓점을 찾으며 배수를 알아 봐요. 도형의 개수에 따라 늘어나는 꼭짓점의 개수를 확인하다 보면 자연스럽게 배수의 개념을 이해할 수 있어요. '배수', '약수'의 개념은 5학년 때 배우지만, 구구단을 배우는 2학년 때 이 놀이를 하면 구구단 이해에 도움이 됩니다.

🔺 **놀이 목표**
배수의 개념을 이해해요.

📦 **준비물**
7가베, 10가베, 부록 스티커

Step 1 삼각형의 꼭짓점을 세며 3의 배수를 경험해요.

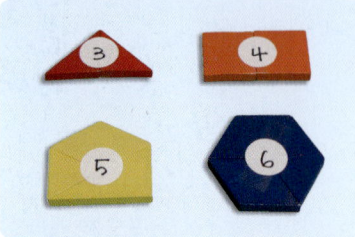

7가베 도형을 이용해서 삼각형, 사각형, 오각형, 육각형을 만들고 꼭짓점의 수를 써 붙여요.

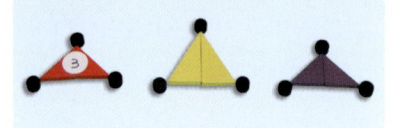

삼각형을 하나 만들 때는 점이 3개 필요해요. 삼각형을 2개, 3개 만들려면 점이 몇 개 필요한지 알아봐요.

엄 삼각형 하나에는 꼭짓점이 몇 개 있어?
아 3개요.
엄 그럼 삼각형을 2개 만들면 꼭짓점이 몇 개 있어?
아 6개요.

3, 6, 9, 12, 15와 같이 3개씩 늘어나는 것을 알려 주고, 이 숫자가 '3의 배수'라고 말해 주세요.

엄 삼각형이 하나씩 늘어날 때마다 꼭짓점이 3개씩 늘어나네. 이렇게 3씩 늘어나는 수를 '3의 배수'라고 해.

Step 2 사각형의 꼭짓점을 세며 4의 배수를 경험해요.

사각형 1개를 만들려면 점 4개가 필요해요.

엄) 사각형에는 꼭짓점이 몇 개 있지?
아) 4개요.

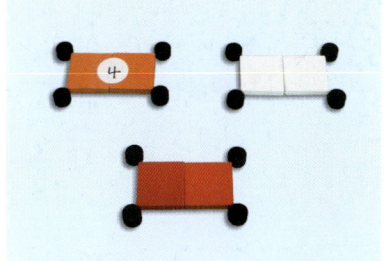

사각형을 2개, 3개 만들려면 점이 몇 개 필요할까요?

엄) 사각형이 2개일 때는 꼭짓점이 몇 개지?
아) 8개요.
엄) 사각형이 3개일 때는 꼭짓점이 몇 개지?
아) 12개요.

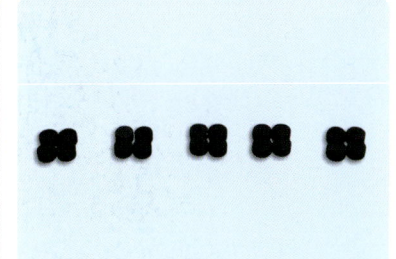

4, 8, 12, 16, 20과 같이 4개씩 늘어나는 것을 알려 주고, 이 숫자가 '4의 배수'라고 말해 주세요.

엄) 이렇게 4씩 늘어나는 수를 '4의 배수'라고 해.

Step 3 오각형의 꼭짓점을 세며 5의 배수를 경험해요.

오각형 1개를 만들려면 점 5개가 필요해요.

엄) 오각형에는 꼭짓점이 몇 개 있지?
아) 5개요.

오각형을 2개, 3개 만들려면 점이 몇 개 필요할까요?

엄) 오각형이 2개일 때는 꼭짓점이 몇 개지?
아) 10개요.
엄) 오각형이 3개일 때는 꼭짓점이 몇 개지?
아) 15개요.

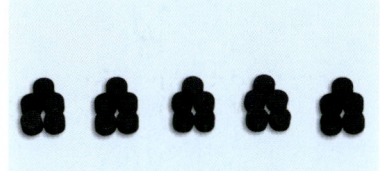

5, 10, 15, 20, 25와 같이 5개씩 늘어나는 것을 알려 주고, 이 숫자가 '5의 배수'라고 말해 주세요.

엄) 이렇게 5씩 늘어나는 수는 '5의 배수'란다.

※ **배수**: 어떤 수의 갑절이 되는 수

Step 4 10은 어떤 수의 배수일까요?

점 10개를 준비해요.

🟠 10은 어떤 수의 배수이가?

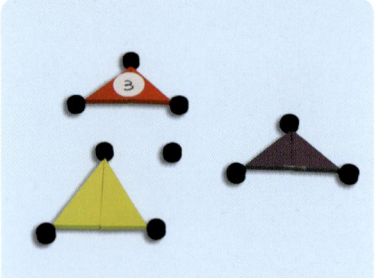

점 10개로 삼각형을 3개 만드니 점 하나가 남아요. 10은 3의 배수가 아니에요.

🟠 10개의 점으로 삼각형을 몇 개 만들 수 있을까?
🟢 3개를 만들고 점 하나가 남아요.
🟠 남는 점이 있으면 10은 3의 배수가 아니란 걸 알 수 있단다.

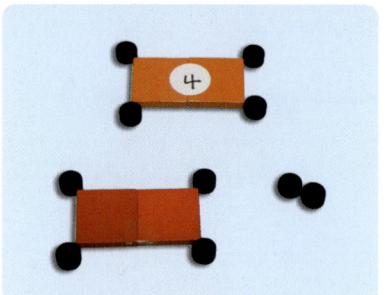

점 10개로 사각형을 2개 만드니 점 2개가 남아요. 10은 4의 배수가 아니에요.

🟠 10개의 점으로 사각형을 만들어 보자.
🟢 사각형 2개를 만들고 점 2개가 남아요.
🟠 남는 점이 있으니 10은 4의 배수가 아니구나.

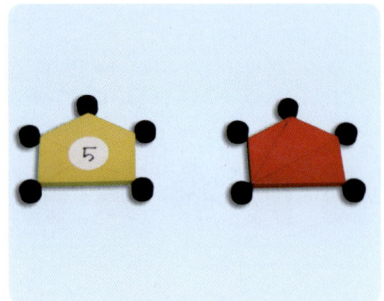

점 10개로 오각형을 2개 만드니 남는 점이 없어요. 10은 5의 배수예요.

🟠 10개의 점으로 오각형을 만들어 보자.
🟢 2개를 만들고 남는 점이 없어요.
🟠 남는 점이 없으니 10은 5의 배수구나.

점 12개로 육각형을 만드니 남는 점이 없어요. 12는 6의 배수예요.

🟠 12는 어떤 수의 배수이가? 12개의 점으로 도형을 만들어 남는 점이 없도록 해 보자.
🟢 육각형을 만들었더니 남는 점이 없어요.
🟠 12는 6의 배수이구나.

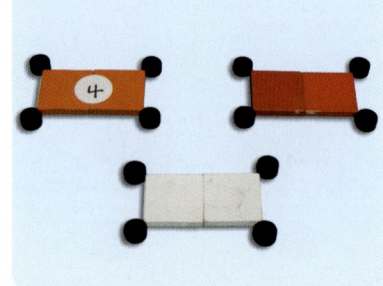

점 12개로 사각형을 만드니 남는 점이 없어요. 12는 4의 배수예요.

🟢 사각형을 만들고 남은 점이 없어요.
🟠 12는 4의 배수도 되는구나.

막대가 늘어나요

배수와 약수의 개념 이해하기

9세 이상

막대를 이용해 도형 만들기 놀이를 해 보세요. 삼각형을 만들기 위해서는 막대가 3개 필요해요. 삼각형의 개수가 늘어날수록 필요한 막대의 개수가 일정한 배로 늘어나는 것을 통해서 배수의 개념을 알게 되고, 나아가 약수의 개념까지 알 수 있어요.

🔺 **놀이 목표**
배수와 약수의 개념을 이해해요.

📦 **준비물**
8가베, 3가베, 스케치북, 부록 스티커

Step 1 막대와 표를 준비해요.

8가베 중 1번과 2번 막대를 꺼내요.
엄 막대들을 사용해서 도형을 만들어 보자.

3가베에 3~8까지의 숫자를 붙여요.

스케치북에 위와 같이 표를 그려요.

Step 2 도형을 만들며 '배수'의 개념을 이해해요.

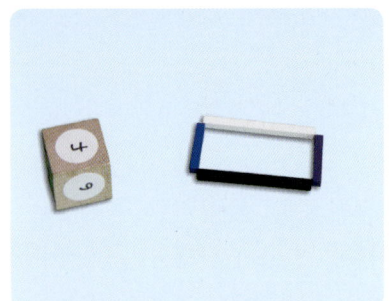

주사위를 던져 나온 수만큼의 막대로 다각형을 만들어요.

🧑 주사위에 4가 나왔어. 그럼 사각형을 만드는 거야. 사각형 하나를 만들려면 막대가 몇 개 필요하지?

🧒 4개요.

사각형을 6개까지 만들어요. 도형이 늘어나면서 막대가 몇 개 필요한지 세어서 표에 적어요.

🧑 사각형 2개를 만들려면 막대가 몇 개 필요하지?

🧒 8개요.

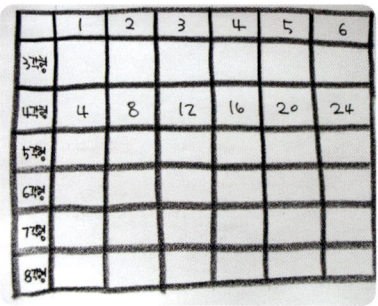

표를 보며 4의 배수에 대해 이야기해요.

🧑 표에서 보이는 것처럼 늘어난 막대의 개수가 바로 배수란다. 막대의 개수가 4개씩 규칙적으로 늘어났지? 4, 8, 12, 16은 모두 '4의 배수'가 되는 거야.

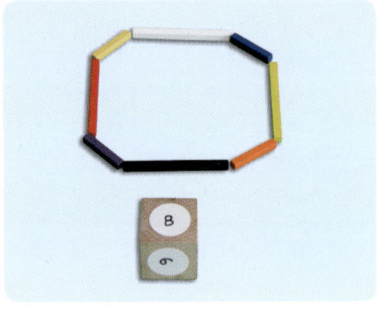

다시 주사위를 던져 나온 수만큼의 막대로 다각형을 만들어요.

🧑 주사위에 8이 나왔구나. 팔각형을 만들어 볼래? 변의 길이는 달라도 괜찮아.

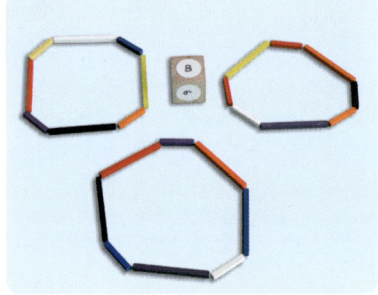

여러 가지 모양의 팔각형을 만들어요. 팔각형이 늘어나면서 막대의 개수가 어떻게 바뀌는지 세어서 표를 작성해요.

🧑 팔각형을 3개 만들려면 막대가 몇 개 필요하지?

🧒 24개요. 표에 24를 적을게요.

표를 보며 8의 배수에 대해 이야기해요.

🧑 막대의 개수가 8개씩 규칙적으로 늘어났지? 8, 16, 24, 32는 모두 '8의 배수'가 되는 거야.

Step 3 도형을 만들며 '약수'의 개념을 이해해요.

8가베 1번 막대 12개, 2번 막대 12개를 꺼내요.

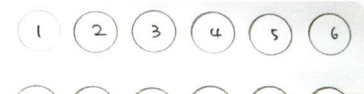
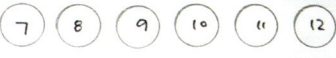
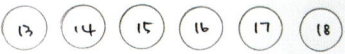

1부터 24까지의 숫자를 적어요.

🟡 이 숫자들 중에 24의 약수를 모두 찾아 표시해 볼 거야.

주사위에 6이 나왔으니 도형 6개를 만들어요. 24개의 막대를 6묶음으로 나누어 다각형을 만들어요.

🟡 주사위가 6이 나왔으니 6개의 도형을 만들어야 해. 막대 24개를 6묶음으로 나누어 봐.

여러 모양의 사각형 6개가 되었어요.

🟡 나누어진 막대로 도형을 만들었더니 사각형이 되었구나. 여러 종류의 사각형이 6개 만들어졌네.

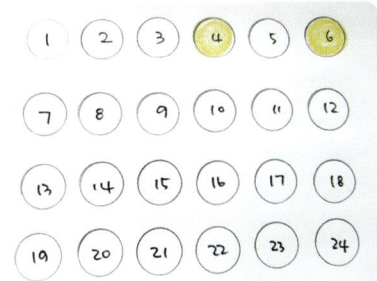

4와 6은 24의 약수예요. 스케치북에 4와 6을 색칠해요.

🟡 이렇게 어떤 수를 똑같은 묶음으로 나눌 수 있는 수를 '약수'라고 해. 4와 6은 24의 약수가 된단다.

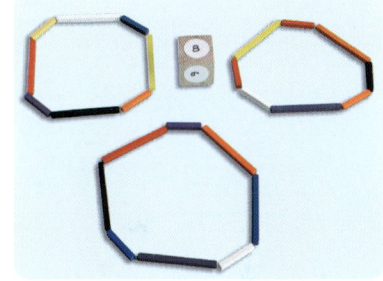

주사위에 3이 나오면 막대 24개를 3묶음으로 나눈 후, 팔각형 3개를 만들어요.

🟡 주사위에 3이 나왔구나. 막대 24개를 3묶음으로 나누자.
🟢 팔각형이 3개 만들어졌어요.

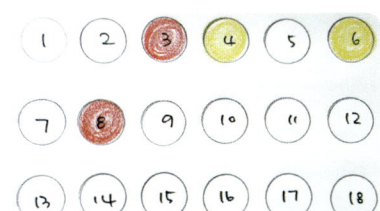

3과 8은 24의 약수예요. 스케치북에 3과 8을 색칠해요.

🟡 3과 8도 24의 약수이구나.

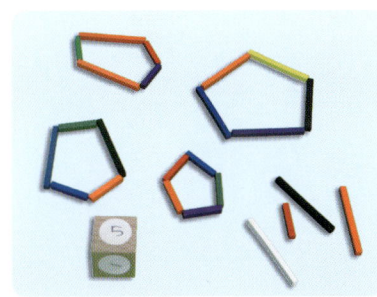

주사위에 5가 나왔어요. 24개의 막대를 5묶음으로 똑같이 나눌 수가 없어요.

🟡 막대를 5묶음으로 나누어 보자.
🟢 똑같이 나눌 수가 없어요.

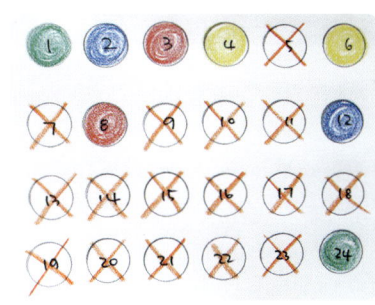

5는 24의 약수가 아니에요. 이런 방법으로 24의 약수를 찾아 보니 모두 8개예요.

🟡 맞아. 그래서 5는 24의 약수가 아니라는 걸 알 수 있단다.

※ **약수**: 어떤 수를 나누어 떨어지게 하는 수

이 활동을 통해 약수의 개념을 쉽게 이해할 수 있어요.

Math Gabe 21

동생이랑 나눠 먹어요
나눗셈 개념 이해하기

8세 이상

엄마가 과자 8개를 주고 동생과 나누어 먹으라고 했어요. 그러면 나는 몇 개를 먹을 수 있을까요? 이렇게 아이들의 일상생활과 관련지어 생각하면 나눗셈이 무엇인지 금방 이해할 수 있어요. 그런데 교과서에서 나눗셈을 보면 골치 아프게 느껴지는 것은 왜일까요? 가베를 이용해 아이들이 나누기의 개념을 쉽게 이해하고 나눗셈에 겁먹지 않도록 도와주세요.

🔺 **놀이 목표**
나눗셈의 개념을 이해해요.

📦 **준비물**
9가베, 종이, 스케치북

Step 1 둘로 나누며 나눗셈을 이해해요.

9가베 큰 고리 밑에 종이를 붙여 그릇을 만들어요. 작은 반고리 2개를 꺼내요.

🟠 맛있는 과자 2개가 있어. 과자를 동생과 똑같이 나누어 먹으려고 해.

과자를 그릇에 똑같이 나누어 담고 몇 개씩 먹을 수 있는지 말해요.

🟠 그릇 2개에 똑같이 나누어 담아 보자. 몇 개씩 먹을 수 있을까?

🟢 1개요.

그릇 하나에 들어가는 반고리는 1개예요. 2 나누기 2의 몫은 1이에요.

🟠 이렇게 나누는 것을 수학 식에서는 '나눗셈'이라고 해. 식으로는 이렇게 쓴단다.

$2 \div 2 = 1$

나눗셈을 해서 나온 것을 나눗셈의 '몫'이라고 해. 위의 나눗셈에서 몫은 얼마지?

🟢 1이에요.

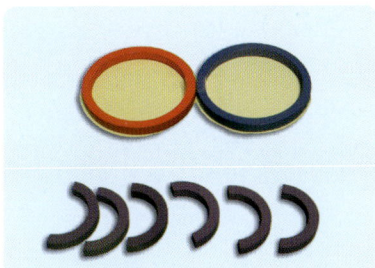

반고리 6개를 꺼내요.

🟠 이번에는 과자가 6개 있어. 동생과 똑같이 나누어 먹으려고 해. 둘이서 나눠 먹을 수 있도록 그릇 2개에 똑같이 나누어 담아 보자.

과자를 그릇에 똑같이 나누어 담아요.

🟠 몇 개씩 먹을 수 있어?
🟢 3개요.

그릇 하나에 들어가는 반고리는 3개예요.
6 나누기 2의 몫은 3이에요.

6÷2=3

🟠 6을 2개의 접시로 나누었으니 6÷2=3이라고 쓰면 돼. 그럼 몫은 얼마일까?
🟢 3이에요.

Step 2 셋으로 나누며 나눗셈을 이해해요.

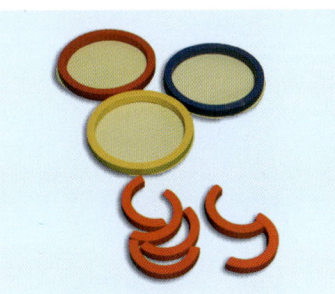

그릇 3개와 반고리 6개를 준비해요.

🟠 이제 과자 6개를 3명이서 나누어 먹으려고 해. 그릇 3개에 나누어 담아 보자.

똑같이 나누어 담아요.

🟠 몇 개씩 먹을 수 있을까?
🟢 2개씩요.

그릇 하나에 들어가는 반고리는 2개예요.
6 나누기 3의 몫은 2예요.

6÷3=2

🟠 식으로 쓰면 처음 있었던 수 6을 3개의 접시로 나누었으니 6÷3=2라고 쓰는 거야. 그럼 몫은 얼마일까?
🟢 2예요.

> 접시와 과자 개수를 늘려서 나눠 먹기를 반복해 보세요.

Step 3 가베로 나눗셈을 풀어요.

$12 \div 4 =$

$12 \div 4 = 3$

가베로 12÷4를 계산해 봐요. 반고리와 그릇을 필요한 만큼 준비해요.

엄) 엄마가 낸 나눗셈을 한번 풀어 보자. 12 나누기 4를 하려고 해. 반고리가 몇 개 필요할까?

아) 12개요.

엄) 4로 나누어야 하니 그릇은 몇 개가 필요하지?

아) 4개요.

반고리 12개를 그릇 4개에 나누어 담으니 묶음 3이에요.

엄) 과자 12개를 그릇 4개에 담아 묶음 얼마인지 알아보자.

아) 3개씩 담을 수 있어요.

스케치북에 답을 적어요.

엄) 맞아. 12 나누기 4는 3이란다.

> 이 놀이를 많이 한 아이들은 문제집에서 나눗셈 식을 보면 얼른 그릇과 반고리를 떠올리며 겁먹지 않고 계산할 수 있어요.

Step 4 나머지가 있는 나눗셈을 이해해요.

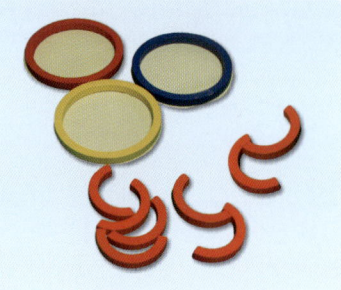

$8 \div 3 = 2 \cdots 2$

그릇 3개와 반고리 8개를 준비해요.

엄) 이번에는 과자는 8개이고, 3명이서 나눠 먹을 거야.

반고리 8개를 그릇 3개에 나누어 담으니 2개가 남아요.

엄) 몇 개씩 먹을 수 있어?

아) 2개씩요. 그런데 2개가 남았어요.

엄) 맞아. 이렇게 남은 2개를 '나머지'라고 해.

나머지가 있는 나눗셈의 식을 써 주세요.

엄) 나머지가 있을 때는 식을 쓴 후 점을 세 개(…) 찍고 그 뒤에 나머지를 쓰면 돼. 이렇게 쓰면 묶이 2이고 나머지도 2라는 뜻이야.

Step 5 가베로 나머지가 있는 나눗셈을 풀어요.

$9 \div 4 =$

가베로 $9 \div 4$를 계산해 봐요. 반고리와 그릇을 필요한 만큼 준비해요.

🟠 이번에는 9 나누기 4를 하려고 해. 반고리가 몇 개 필요할까?
🟢 9개요.
🟠 그릇은 몇 개 필요하지?
🟢 4개요.

그릇에 반고리를 나누어 담고 몫과 나머지를 말해 봐요.

🟠 과자 9개를 그릇 4개에 담아 몫이 얼마인지 알아 보자.
🟢 2개씩 담고 1개가 남았어요.

$9 \div 4 = 2 \cdots 1$

스케치북에 답을 적어요.

🟠 나머지가 있구나. 이것을 식으로 나타내면 이렇게 된단다.

Step 6 나머지가 있는 나눗셈 식을 만들어요.

그릇 4개에 반고리 13개를 나누어 담아요. 하나의 반고리가 남았어요. 나눗셈 식을 만들어 보세요.

🟠 그릇이 4개 있고 그릇 하나에 반고리가 3개씩 담겨 있어. 나머지 반고리도 하나 있구나. 이것을 식으로 쓰면 어떻게 될까?

$4 \times 3 = 12$

$12 + 1 = 13$

곱셈을 이용해 반고리의 개수를 세어요.

🟠 먼저 반고리 개수를 알아보자. 구구단을 이용해 계산해 볼까? 그릇 4개에 과자가 3개씩 담겨 있네.
🟢 $4 \times 3 = 12$
🟠 그런데 남아있는 과자가 하나 있지?
🟢 12개에 1개를 더하니 모두 13개예요.

$13 \div 4 = 3 \cdots 1$

나눗셈 식으로 나타내요.

🟠 몇 개의 그릇에 나누었지?
🟢 4개요.
🟠 그럼 $13 \div 4$를 쓰고 몫을 써보자. 몫은 얼마지?
🟢 3이에요.
🟠 나머지는?
🟢 1이에요.
🟠 그럼 식을 이렇게 쓰면 되겠구나.

Unit 4
분수

분수를 처음 접하는 아이들은 도대체 분수가 무엇을 나타내는지 낯설어하면서 이해하기 힘들어해요. 계산법을 배워서 분수의 덧셈·뺄셈을 할 수 있으면서도 분수가 의미하는 양적인 개념은 알지 못하는 아이들도 많답니다.

분수는 0보다 크고 1보다 작은 수로, 흔히 피자 하나를 같은 크기로 잘라서 '나눠 먹는' 개념입니다. 가베를 이용해 케이크를 자르고 과자 나눠 먹기 놀이를 하면서 $\frac{1}{2}$이나 $\frac{1}{3}$이 무엇을 나타내는지 알 수 있어요. 또 5가베로 방석 만들기 게임을 하면서 $\frac{1}{4}$, $\frac{2}{4}$, $\frac{3}{4}$, 1을 너무나 쉽게 받아들이게 됩니다.

$\frac{2}{3}$와 $\frac{3}{4}$ 중 어느 것이 더 클까요? 가베를 이용하면 '통분'이라는 복잡한 과정 없이도 어느 것이 더 큰지 쉽게 알 수 있어요. 이렇게 분수의 의미부터 분수의 크기 비교, 분수의 덧셈과 뺄셈까지 가베를 직접 움직이면서 그 원리를 이해시켜 주세요.

Math Gabe 22

케이크를 나눠 먹어요
등분할로 분수 이해하기

7세 이상

친구들과 케이크를 나눠 먹으려고 해요. 친구들과 내가 똑같이 나누면 몇 조각씩 먹을 수 있을까요? 친구가 많이 올수록 내가 먹을 수 있는 케이크는 줄어들겠죠? 음식을 나누면서 분수의 개념을 이해해 봐요.

🔺 **놀이 목표**
분수의 개념을 이해해요.

📦 **준비물**
3가베, 5가베, 스케치북, 포스트잇

Step 1 케이크 8조각을 등분하며 분수의 개념을 이해해요.

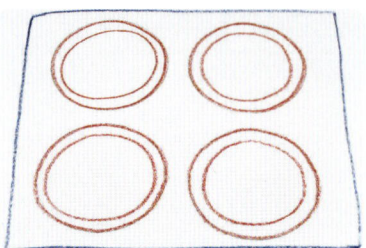

스케치북에 식탁과 접시 4개를 그려요.
💬 오늘은 친구들을 초대하기로 하자. 음식을 준비해야겠다.

접시를 모두 포스트잇으로 가려요. 3가베 8개를 미니 케이크로 준비해요.
💬 미니 케이크가 8조각 있어.

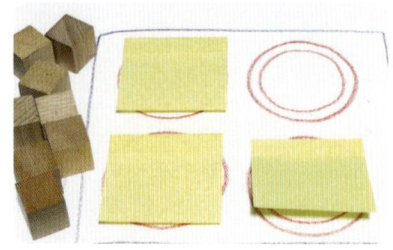

포스트잇 하나를 떼어요.
💬 나 혼자 먹으면 모두 몇 조각을 먹을 수 있을까?

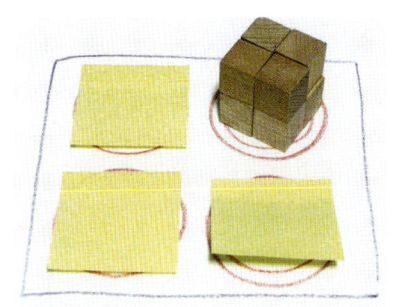

1개의 접시 위에 3가베를 모두 올려놓아요.

🟢 8조각을 먹을 수 있어요.

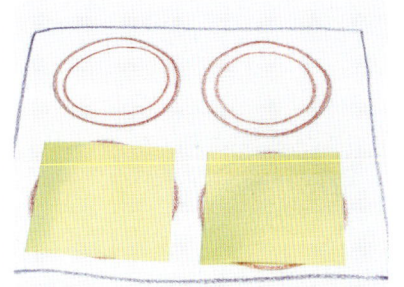

포스트잇을 하나 더 떼요. 빈 접시가 2개 있어요.

🟠 친구가 한 명 왔어. 둘이서 똑같이 나누어 먹으려고 해. 그럼 몇 조각씩 먹을 수 있어?

각 접시에 4개씩 담을 수 있어요. 8을 2등분하니 4가 되었어요. 즉, 8의 $\frac{1}{2}$은 4예요.

🟢 4조각씩 먹을 수 있어요.

🟠 맞아. 이렇게 같은 양으로 똑같이 나누는 것을 '등분'이라고 해. 2개로 등분한 것 중 하나를 $\frac{1}{2}$이라고 한단다.

> 2등분하면서 $\frac{1}{2}$을 경험해요.

접시 3개에는 똑같이 나눌 수가 없어요.

🟠 3명이 나누어 먹으면 어떻게 될까?
🟢 8조각을 똑같이 나눌 수가 없어요.
🟠 이렇게 등분되지 않을 때는 분수를 사용할 수 없단다.

접시 4개에 똑같이 나누어 담아요. 모두 2개씩 담을 수 있어요. 8의 $\frac{1}{4}$은 2가 돼요.

🟠 4명이 나누어 먹으면 어떻게 될까?
🟢 2조각씩 먹을 수 있어요.
🟠 맞아. 이렇게 4로 등분한 것 중 하나를 $\frac{1}{4}$이라고 한단다.

> 4등분하면서 $\frac{1}{4}$을 경험해요.

Step 2 케이크 18조각을 등분하며 분수의 개념을 이해해요.

5가베에서 정육면체 18개를 꺼내요.
🟠 이번에는 케이크가 18조각이야.

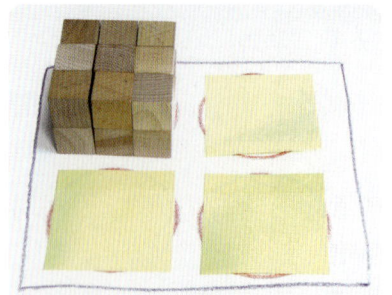

1개의 접시 위에 18조각을 모두 올려놓아요.
🟠 혼자 먹으면 케이크를 몇 조각 먹을 수 있지?
🟢 18조각요.

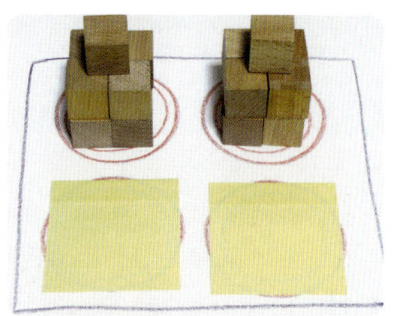

2개의 접시에 똑같이 나누어 담았더니 9개가 되었어요. 18을 2등분하면 9가 돼요. 18의 $\frac{1}{2}$은 9예요.
🟠 18조각을 두 접시에 $\frac{1}{2}$씩 나눠 보자. 몇 조각씩 먹을 수 있지?
🟢 9조각씩 먹을 수 있어요.

3개의 접시에 똑같이 나누어 담았더니 6개가 되었어요. 18을 3등분하면 6이 돼요. 18의 $\frac{1}{3}$은 6이에요.
🟠 3개의 접시에 $\frac{1}{3}$씩 나누면 몇 조각씩 먹을 수 있어?
🟢 6조각이요.

4개의 접시에 나누어 담았더니 4개씩 나누어 담고 두 조각이 남아, 똑같이 나눌 수가 없어요. 즉, 분수로 나타낼 수 없어요.
🟠 4개의 접시에 $\frac{1}{4}$로 나누어 담아 보자. 몇 개씩 나눌 수 있지?
🟢 똑같이 나누어지지 않아요.
🟠 그럼 분수를 사용할 수 없겠구나.

> 케이크의 개수를 10개, 12개, 15개, 20개 등으로 바꿔서 $\frac{1}{2}$, $\frac{1}{3}$, $\frac{1}{4}$의 개념을 반복해서 연습해 보세요.

쓱싹쓱싹 떡을 썰어요

등분할로 분수 이해하기

7세 이상

3가베를 꺼내어 쓱싹쓱싹 잘라 보세요. 두 조각, 네 조각, 여덟 조각으로 잘라지는 것을 분수로 표현하면서 $\frac{1}{2}, \frac{1}{4}, \frac{1}{8}$ 등을 자연스럽게 이해할 수 있어요.

🔺 **놀이 목표**
분수의 개념을 이해해요.

🟨 **준비물**
3가베

Step 1 케이크 8조각을 등분하며 분수의 개념을 이해해요.

3가베를 꺼내어 전체가 1이 된다고 말해 줘요.
🟧 여기 큰 떡 한 덩이가 있어.

똑같이 두 조각으로 나누어 $\frac{1}{2}$ 을 만들어요.
🟧 떡을 반으로 썰어서 2조각으로 만들어 보자.

둘로 나눈 것 중의 하나가 $\frac{1}{2}$ 이라는 것을 알려 줘요.
🟧 크기가 똑같게 2조각을 만들었네. 이때 2조각 중 한 조각을 $\frac{1}{2}$ 이라고 해.

다시 반으로 나눠서 $\frac{1}{4}$을 만들어요.

엄) 떡을 또 반으로 썰어 보자.

4개로 나눈 것 중의 하나가 $\frac{1}{4}$이라는 것을 알려 줘요.

엄) 4조각이 되었네. 4조각 중 1조각은 $\frac{1}{4}$이라고 한단다.

다시 반으로 나눠서 $\frac{1}{8}$을 만들어요.

엄) 한 번 더 잘라 보자. 8조각이 되었네. 8조각 중 1조각은 $\frac{1}{8}$이라고 한단다.

여러 가지 방법으로 $\frac{1}{2}$을 만들어 봐요.

여러 가지 방법으로 $\frac{1}{4}$을 만들어 봐요.

여러 가지 방법으로 나누면서 $\frac{1}{2}$, $\frac{1}{3}$, $\frac{1}{4}$의 개념을 자연스럽게 이해하게 돼요.

Step 2 여러 모양을 다양한 방법으로 2등분해요.

직사각형을 만들어요.

여러 가지 방법으로 직사각형을 2등분해요.

ㅂ모양을 만들어요.

ㅂ모양을 2등분해요.

모자 모양을 만들어요.

모자 모양을 2등분해요.

하트 모양을 만들어요.

하트 모양을 2등분해요.

이렇게 모양이 다르게 2등분할 수도 있어요. 모양은 다르지만 도형의 개수가 같기 때문에 2등분이라고 할 수 있어요.

7가베 도형 퍼즐

등분할된 도형으로 분수 이해하기

8세 이상

같은 모양과 같은 크기의 도형 여러 개를 조합하여 큰 도형을 만들면서 분수의 등분할을 이해하고 분수 읽는 법을 연습하는 놀이예요. 예를 들어 $\frac{1}{2}$을 제시하면 2개의 조각을 조합하여 도형을 만들고, $\frac{1}{3}$을 제시하면 3개의 조각을 조합하여 도형을 만드는 방식이에요.

🔺 **놀이 목표**
분수의 등분할을 이해해요.

📦 **준비물**
7가베, 3가베, 부록 스티커

Step 1 분수를 읽고 알맞은 도형을 만들어요.

주사위를 던져 나온 분수를 보고 7가베를 이용하여 도형을 만들 거예요.

👩 7가베에는 많은 도형들이 있지? 오늘은 도형들을 붙여서 큰 도형을 만들 거야.

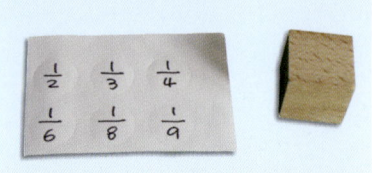

3가베에 분수 스티커를 써 붙이며 분수 읽는 법을 알려 줘요.

👩 놀이에 필요한 분수 주사위를 만들자.
👩 분수는 아래 숫자부터 읽으면 돼. 이건 '이분의 일'이라고 읽어. '이분의 일'은 전체를 2개로 똑같이 나눈 것 중의 하나를 말해.

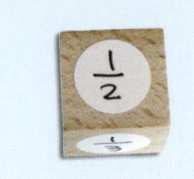

주사위를 던져요.

👩 $\frac{1}{2}$이 나왔네. $\frac{1}{2}$은 2조각이 모여야 하나의 도형이 된단다.

모양과 크기가 같은 가베 2조각을 이용하여 도형을 만들어요. 이 도형들은 모두 $\frac{1}{2}$이 2조각씩 모여 큰 도형 1이 된 거예요.

🟠 가베 2조각으로 도형을 만들어 봐. 모양과 크기가 같은 도형끼리 붙여야 한단다. 이렇게 $\frac{1}{2}$과 $\frac{1}{2}$이 만나면 1이 되는 거야.

$\frac{1}{3}$이 나오면 3조각이 모여 만들 수 있는 평면도형을 만들어요.

🟠 $\frac{1}{3}$은 3조각이 모여야 하나의 도형이 된단다. 만들어 볼까?

모양과 크기가 같은 가베 3조각을 이용하여 도형을 만들어요. 사다리꼴, 정삼각형, 정육각형을 만들었어요.

🟠 모두 $\frac{1}{3}$이 3개 모여 1이 된 거구나.

$\frac{1}{4}$이 나오면 4조각으로 만들어요. 마름모, 정삼각형, 둔각이등변삼각형, 정사각형이 되었어요.

🟠 모두 $\frac{1}{4}$이 몇 개 모여서 1이 된 거지?
🟢 4개요.

$\frac{1}{6}$이 나오면 6조각으로 만들어요. 육각형, 정육각형, 직사각형이 되었어요.

🟠 모두 $\frac{1}{6}$이 몇 개 모여서 1이 된 거지?
🟢 6개요.

$\frac{1}{8}$이 나오면 8조각으로 만들어요. 직사각형, 마름모, 정사각형, 직사각형이 되었어요.

🟠 모두 $\frac{1}{8}$이 몇 개 모여서 1이 된 거지?
🟢 8개요.

$\frac{1}{9}$이 나오면 9조각으로 만들어요. 직각부등변삼각형, 사다리꼴, 정삼각형이 되었어요.

🟠 모두 $\frac{1}{9}$이 몇 개 모여서 1이 된 거지?
🟢 9개요.

Step 2 전체(1) 만들기 게임

1. 차례를 정해 분수 주사위를 던져요.
2. 나온 분수를 보고 조각을 찾아 도형을 만들어요.
   단, 다각형만 만들 수 있어요.
3. 만든 도형으로 점수를 매겨요.
   (정다각형은 3점, 그 외 다각형은 1점)

※ 같은 모양을 만들지 않기로 규칙을 정하면 더욱 다양한 도형을 만들 수 있어요.

조각조각 방석 만들기

분수를 읽고 알맞은 조각 찾기

8세 이상

정육면체를 대각선으로 쓱싹쓱싹 자르면 삼각기둥이 나와요. 삼각기둥을 한 번 더 쓱싹쓱싹 자르면 더 작은 삼각기둥이 나와요. 즉, 정육면체의 $\frac{1}{2}$은 삼각기둥이고, $\frac{1}{4}$은 작은 삼각기둥이에요. 정육면체를 잘라서 방석 만들기 게임을 하다 보면 이 원리를 금방 이해할 수 있어요. 또 분수의 덧셈과 뺄셈까지 경험할 수 있답니다.

🔺 **놀이 목표**
분수를 읽고 해당하는 조각을 찾을 수 있어요.
분수의 덧셈과 뺄셈을 할 수 있어요.

📦 **준비물**
5가베, 부록 스티커

Step 1 도형 주사위를 만들어요.

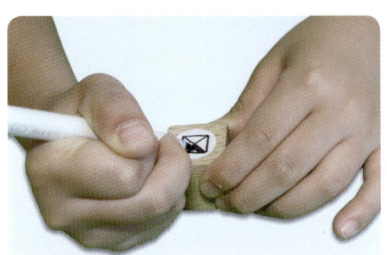

스티커에 정사각형을 그리고 X모양으로 4등분해요. 아이가 $\frac{1}{4}$만큼 색칠하게 해요.

👩 4개 중의 하나는 4분의 1이야. $\frac{1}{4}$을 표시해 보자. 세모 하나만 색칠하면 돼.

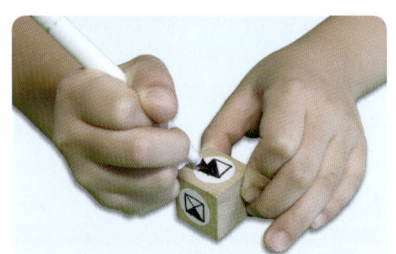

정사각형을 대각선으로 잘라 이등분해요. 아이가 $\frac{1}{2}$을 색칠하게 해요.

👩 2개 중의 하나는 2분의 1이야. $\frac{1}{2}$을 표시해 보자. 세모 하나만 색칠하면 돼.

이런 식으로 정사각형, $\frac{1}{4}$, $\frac{1}{2}$을 2개씩 그려서 주사위를 완성해요.

👩 주사위를 던져서 나온 조각을 찾아서 방석을 완성하는 게임을 할 거야.

Step 2 그림분수에 맞는 도형을 찾아요.

그림 주사위를 던져요. 네모 모양은 정육면체 1개예요.

🟠 주사위에 네모가 나왔구나. 네모는 정육면체 하나1을 말하는 거야.

5가베 뚜껑에 정육면체 하나를 올려놓아요.

🟠 이 뚜껑에 방석을 만들 거야. 정육면체를 여기에 올려놔.

주사위를 또 던져요. 네모를 4등분한 세모 모양은 정육면체의 $\frac{1}{4}$ 크기인 작은 삼각기둥을 뜻해요.

🟢 정육면체의 $\frac{1}{4}$ 이구나. 이건 무슨 모양이지?
🟡 작은 삼각기둥이에요.

5가베 뚜껑에 작은 삼각기둥을 올려놓아요.

🟠 놓고 싶은 곳에 놓으면 돼. 방석이 점점 커지고 있지?

네모를 2등분한 세모 모양은 정육면체의 $\frac{1}{2}$ 크기인 삼각기둥을 뜻해요.

🟢 정육면체의 $\frac{1}{2}$ 이구나. 이건 무슨 모양이지?
🟡 큰 삼각기둥이에요.

5가베 뚜껑에 큰 삼각기둥을 올려놓아요.

방석을 모두 채울 때까지 해 보세요.

- $\frac{1}{2}$ 이 나오면 큰 삼각기둥 1개를 쓸 수도 있고, 작은 삼각기둥 2개를 쓸 수도 있어요.

- $\frac{1}{4}$ 이 나왔는데 이미 작은 삼각기둥을 다 써버렸다면 정육면체 1개를 놓고 작은 삼각기둥 3개를 뺄 수도 있어요.

- 그 밖에도 다양한 방법으로 분수의 계산이 가능해요.

Step 3 숫자분수에 맞는 도형을 찾아요.

정육면체 주사위를 하나 더 준비해서 1, $\frac{1}{2}$, $\frac{1}{4}$, $\frac{2}{4}$, $\frac{3}{4}$을 써 붙여요.

🟠 이제 그림을 숫자로 바꿔 써 보자. 네모는 정육면체 1개이니까 1이라고 써. 큰 삼각기둥은 정육면체를 2개로 자른 것 중의 하나이니까 $\frac{1}{2}$, 작은 삼각기둥은 정육면체를 4개로 자른 것 중의 하나이니까 $\frac{1}{4}$이야. 작은 삼각기둥 3개는 $\frac{3}{4}$이지.

주사위를 던져요. 분수에 맞는 도형을 찾아요.

🟠 $\frac{1}{4}$이 나왔네. 정육면체의 $\frac{1}{4}$은 뭐지?
🟢 작은 삼각기둥이에요.

5가베 뚜껑에 작은 삼각기둥 1개를 놓아요.

🟠 여기에 또 방석을 만들어 보자.

$\frac{3}{4}$은 $\frac{1}{4}$이 3개 있는 것과 같아요.

🟢 $\frac{3}{4}$은 뭐예요?
🟠 $\frac{3}{4}$은 $\frac{1}{4}$이 3개 있다는 뜻이야.

5가베 뚜껑에 작은 삼각기둥 3개를 놓아요.

🟢 그럼 작은 삼각기둥 3개를 놓으면 되겠네요.

$\frac{1}{2}$은 큰 삼각기둥 1개예요.

🟠 $\frac{1}{2}$은 정육면체를 둘로 나눈 조각 중의 하나야. 뭘 놓으면 될까?

5가베 뚜껑에 큰 삼각기둥 1개를 놓아요.

🟢 큰 삼각기둥이요.

주사위를 던져서 1이 나오면 정육면체 1개를 올려요.

🟠 1이 나왔네. 뭘 올리면 될까?

정육면체 1개를 원하는 곳에 올려놓아요.

🟢 1은 정육면체를 놓으면 돼요.

주사위에 $\frac{3}{4}$이 나왔는데 작은 삼각기둥의 개수가 모자라면, 이와 크기가 같은 다른 조각을 찾아봐요.

🟢 아: 작은 삼각기둥이 모자라요.
🟠 엄: 그럼 작은 삼각기둥 3개와 같은 크기가 될 수 있는 조각을 찾아볼래?

🟢 아: 큰 삼각기둥 1개와 작은 삼각기둥 1개를 사용하면 $\frac{3}{4}$이 돼요.

분수의 덧셈을 경험해요.

작은 삼각기둥을 모두 사용했는데 또 $\frac{3}{4}$이 나오면 어떻게 해야 할까요?

큰 삼각기둥 2개를 넣고 작은 삼각기둥 하나를 빼면 $\frac{3}{4}$이 돼요.

분수의 뺄셈을 경험해요.
아이가 이 과정을 어려워하면 물건을 살 때 거스름돈을 받는 것에 비유해서 설명해 주세요.

처음에는 조금 어렵겠지만 방석을 채워가며 분수 계산을 반복하다 보면 조금씩 이해하게 됩니다. 익숙해지면 둘이서 게임 형식으로 진행해 보세요. 가베상자 뚜껑을 하나 더 꺼내어 먼저 방석을 완성하면 이기는 거예요.

Math Gabe 26

비스킷 나눠 먹기
분수의 곱셈 이해하기

10세 이상

전체를 여러 조각으로 자르는 분수 놀이를 많이 했는데, 이번에는 개수를 분수로 나타내는 놀이를 해 봐요. 아직 곱하기와 나누기가 익숙하지 않다면 처음에는 조금 헷갈려할 수도 있어요. 하지만 늘 놀이라는 도구는 아이들에게 즐거움과 훈련을 동시에 주는 효과만점의 방법이랍니다.

🔺 **놀이 목표**
〈자연수 × 분수〉의 개념을 이해해요.

🟨 **준비물**
7가베

Step 1 〈자연수 × 분수〉의 개념을 이해해요.

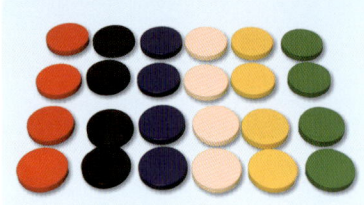

여섯 가지 색의 원을 4개씩 꺼내요.
🟠 여기 비스킷이 있어. 엄마가 꺼낸 비스킷이 모두 몇 개인지 세어 보자.
🟢 24개요.

원 24개를 같은 색끼리 쌓아요.
🟠 같은 색끼리 쌓으면 몇 묶음이 되지?
🟢 6묶음이요.

6개로 나누어진 원 중 한 가지 색은 $\frac{1}{6}$이에요.
🟠 6묶음 중 하나를 분수로 나타내면?
🟢 $\frac{1}{6}$이에요.
🟠 그럼 24개의 $\frac{1}{6}$은 몇 개일까?
🟢 4개예요.

$24 \times \frac{1}{6} = 4$

24개의 $\frac{1}{2}$은 몇 개일까요?

🟠 엄마가 비스킷 24개 중 $\frac{1}{2}$을 먹으라고 했어. 그럼 몇 개를 먹을 수 있을까?

🟢 $\frac{1}{2}$을 알려면 일단 두 묶음으로 나눠야 해요. 그 중 한 묶음이니까 12개예요.

$24 \times \frac{1}{2} = 12$

24개의 $\frac{1}{3}$은 몇 개일까요?

🟠 이번에는 엄마가 24개 중 $\frac{1}{3}$을 먹으라고 했어. 그럼 몇 개를 먹을 수 있을까?

🟢 $\frac{1}{3}$을 알려면 일단 세 묶음으로 나눠야 해요. 그 중 한 묶음이니까 8개예요.

$24 \times \frac{1}{3} = 8$

6개는 24개의 몇분의 몇일까요?

🟠 비스킷 24개 중 6개를 먹으라고 했어. 그럼 몇분의 몇을 먹는 거지? 일단 6개씩 묶으면 몇 묶음이지?

🟢 4묶음이에요.

🟠 그럼 6은 24의 $\frac{1}{4}$이구나.

$24 \times \frac{1}{4} = 6$

> 분수를 $\frac{1}{4}$, $\frac{1}{8}$, $\frac{1}{12}$ 등으로 바꿔서 연습해 보세요. 〈자연수 × 분수〉의 의미를 자연스럽게 이해하게 돼요.

2개는 24개의 몇분의 몇일까요?

🟠 비스킷 24개 중 2개를 먹으면 몇분의 몇을 먹는 거지? 2개씩 묶으면 몇 묶음이 되는지 보자.

🟢 12묶음이에요.

🟠 그럼 2는 24의 $\frac{1}{12}$이구나.

$24 \times \frac{1}{12} = 2$

3개는 24개의 몇분의 몇일까요?

🟠 비스킷 24개 중 3개를 먹으면 몇분의 몇을 먹는 거지? 3개씩 묶으면 몇 묶음이 되는지 보자.

🟢 18묶음이에요. 그러니까 3은 24의 $\frac{1}{8}$이에요.

$24 \times \frac{1}{8} = 3$

Math Gabe 27

포도송이 분수놀이
분수의 곱셈 이해하기

10세 이상

포도를 먹으려고 보니 한 송이에 알맹이가 12개 붙어 있네요. $\frac{1}{2}$만큼 먹으려면 몇 알을 먹어야 할까요? $\frac{1}{3}$과 $\frac{1}{4}$ 중 더 많이 먹을 수 있는 것은 어느 쪽일까요? 더 나아가 $\frac{2}{3}$와 $\frac{3}{4}$ 중 더 많이 먹을 수 있는 것은 어느 쪽일까요? 복잡한 통분 과정 없이 포도송이 놀이로 알 수 있어요.

🔺 **놀이 목표**
〈자연수 × 분수〉의 개념을 이해해요.

📦 **준비물**
7가베, 3가베, 부록 스티커

Step 1 12의 $\frac{1}{2}$, $\frac{1}{3}$, $\frac{1}{4}$, $\frac{1}{6}$을 알아요.

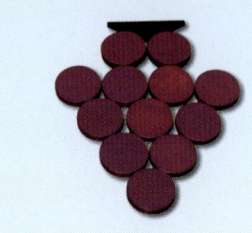

7가베 원 12개로 포도송이를 만들어요.
😀 맛있는 포도 한 송이가 있어. 알맹이는 모두 몇 개인지 세어 보자.
🟢 12개요.

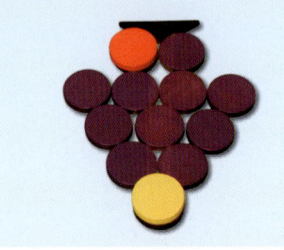

포도 알맹이를 두 묶음으로 나누기 위해 빨강과 노랑으로 번갈아가며 교체해요.
😀 $\frac{1}{2}$만큼 먹으려고 해. 먼저 2묶음으로 나누어야겠지?

빨강 6개, 노랑 6개로 나뉜 것을 보면서 포도알 12개의 $\frac{1}{2}$이 6개라는 것을 알려 줘요.
😀 $\frac{1}{2}$을 먹으려면 2묶음 중 1묶음을 먹으면 돼. 그럼 몇 개를 먹을 수 있지?
🟢 6개요.

$12 \times \frac{1}{2} = 6$

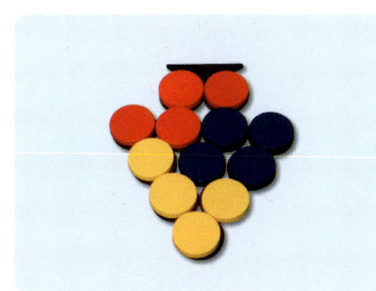

$\frac{1}{3}$을 알아봐요. 빨강, 노랑, 파랑의 3가지 색을 번갈아가면서 하나씩 놓아요.

🟠 $\frac{1}{3}$만큼 먹으려면 몇 개를 먹을 수 있을까?
🟢 4개요.

$12 \times \frac{1}{3} = 4$

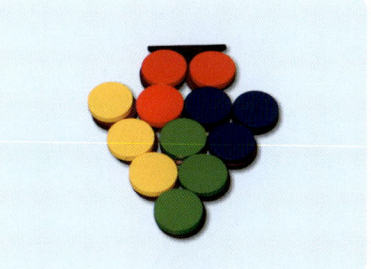

$\frac{1}{4}$을 알아봐요. 4가지 색을 번갈아가면서 하나씩 놓아요.

🟠 $\frac{1}{4}$만큼 먹으려면 몇 개를 먹을 수 있을까?
🟢 3개요.

$12 \times \frac{1}{4} = 3$

$\frac{1}{6}$을 알아봐요. 6가지 색을 번갈아가면서 하나씩 놓아요.

🟠 $\frac{1}{6}$만큼 먹으려면 몇 개를 먹을 수 있을까?
🟢 2개요.

$12 \times \frac{1}{6} = 2$

Step 2 분수에 알맞게 포도로 나타내요.

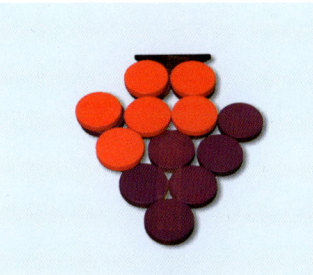 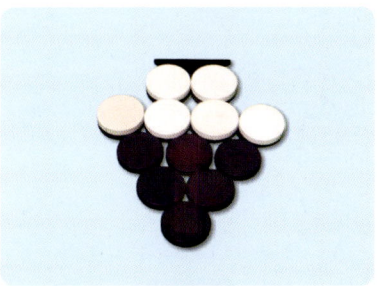 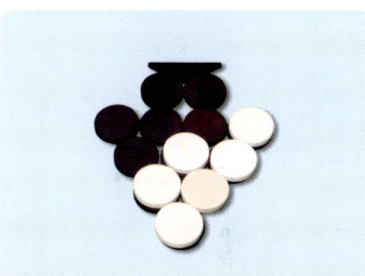

$\frac{1}{2}$을 여러 방법으로 만들어요. 단, 한 묶음이 서로 연결되도록 만들어 주세요.

$12 \times \frac{1}{2} = 6$

 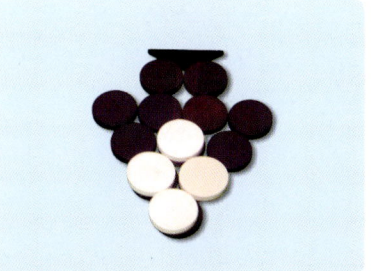 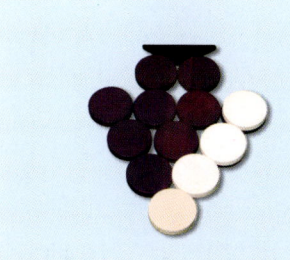

$\frac{1}{3}$을 여러 방법으로 만들어요. 단, 한 묶음이 서로 연결되도록 만들어 주세요.

$12 \times \frac{1}{3} = 4$

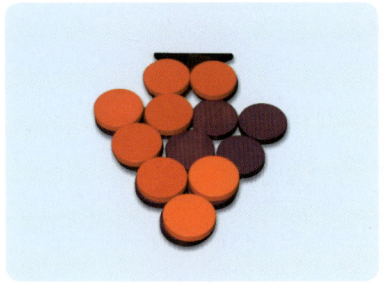

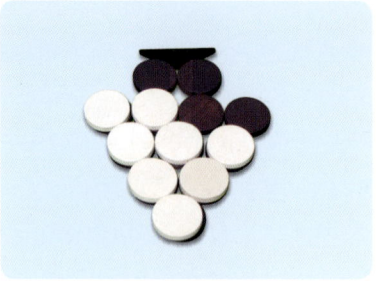

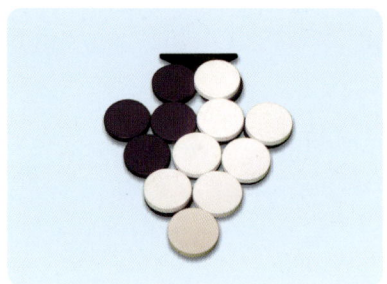

$\frac{2}{3}$를 여러 방법으로 만들어요. 단, 한 묶음이 서로 연결되도록 만들어 주세요.

엄 $\frac{2}{3}$는 어떻게 표시할 수 있을까? $\frac{1}{3}$이 2개 있어야 $\frac{2}{3}$가 되니까, 4개씩 두 번 표시하면 돼.

$12 \times \frac{2}{3} = 8$

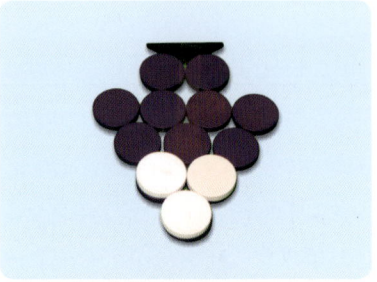

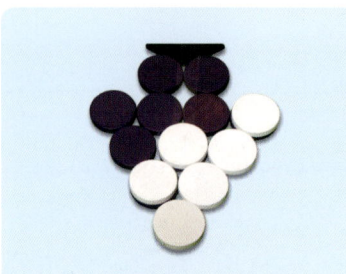

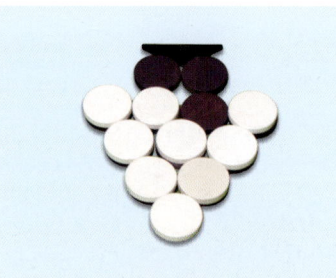

$\frac{1}{4}$을 만들어요. $12 \times \frac{1}{4} = 3$

$\frac{2}{4}$를 만들어요. $\frac{1}{4}$이 2개 있도록 하면 돼요. $12 \times \frac{2}{4} = 6$

$\frac{3}{4}$을 만들어요. $\frac{1}{4}$이 3개 있도록 하면 돼요. $12 \times \frac{3}{4} = 9$

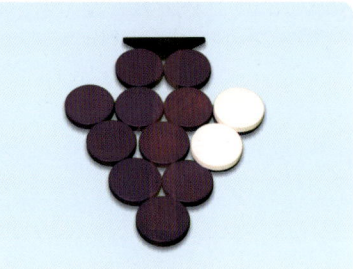

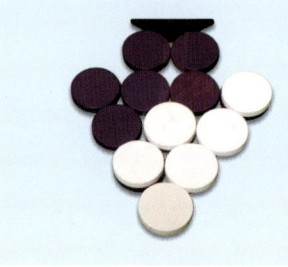

$\frac{1}{6}$을 만들어요. $12 \times \frac{1}{6} = 2$

$\frac{2}{6}$를 만들어요. $12 \times \frac{2}{6} = 4$

$\frac{3}{6}$을 만들어요. $12 \times \frac{3}{6} = 6$

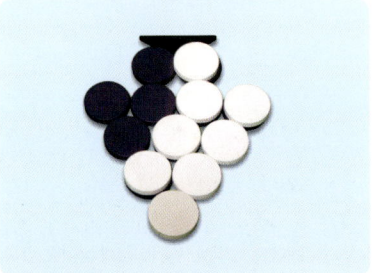

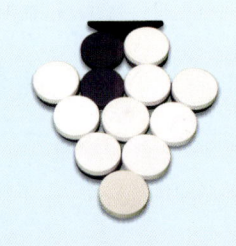

$\frac{4}{6}$를 만들어요. $12 \times \frac{4}{6} = 8$

$\frac{5}{6}$를 만들어요. $12 \times \frac{5}{6} = 10$

〈자연수 × 분수〉의 계산에서 아이들은 기계적으로 약분을 하는데, 이런 활동을 통해 분수의 곱셈에 대한 개념을 먼저 잡아 주세요.

Step 3 분수의 크기를 비교해요.

포도 2개를 만들고 하나씩 나누어 가져요.

🟠 포도 많이 먹기 시합을 해보자.

분자가 1인 분수 주사위를 만들어요.
($\frac{1}{2}, \frac{1}{3}, \frac{1}{4}, \frac{1}{4}, \frac{1}{6}, \frac{1}{12}$)

🟠 이 주사위에는 분자에 모두 1이 있어.

분수 주사위를 던져 나온 분수만큼 포도 알맹이를 표시해요.

🟠 $\frac{1}{3}$이 나왔네. 알맹이 4개를 표시할게.
🟢 저는 $\frac{1}{12}$이 나왔어요. 알맹이 2개예요.

두 분수의 대소 비교를 해 보세요. $\frac{1}{3}$은 $\frac{1}{12}$보다 커요.

🟠 $\frac{1}{3}$과 $\frac{1}{12}$ 중 어느 게 더 클 것 같아? 포도를 보면 알 수 있어. 4개가 2개보다 더 많잖아. 그러니 $\frac{1}{3}$이 $\frac{1}{12}$보다 더 큰 거야. 이번에는 엄마가 이겼네.

분자가 1이 아닌 분수 주사위를 만들어요.
($\frac{2}{3}, \frac{2}{4}, \frac{3}{4}, \frac{2}{6}, \frac{3}{6}, \frac{5}{6}$)

🟠 이 주사위의 분수는 모두 분자가 1이 아니야.

분자가 1이 아닌 분수 주사위를 던져 나온 수만큼 포도 알맹이를 표시해요.

🟠 $\frac{2}{4}$가 나왔네. 먼저 $\frac{1}{4}$을 표시해 보자. 알맹이가 3개구나. $\frac{2}{4}$는 $\frac{1}{4}$이 2개 있는 거니까 다른 색 원으로 3개를 더 표시해 보자.
🟢 $\frac{3}{6}$은 $\frac{1}{6}$을 3개 표시할게요.

두 분수의 대소비교를 해 보세요.

🟠 $\frac{2}{4}$와 $\frac{3}{6}$ 중 어느 수가 더 크지?
🟢 알맹이의 개수가 똑같아요.
🟠 맞아. $\frac{2}{4}$와 $\frac{3}{6}$은 크기가 같은 분수란다.

$\frac{2}{3}$와 $\frac{3}{4}$을 비교해 보세요.

🟢 알맹이의 개수를 보니 $\frac{2}{3}$가 $\frac{3}{4}$보다 더 커요.

> 분모가 다른 분수의 크기를 비교하기 위해서는 먼저 통분을 해야 해요. 하지만 이 놀이에서는 통분이나 복잡한 계산 과정을 거치지 않고, 개수를 일일이 눈으로 확인하면서 비교해 보았어요. 이런 놀이에 익숙해진 후 문제집의 문제를 풀면서 놀이와 문제 풀이를 연결 짓도록 해 주세요.

Chapter 2
도형

- Unit 1 평면도형
- Unit 2 대칭과 이동
- Unit 3 입체도형

Unit 1
평면도형

가베는 다양한 도형으로 이루어진 만큼 도형을 배우기에 더없이 훌륭한 교구입니다. 특히 평면도형을 배울 때는 7가베 만큼 좋은 교구가 없지요. 7가베에는 원, 반원, 정사각형, 마름모, 정삼각형, 직각이등변삼각형, 직각부등변삼각형, 둔각이등변삼각형이 들어 있어요. 뿐만 아니라 이 도형들을 붙여서 직사각형, 마름모, 평행사변형, 사다리꼴도 만들 수 있지요.

평면도형은 높이가 없이 지면에 그려진 것을 의미하지만, 아이들은 아직 손으로 만지며 배우는 시기이므로 약간의 높이를 가진 구체물인 가베를 이용해 친숙해지는 것이 좋습니다. 가베의 다양한 도형을 직접 만져보고 여러 가지 조합을 통해 새로운 도형을 만들어가는 작업은 아이들에게 꼭 필요한 과정입니다.

또한 하나의 평면도형을 둘 이상의 평면도형으로 자르는 활동은 고학년때 복잡한 도형의 넓이를 구하는 작업에서 활용됩니다. 이런 도형의 분할을 자유롭게 하기 위해서는 칠교나 펜토미노 등의 놀이가 큰 도움을 줍니다. 둘 다 도형들의 모양을 잘 활용해야만 퍼즐을 맞출 수 있기 때문이지요. 아이들과 시간이 날 때마다 칠교나 펜토미노 놀이를 자주 즐겨 보세요. 놀이의 재미에 빠지다 보면 자연스럽게 도형과 친숙해지게 됩니다.

Math Gabe 28

색깔공과 모양친구들
다각형 만들기

6세 이상

1가베의 끈 있는 공은 목걸이, 꽃, 나비 등 다양한 모양을 만들 때 자주 사용되지요. 특히 삼각형, 사각형 등의 다각형을 만들 때도 아주 유용합니다. 공과 끈이 확실히 구별되어 꼭짓점과 변을 눈으로 쉽게 확인할 수 있거든요. 공과 끈을 꿰어 여러 다각형을 만들어 보세요.

🔺 **놀이 목표**
다각형의 이름과 생김새를 알아요.

📦 **준비물**
1가베, 8가베, 10가베

Step 1 1가베로 다각형을 만들어요.

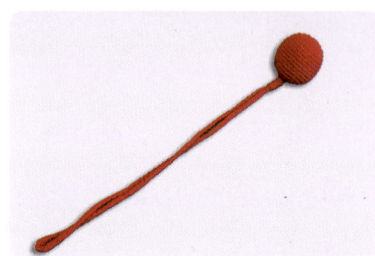

1가베 끈 있는 공을 준비해요. 공 부분은 꼭짓점이 되고 끈 부분은 변이 됩니다.
엄 끈 있는 공으로 여러 가지 도형을 만들려고 해. 먼저 세모 모양을 만들어 보자.

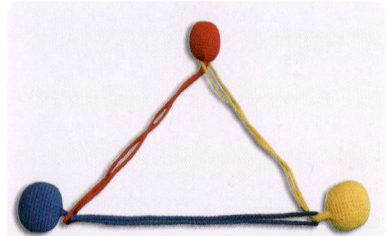

끈 있는 공 3개로 삼각형을 만들고 꼭짓점에 대해 알려 줘요.
엄 뾰족한 부분을 '꼭짓점'이라고 해. 꼭짓점이 몇 개 있어? 아 3개요.

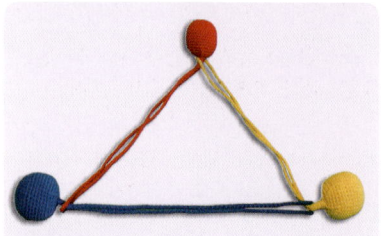

변에 대해 알려 줘요.
엄 길쭉한 선은 '변'이라고 해. 변은 몇 개 있어?
아 3개요.
엄 그래서 이걸 '삼각형'이라고도 부르는 거야.

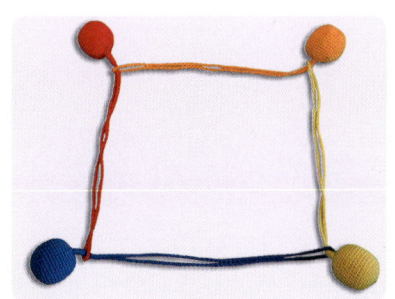

끈 있는 공 4개로 사각형을 만들어요.

🟠 네모는 뾰족한 꼭짓점이 몇 개지?
🟢 4개요.
🟠 변은 몇 개지?
🟢 4개요.
🟠 그래서 네모를 '사각형'이라고 해.

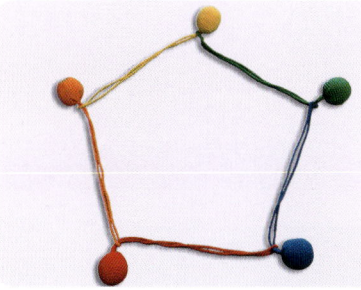

끈 있는 공 5개로 오각형을 만들어요.

🟢 이건 꼭짓점이 5개, 변도 5개 있어요.
🟠 맞아. 그래서 이건 '오각형'이라고 해.

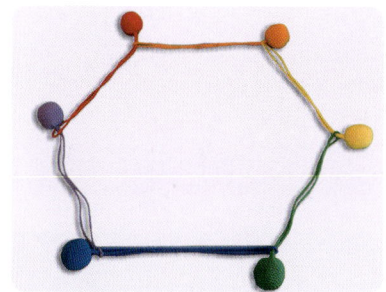

끈 있는 공 6개로 육각형을 만들어요.

🟢 이건 꼭짓점이 6개, 변도 6개 있어요.
🟠 맞아. 그래서 이건 '육각형'이야.

Step 2 점과 선으로 다각형을 만들어요.

8가베 막대와 10가베 점을 보며 평면도형의 어느 부분과 닮았는지 이야기해요.

🟠 막대는 도형의 어느 부분을 표현할 수 있을까?
🟢 변을 표현할 수 있어요.
🟠 점은 어느 부분이 될까?
🟢 꼭짓점이 돼요.

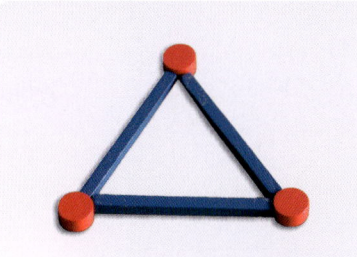

막대 3개와 점 3개로 삼각형을 만들어요.

🟠 삼각형을 만들려면 꼭짓점과 변이 몇 개씩 필요하지?
🟢 3개씩요.

막대 4개와 점 4개로 사각형을 만들어요.

🟠 사각형을 만들려면 꼭짓점과 변이 몇 개씩 필요할까?
🟢 4개씩요.

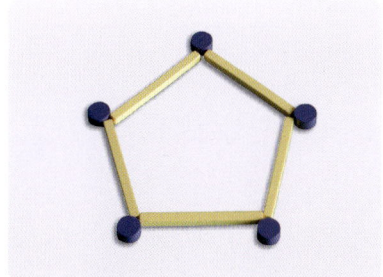

막대 5개와 점 5개로 오각형을 만들어요.

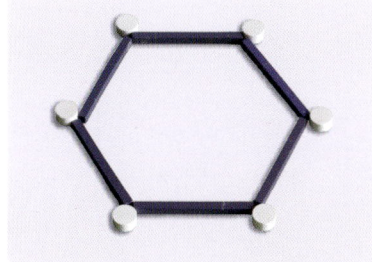

막대 6개와 점 6개로 육각형을 만들어요.

※ **꼭짓점**: 각을 이루는 변과 변 또는 모서리와 모서리가 만나는 점
※ **변**: 다각형을 이루는 각각의 선분

8각형, 12각형, 20각형까지 확장해 보세요. 또 막대(변)의 길이가 다른 다각형도 만들어 보세요.

삼각형이 되고 싶어

  8세 이상

삼각형이 되는 조건

선분 3개가 만나면 무조건 삼각형이 될까요? 삼각형을 만들기 위한 조건이 있어요. 8가베의 길이가 다른 여러 막대들로 다양한 삼각형을 만들어 보면서 삼각형이 되기 위한 조건을 알아봐요.

🔺 **놀이 목표**
삼각형이 되는 조건을 알아요.

📦 **준비물**
8가베, 3가베, 그리드판

Step 1 삼각형을 만드는 선분의 조건을 알아요.

3가베 3개에 1~6까지의 수를 써서 주사위 3개를 만들어요.

8가베 막대를 준비해요. 같은 길이의 막대는 같은 색으로 준비해요.

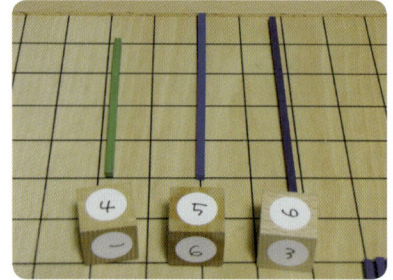

주사위를 던져서 나온 세 수의 막대를 골라요.

🟠 주사위에 4, 5, 6이 나왔네. 4번, 5번, 6번 막대를 하나씩 꺼내자.

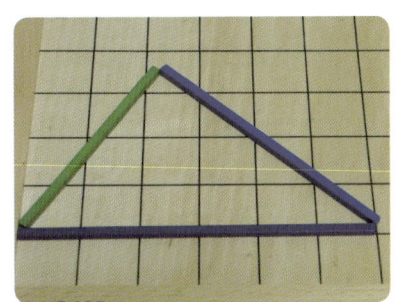

꺼낸 막대 세 개로 삼각형을 만들어요.

🟢 가장 긴 막대를 밑변으로 놓고 두 막대를 만나게 해 봐. 어떤 모양이 되었지?
🟡 삼각형이에요.

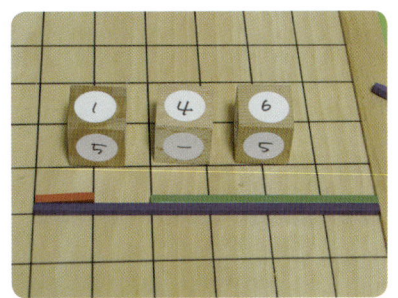

또 주사위를 던져서 다른 삼각형을 만들어 봐요. 삼각형이 만들어지지 않는 막대도 있어요.

🟢 1, 4, 6 막대로 삼각형을 만들 수 있을까?
🟡 막대 두 개가 너무 짧아요.
🟢 그래. 선분이 세 개 있어도 삼각형이 되지 않을 수 있어. 짧은 두 선분의 길이가 가장 긴 선분의 길이보다 길어야 삼각형이 될 수 있단다.

삼각형이 되려면 양쪽 두 변의 합이 밑변보다 길어야 한다는 것을 알려 줘요.

🟢 가장 긴 선분의 길이는 뭐야?
🟡 5예요.
🟢 나머지 두 선분은?
🟡 2와 1이에요.
🟢 삼각형이 될 수 있을까?
🟡 2+1은 3인데 5보다 길지 않아요. 그래서 삼각형이 될 수 없어요.

이등변삼각형이 나오면 이름을 알려 줘요.

🟢 이렇게 두 변의 길이가 같으면 '이등변삼각형'이라고 해.

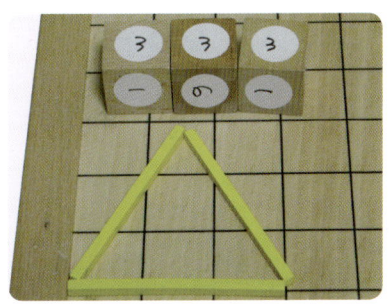

정삼각형이 나오면 이름을 알려 줘요.

🟢 이렇게 세 변의 길이가 모두 같으면 '정삼각형'이란다.

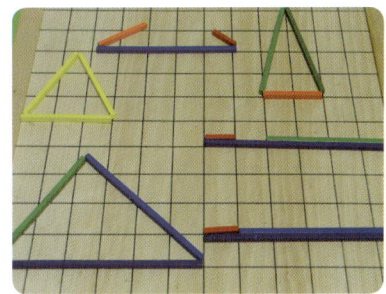

여러 가지 결과물을 보며 삼각형이 되기 위한 조건을 정리해 보세요.

🟢 삼각형이 되기 위해서는 막대의 길이가 중요하다는 걸 알겠지?

※ **삼각형이 되는 조건:** 짧은 두 변의 합이 나머지 한 변보다 커야 한다.

부채를 펼쳐라!

각의 개념 이해하기

7세 이상

'각'은 눈에 보이는 선이나 면이 아니라, 공간이기 때문에 어린 아이들은 각의 크기와 각을 이루는 변의 길이를 혼동하기 쉬워요. 드러나지 않는 공간을 부채를 통해 눈에 보이게 만들어서, 각의 크기 변화를 경험해 보는 놀이예요.

🔺 **놀이 목표**
각의 개념을 이해해요.

📦 **준비물**
8가베, 색종이, 각도기, 스케치북, 색연필, 원 스티커

Step 1 부채를 만들며 각을 이해해요.

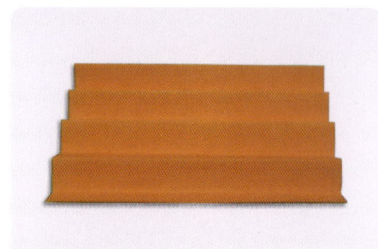

색종이로 부채접기를 해요.

😊 부채를 만들어 보자. 색종이를 접고 뒤집어서 접기를 반복해 봐.

반을 접어서 가운데 부분을 테이프로 붙여요.

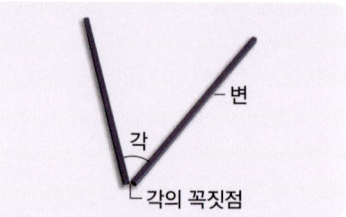

2개의 막대 끝 부분을 서로 만나게 해서 '각'을 만들어요. 막대가 만나는 점을 '각의 꼭짓점'이라고 해요.

😊 모양이 'ㅂ'이 같아요.

😊 이렇게 2개의 선이 만나 생기는 도형을 '각'이라고 해.

8가베 막대 2개를 색종이 끝에 붙여 부채를 만들어요. 접었다 펼쳤다 하면서 색종이의 크기가 변하는 것을 관찰해요.

🟠 각의 크기를 알아보기 위해 부채를 만들었어. 각의 크기에 따라 부채의 펼쳐지는 부분의 크기가 달라진단다.

접었다 펼쳤다 하며 색종이의 변화를 살펴보세요.

🟠 끝까지 펼쳐 보자. 색종이의 크기가 변하지? 각의 크기가 변하는 거야.

각도기를 살펴봐요.

🟠 반원모양의 자가 있는데 이건 각의 크기를 잴 수 있는 '각도기'라고 해.

Step 2 여러 각을 만들어 봐요.

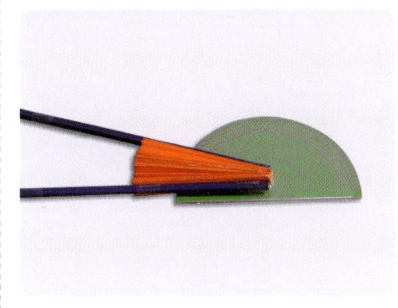

30도

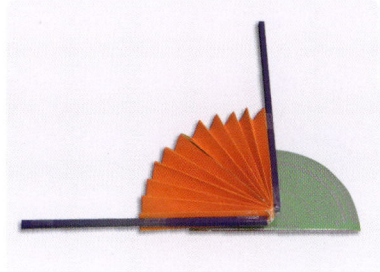

90도

150도

각도기에 부채를 겹쳐 놓고 각을 만들어요. 각의 크기만큼 부채도 펼쳐서 각의 크기 변화를 관찰해요.

🟠 각도기의 가운데 부분이 각의 두 변이 만나는 곳이야. 한 변은 숫자 0에 놓고 다른 변은 각의 크기만큼 벌려 보자. 90도 직각이 되도록 펼쳐 봐. 이제 150도 만큼 펼쳐 봐.

> 부채의 크기가 변하는 것을 통해서 각의 크기가 변하는 것을 알 수 있어요.

※ 각: 한 점에서 그은 두 직선으로 이루어진 도형
※ 각의 꼭짓점: 각에서 두 직선이 만나는 점

Step 3 각을 그리고 각의 꼭짓점을 찾아요.

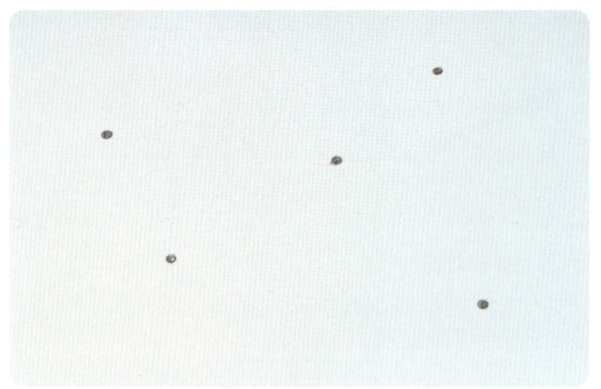

스케치북에 점을 여러 개 찍어요.

🟠 이 점을 기준으로 '각'을 만들어 볼 거야.

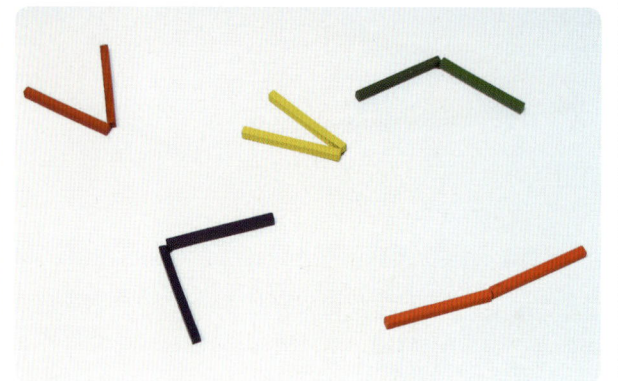

8가베 막대를 각 점에 2개씩 놓아서 각을 만들어요.

🟠 점에 막대를 놓아서 부채 모양을 만들어 보자. 여러 크기로 펼쳐진 부채를 만들어 봐.

색연필로 막대 사이 공간을 색칠하면서 '각'에 대해 알려 줘요. 가장 큰 각과 작은 각을 찾아보세요.

🟠 막대와 막대 사이에 색칠한 부분을 '각'이라고 불러. 우리가 5개의 각을 만들었어. 가장 큰 각은 무슨 색이야?

🟢 주황색이에요.

🟠 가장 작은 각은 무슨 색이야?

🟢 노란색이에요.

각의 꼭짓점을 찾아 원 스티커를 붙여요.

🟠 각에서 막대와 막대가 만나는 부분을 '각의 꼭짓점'이라고 불러. 꼭짓점을 찾아서 스티커를 붙여 볼까?

직각먹는 물고기

직각을 가진 물건 찾기

7세 이상

우리 주변에는 직각을 가진 물건들이 정말 많아요. 직각 물고기를 만들어 집안 곳곳에 있는 직각들을 찾아봐요. 직각인 것과 직각이 아닌 것을 구분하면서 자연스럽게 직각의 의미를 이해할 수 있어요.

🔺 **놀이 목표**
직각을 찾을 수 있어요.

🟨 **준비물**
8가베, 7가베, 색종이

Step 1 직각 물고기를 만들어요.

색종이와 8가베의 1, 2번 막대를 각각 2개씩 준비해요.

엄 입을 벌리고 있는 물고기를 그려 보자.

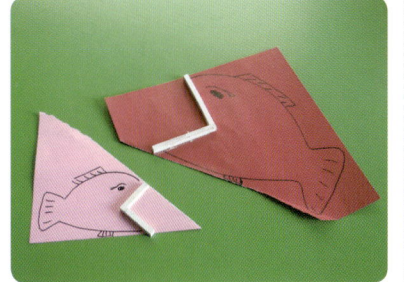

색종이에 막대를 이용해 직각을 만들어 양면테이프로 고정하고 물고기를 그려요.

엄 이 물고기 입은 직각이란다.

물고기 모양대로 오려요.

엄 직각 물고기는 직각인 먹이만 먹는대. 우리 같이 먹이를 찾아보자.

Step 2 직각을 가진 물건을 찾아요.

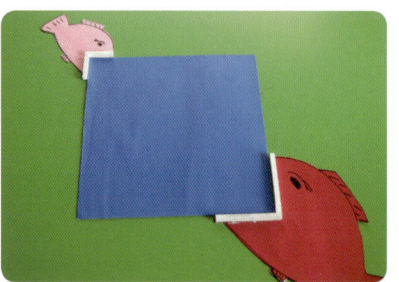

물고기 입을 이용해서 직각을 가진 물건을 찾아 봐요.

🟢 아 가베 상자의 모서리도, 색종이나 동화책의 모서리도 직각이에요.

Step 3 직각을 가진 도형을 찾아요.

7가베 도형 중에서 직각이 있는 도형을 찾아 봐요.

정사각형은 모든 각이 직각이에요.
🟠 엄 정사각형에는 각이 몇 개 있지?
🟢 아 4개 있어요.
🟠 엄 직각인 각은 모두 몇 개인가?
🟢 아 4개 모두 직각이에요.

마름모는 직각보다 작은 '예각'과 직각보다 큰 '둔각'을 가지고 있어요.
🟠 엄 마름모에는 각이 몇 개 있지?
🟢 아 4개 있어요.
🟠 엄 직각인 각은 모두 몇 개인가?
🟢 아 직각은 없어요. 2개는 직각보다 크고 2개는 직각보다 작아요.
🟠 엄 맞아. 직각보다 큰 각은 '둔각'이라고 해. 직각보다 작은 각은 '예각'이라고 한단다.

정삼각형은 모든 각이 직각보다 작은 예각이에요.

🟠 정삼각형에는 각이 몇 개 있지?
🟢 3개 있어요.
🟠 직각인 각은 모두 몇 개일까?
🟢 3개 모두 직각보다 작은 예각이에요.

직각이등변삼각형은 한 각이 직각이고 나머지 두 각은 예각이에요.

🟠 직각이등변삼각형에는 각이 몇 개 있지?
🟢 3개 있어요.
🟠 직각인 각은 모두 몇 개일까?
🟢 1개는 직각이고 나머지 2개는 예각이에요.

둔각이등변삼각형은 한 각이 둔각이고 두 각은 예각이에요.

🟠 둔각이등변삼각형은 각이 몇 개 있지?
🟢 3개 있어요.
🟠 직각인 각은 모두 몇 개일까?
🟢 1개는 직각보다 큰 둔각이고 나머지 2개는 예각이에요.

직각부등변삼각형은 크기가 다른 두 예각이 있어요. 나머지 한 각은 직각이에요.

🟠 직각부등변삼각형에는 각이 몇 개 있지?
🟢 3개 있어요.
🟠 직각인 각은 모두 몇 개일까?
🟢 1개는 직각이고 나머지 2개는 예각이에요.

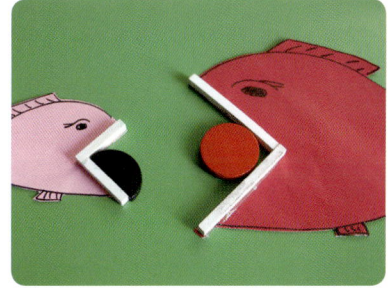

반원과 원은 선분으로 되어 있지 않아서 직각이 없어요.

🟠 반원과 원은 쭉 뻗은 두 선분이 만나는 것이 아니니까 각이 없는 도형이란다.

각이 있는 도형들 중에서 직각인 각에 직각 표시를 해요.

🟠 직각이라는 표시로 'ㄱ' 모양을 사용한단다. 도형들에 직각 표시를 해 줄래?

※ **직각**: 두 직선이 만나서 이루는 90도의 각
※ **예각**: 0보다 크고 직각보다 작은 각
※ **둔각**: 90도보다 크고 180도보다 작은 각

삼각형, 네 이름이 뭐니?

다양한 삼각형의 이름

9세 이상

삼각형, 사각형, 오각형 등 변의 개수만으로 도형의 이름을 불렀다면 이제 더욱 정확한 평면도형의 이름을 알아봐요. 삼각형만 해도 생김새에 따라 정삼각형, 이등변삼각형, 직각부등변삼각형 등 이름이 아주 다양합니다. 각 삼각형의 특징을 알고, 이름에 맞는 도형을 찾거나 만들어 보세요.

🔺 **놀이 목표**
다양한 삼각형의 이름과 특징을 알아요.

📦 **준비물**
7가베, 8가베

Step 1 특징에 맞는 삼각형을 찾아요.

7가베 도형 중 삼각형을 종류별로 1개씩 꺼내어 서로 다른 부분을 찾아봐요.
🟠 모두 삼각형이지만 조금씩 다른 부분이 있어. 엄마가 삼각형의 이름과 특징을 말할 테니 한번 찾아봐.

정삼각형의 특징을 말해 주고 찾게 해요. 찾은 다음에는 8가베 막대를 둘러서 변의 길이가 같은 것을 확인해요.
🟢 세 변의 길이가 모두 같은 내 이름은 정삼각형이에요.

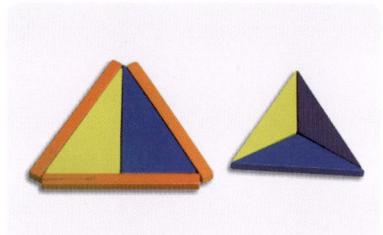

2개 이상의 도형을 가지고 정삼각형을 만들어 보세요.
🟠 삼각형 2개로 정삼각형을 만들어 볼래?
🟢 삼각형 3개로도 정삼각형을 만들수 있어요.

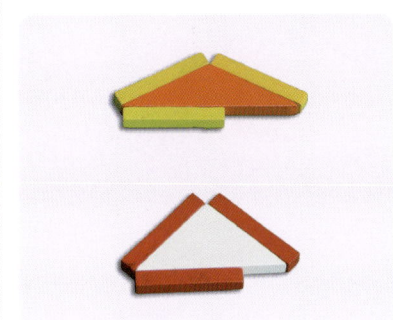

이등변삼각형의 특징을 말해 주고 찾게 해요. 찾은 다음에는 8가베 막대를 둘러서 두 변의 길이가 같은 것을 확인해요.

🔸 두 변의 길이가 같은 내 이름은 '이등변삼각형'이에요.

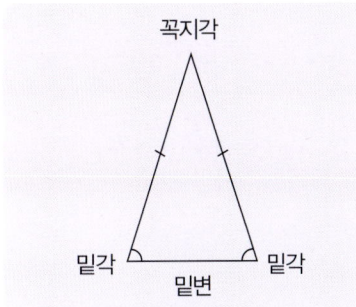

꼭지각과 밑각에 대해 알려 줘요.

※ **꼭지각**: 길이가 같은 두 변 사이의 각
※ **밑변**: 꼭지각과 마주보는 변
※ **밑각**: 밑변의 양쪽 끝에 있는 각

직각삼각형의 특징을 말해 주고 찾게 해요. 정사각형에 대 보면 직각인지 쉽게 알 수 있어요. 위의 두 삼각형이 직각삼각형이에요.

🔸 세 각 중에 한 각이 직각인 내 이름은 '직각삼각형'이에요.

직각이등변삼각형의 특징을 말해 주고 찾게 해요.

🔸 두 변의 길이가 같고 꼭지각의 크기가 직각인 내 이름은 '직각이등변삼각형'이에요.

둔각이등변삼각형의 특징을 말해 주고 찾게 해요.

🔸 두 변의 길이가 같고 꼭지각의 크기가 직각보다 큰 내 이름은 '둔각이등변삼각형'이에요.

직각부등변삼각형의 특징을 말해 주고 찾게 해요.

🔸 직각삼각형이면서 세 변의 길이가 모두 다른 내 이름은 '직각부등변삼각형'이에요.

> 아이가 삼각형의 이름에 익숙해지면, 삼각형 빨리 찾기 게임을 해 보세요.

※ **정삼각형**: 세 변의 길이가 모두 같은 삼각형
※ **이등변삼각형**: 두 변의 길이가 같은 삼각형
※ **직각삼각형**: 한 각이 직각인 삼각형
※ **직각이등변삼각형**: 한 각이 직각이고, 직각을 사이에 둔 두 변의 길이가 같은 삼각형
※ **둔각이등변삼각형**: 두 변의 길이가 같고 꼭지각의 크기가 직각보다 큰 삼각형
※ **둔각부등변삼각형**: 직각삼각형이면서 세 변의 길이가 모두 다른 삼각형

Math Gabe 33

사각형, 네 이름이 뭐니?

다양한 사각형의 이름

9세 이상

사각형은 모양에 따라 정사각형, 직사각형, 마름모, 평행사변형, 사다리꼴 등이 있어요. 각각 어떻게 생김새가 다른지 7가베를 이용해 알아보세요. 7가베에는 사각형이 정사각형과 마름모밖에 없지만, 삼각형을 이용하면 나머지 사각형들을 모두 만들 수 있어요.

🔺 **놀이 목표**
다양한 사각형의 이름과 특징을 알아요.

📦 **준비물**
7가베, 8가베

Step 1 특징에 맞는 사각형을 찾아요.

7가베 도형 중 사각형을 꺼내어 서로 다른 부분을 찾아 봐요.
🟠 7가베에는 몇 종류의 사각형이 있지?
🟢 2종류요.
🟠 두 사각형을 잘 살펴보자.

정사각형의 특징을 말해 주고 찾게 해요. 찾은 다음에는 8가베 막대를 둘러서 변의 길이가 같은 것을 확인해요.
🟠 네 변의 길이가 모두 같고 네 각의 크기가 모두 같은 내 이름은 '정사각형'이에요.

2개 이상의 도형을 이용해서 정사각형을 만들어 보세요.
🟢 직각이등변삼각형 2개가 만나면 정사각형이 돼요.

마름모의 특징을 말해 주고 찾게 해요. 찾은 다음 8가베 막대를 둘러서 변의 길이가 같은 것을 확인해요.

🟠 네 변의 길이가 모두 같고 마주보는 두 각이 같은 내 이름은 '마름모'예요.

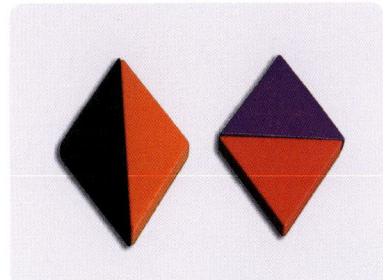

2개 이상의 삼각형을 이용하여 마름모를 만들어 보세요.

2개 이상의 삼각형을 이용하여 직사각형을 만들어 보세요.

🟠 7가베에는 없지만 삼각형을 이용해서 직사각형을 만들어 보자. 네 각의 크기가 같은 내 이름은 '직사각형'이에요.

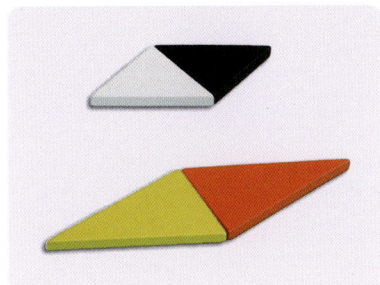

2개 이상의 삼각형을 이용하여 평행사변형을 만들어 보세요.

🟠 마주보는 두 변이 평행한 사각형인 내 이름은 '평행사변형'이에요.

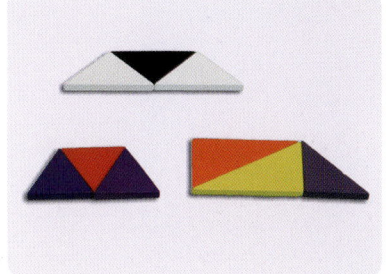

2개 이상의 삼각형을 이용하여 사다리꼴을 만들어 보세요.

🟠 마주보는 한 변이 평행한 사각형인 내 이름은 '사다리꼴'이에요.

2개 이상의 삼각형을 이용하여 앞의 어느 사각형에도 속하지 않는 사각형을 만들어 보세요.

🟠 네 변을 가지고는 있지만 앞의 어느 사각형에도 속하지 않는 사각형을 만들어 보자.

> 아이가 사각형의 이름에 익숙해지면, 사각형 빨리 찾기(만들기) 게임을 해 보세요.

※ **정사각형**: 네 각이 모두 직각이고, 네 변의 길이가 모두 같은 사각형
※ **직사각형**: 네 각이 모두 직각인 사각형
※ **마름모**: 네 변의 길이가 모두 같은 사각형
※ **평행사변형**: 마주 보는 두 쌍의 변이 서로 평행인 사각형
※ **사다리꼴**: 마주보는 한 쌍의 변이 서로 평행인 사각형

칠교 퍼즐놀이

칠교 만들어서 놀기

7세 이상

칠교는 동양의 퍼즐놀이 중 하나로, 큰 정사각형을 7개의 조각으로 잘라서 그 조각들을 사용해 모양을 만드는 놀이예요. 7가베의 삼각형을 이용하면 칠교 조각 7개를 모두 만들 수 있어요. 칠교 조각을 만들고, 이를 이용해 모양 만들기 놀이도 해 보세요.

🔺 놀이 목표
칠교를 만들 수 있어요.
칠교 놀이를 하며 도형의 모양을 활용해요.

📦 준비물
7가베

Step 1 직각이등변삼각형으로 여러 모양을 만들어요.

정사각형

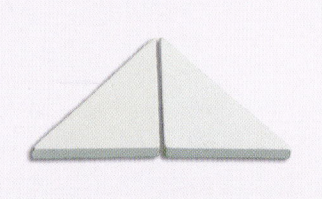

직각이등변삼각형

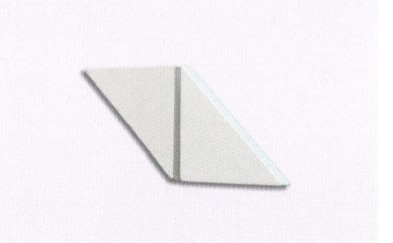

평행사변형

직각이등변삼각형 2개로 다양한 모양을 만들어 봐요.

정사각형

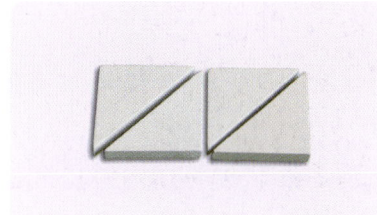
직사각형

직각이등변삼각형

직각이등변삼각형 4개로 다양한 모양을 만들어 봐요.

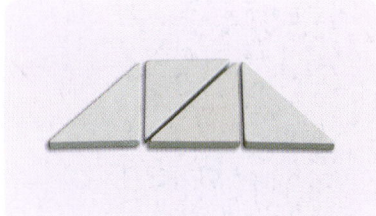
사다리꼴

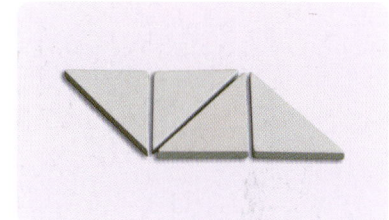
평행사변형

Step 2 직각이등변삼각형으로 칠교를 만들어요.

직각이등변삼각형 4개를 사용하여 큰 직각이등변삼각형을 2개 만들어서 테이핑해요.

🟠 이제 직각삼각형을 이용해서 칠교 조각들을 만들어 보자. 먼저 가장 큰 조각인 직각이등변삼각형을 만들어 봐.

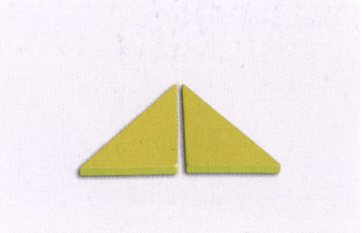

직각이등변삼각형 2개를 사용하여 중간 크기의 직각이등변삼각형을 만들어서 테이핑해요.

직각이등변삼각형 2개를 사용하여 평행사변형을 만들어서 테이핑해요.

직각이등변삼각형 2개를 사용하여 정사각형을 만들어서 테이핑해요.

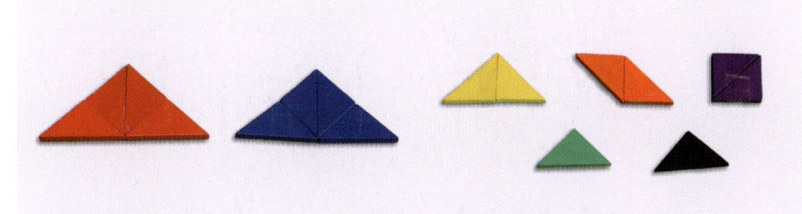

직각이등변삼각형 2개를 준비하면 칠교 조각 7개가 모두 완성됐어요.

Step 3 칠교로 다양한 도형을 만들어요.

이제 칠교의 7조각을 이용해 여러 도형을 만들어 보세요. 아래 사진을 보지 않고 스스로 만들어 보도록 유도해 주세요.

정사각형

직사각형

직각이등변삼각형

사다리꼴

Step 4 칠교로 다양한 모양을 만들어요.

각 조각의 생김새를 살려 자유롭게 만들기를 해 보세요.

집

바람개비

로켓

등대

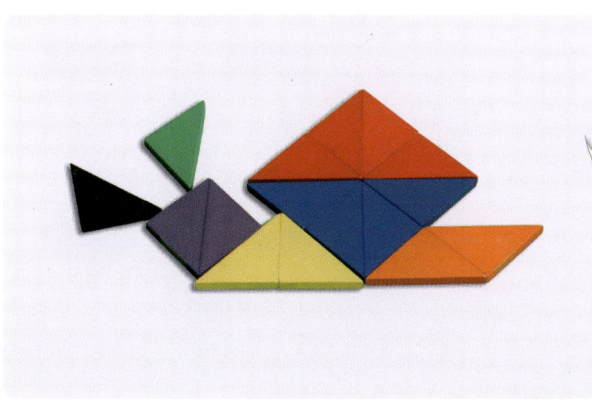
달팽이

또 무엇을 만들 수 있을까요?
아이와 자유롭게 상상하며
다양한 모양을 만들어 보세요.

115

Math Gabe 35

펜토미노 퍼즐놀이

펜토미노 만들어서 놀기

8세 이상

펜토미노는 고대 로마에서 유래된 퍼즐로, 12가지 조각으로 구성되어 있어요. 각 조각은 5개의 정사각형으로 이루어져 있고, 모두 모양이 다릅니다. 가베로 펜토미노를 직접 만들면서 정사각형 5개의 변과 변이 서로 붙어서 만들 수 있는 모양의 가짓수가 모두 12개라는 것을 확인할 수 있어요.

🔺 **놀이 목표**
펜토미노를 만들 수 있어요.
펜토미노 놀이를 하면서 도형을 활용해요.

📦 **준비물**
7가베

Step 1 정사각형 3개로 여러 모양을 만들어요.

정사각형 2개로 모양을 만들어요.
엄: 정사각형 2개로 만들 수 있는 모양은 무엇이까?
아: 이것밖에 없어요.

㉠ 정사각형 1개(빨강)를 길게 연결해요.
엄: 정사각형 3개로 긴 직사각형을 만들었구나. 또다른 모양을 만들 수 있겠니?
아: 네. 많이 만들 수 있을 것 같아요.

㉡ 위 4가지 모양은 뒤집거나 돌리면 같은 모양이 돼요. 이런 모양은 1가지로 취급해요. 결국 정사각형 3개로는 모두 2가지 모양을 만들 수 있어요.

Step 2 정사각형 4개로 여러 모양을 만들어요.

Step 1의 ㉠ 모양에 정사각형 1개(노랑)를 연결하는 방법은 3가지예요.

🟠 정사각형 1개씩을 더 연결해 보자. 구분하기 쉽게 노란색을 사용해 봐.

Step 1의 ㉡ 모양에 정사각형 1개(노랑)를 연결하는 방법은 4가지예요.

🟠 정사각형 4개로 만들 수 있는 모양은 모두 몇 개야?
🟢 3개와 4개를 더하면 모두 7개예요.
🟠 하지만 잘 보면 겹치는 모양이 있단다.

겹치는 모양을 빼면 정사각형 4개로 만들 수 있는 모양은 모두 5가지예요.

5개의 정사각형으로 되어있는 펜토미노 조각을 만들기 위해, 각 모양들을 한 가지 색으로 만들어서 테이핑해요.

Step 3 정사각형 5개로 펜토미노를 만들어요.

빨간색 도형에 정사각형 1개를 추가한 모양은 1가지예요.

검정색 도형에 정사각형 1개를 추가해서 만들 수 있는 모양을 찾아봐요. 모두 3개의 도형을 만들 수 있어요. (도형이 모자라면 다른 색으로 테이핑해 주세요.)

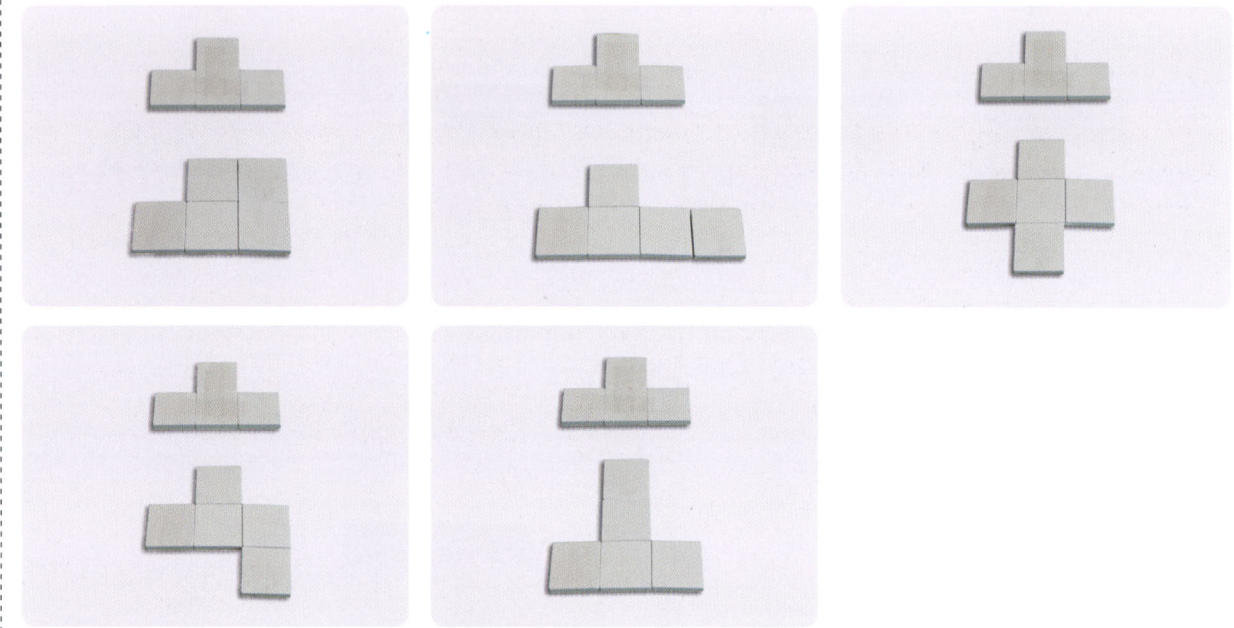

흰색 도형에 정사각형 1개를 추가해서 만들 수 있는 모양을 찾아봐요. 모두 5개의 도형을 만들 수 있어요. 그중 첫 번째 모양은 빨강과 겹치고, 두 번째는 검정과 겹치기 때문에 테이핑하지 않아요.(도형이 모자라면 다른 색으로 테이핑해 주세요.)

파란색 도형에 정사각형 1개를 추가해서 만들 수 있는 모양을 찾아봐요. 모두 4개의 도형을 만들 수 있어요. 첫 번째와 두 번째 도형은 이미 만들어 놓은 도형과 모양이 같기 때문에 테이핑하지 않아요.(도형이 모자라면 다른 색으로 테이핑해 주세요.)

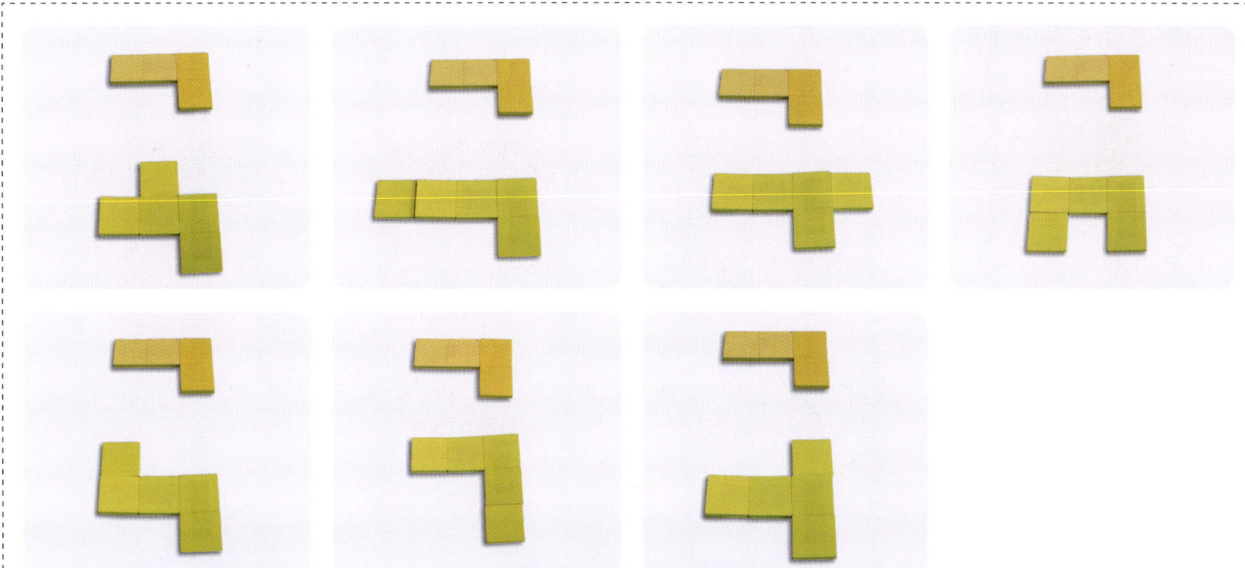

노란색 도형에 정사각형 1개를 추가해서 만들 수 있는 모양을 찾아봐요. 모두 7개의 도형을 만들 수 있어요. 그중 모양이 겹치는 1~3번째 도형을 빼고 나머지 도형 4개만 테이핑해요. (도형이 모자라면 다른 색으로 테이핑해 주세요.)

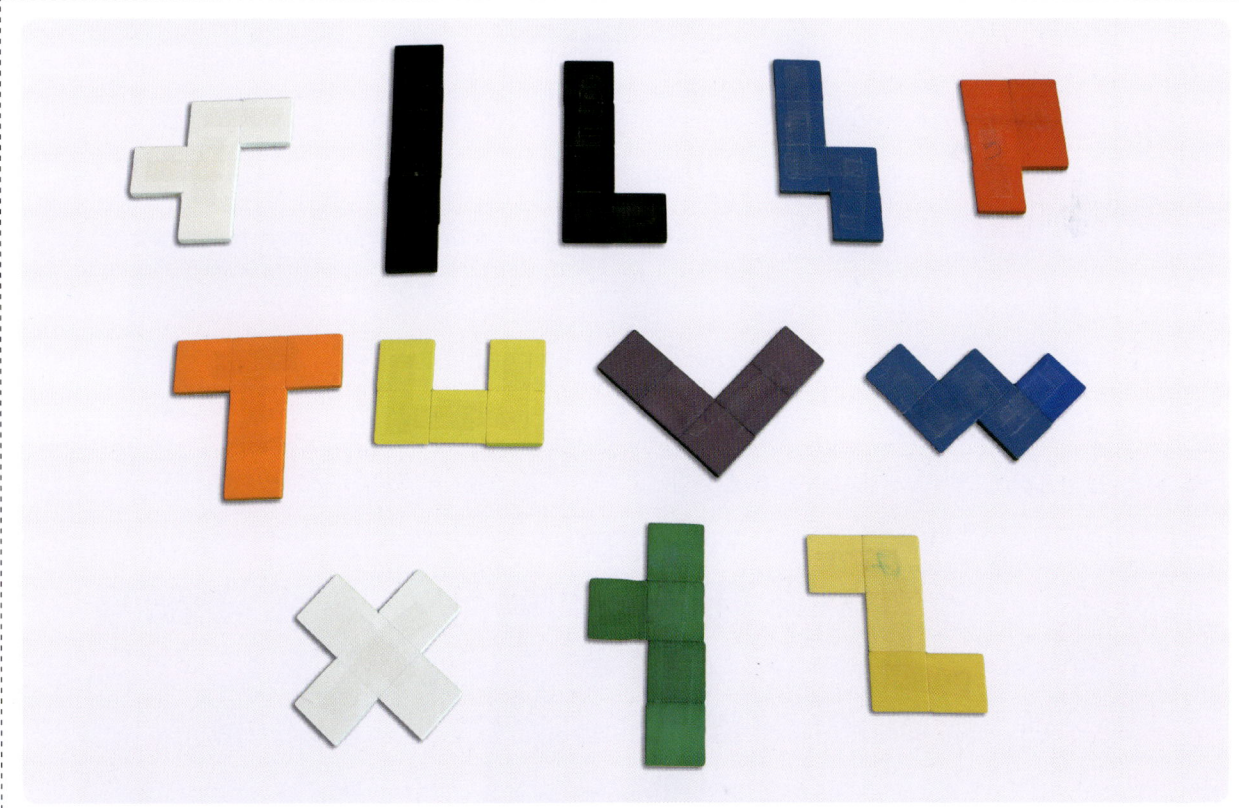

겹치는 도형을 제외하면 총 12개의 도형을 만들 수 있어요. 이렇게 만들어진 12조각을 '펜토미노'라고 해요.
(알파벳으로 순서대로 표현하면 F, I, L, N, P, T, U, V, W, X, Y, Z예요.)

Step 4 ㅡ 다른 조각으로 같은 모양을 만들어요.

엄마가 2조각으로 모양을 만들어서 제시해요. 아이는 다른 조각으로 엄마와 같은 모양을 만들어요.

이번에는 엄마가 3조각으로 모양을 만들어서 제시해요. 아이는 다른 조각으로 엄마와 같은 모양을 만들어요.

Step 5 ㅡ 펜토미노로 다양한 도형을 만들어요.

3조각을 이용해 직사각형을 만들어요.

5조각을 이용해 정사각형을 만들어요.

12조각을 이용해 직사각형과 T자를 만들어요.

Step 6 펜토미노로 자유롭게 만들어요.

각 조각의 생김새를 살려 자유롭게 만들기를 해 보세요.

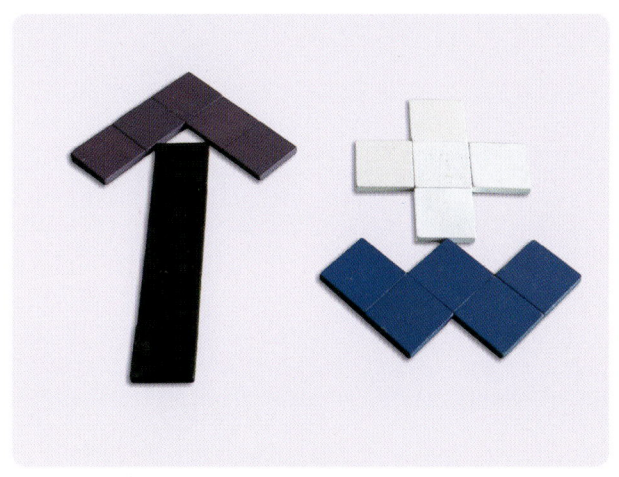

나무와 꽃

자물쇠와 열쇠

굴뚝이 있는 집

큰 교회

Unit 2
대칭과 이동

'대칭과 이동'은 많은 초등학생들이 어려워하는 영역입니다. 초등학교 3~5학년에 걸쳐서 도형 옮기기, 뒤집기, 돌리기, 선대칭 도형, 점대칭 도형 등을 배우게 되는데 공간지각력이 약한 아이들에게는 상당히 도전이 되는 부분입니다. 기준점을 가운데 두고 대칭을 만드는 활동이 어른들에게는 쉬워 보이지만, 아이들은 대칭이 되는 곳을 찾기 어려워합니다.

가베놀이에서 빠지지 않고 등장하는 '대칭놀이'를 자주 하다 보면, 자연스럽게 위치와 공간에 대한 인지능력을 키울 수 있어요. 점을 중심으로 도형을 돌리는 문제도 놀이를 통해 직접 가베를 돌리면서 연습해 보세요. 이런 과정을 통해 도형이 가지고 있는 공간과 움직임에 익숙해지면, 직접 도형을 돌리지 않고도 머릿속에서 도형을 그리고 움직일 수 있게 됩니다.

3가베 대칭놀이

도형 뒤집기

6세 이상

대칭놀이는 가베놀이에서 빠지지 않고 등장하는 놀이예요. 기준점을 가운데 두고 대칭을 만드는 놀이로서 위치와 공간에 대한 인지능력을 키워 줍니다. 3가베 정육면체 8개를 이용해서 다양한 대칭무늬를 만들어 보세요.

🔺 **놀이 목표**
대칭무늬를 만들 수 있어요.

🟨 **준비물**
3가베, 스케치북

Step 1 대칭의 개념을 이해해요.

스케치북에 대칭축을 표시해요.

😊 오늘은 요술거울 놀이를 해 보자. 빨간 선이 바로 요술거울이야.

엄마가 먼저 대칭축의 한쪽 편에 정육면체 4개로 모양을 만들어요.

😊 엄마가 마음대로 모양을 만들어 볼게. 거울에는 어떤 모습이 비칠까? 마주보는 자리에 놓아 볼래?

아이에게 반대편에 대칭이 되도록 정육면체를 놓아 보도록 해요.

😊 선을 중심으로 양쪽에 똑같이 마주보는 자리에 놓여있는 모양을 '대칭'이라고 한단다.

가장 아래에 있는 정육면체 하나를 살짝 옮겨 놓아요.

🟡 정육면체 하나의 모양을 살짝 바꾸었어. 똑같이 되도록 해 볼래?

대칭이 되도록 아이가 가베를 움직이게 해요.

🟢 아, 여기에요.
🟡 잘했어! 이렇게 놓고 보니 자동차가 됐네.

※ **대칭**: 점이나 선분, 평면에서 양쪽이 똑같은 형식으로 배치되어 있는 것
※ **선대칭**: 한 선을 중심으로 대칭을 이루는 것
※ **대칭축**: 선대칭도형이나 선대칭의 위치에 있는 도형에서 두 도형을 서로 완전히 겹쳐지게 하는 선

Step 2 3가베로 다양한 대칭무늬를 만들어요.

엄마가 다른 모양을 만들어서 제시해요.

🟡 새로운 모양이 거울을 보러 왔구나. 어떤 모습이 비칠까?

대칭이 되도록 아이가 반대편에 가베를 놓게 해요.

여러 가지 다른 모양도 만들어 보세요.

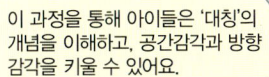

이 과정을 통해 아이들은 '대칭'의 개념을 이해하고, 공간감각과 방향감각을 키울 수 있어요.

4가베 대칭놀이

도형 뒤집기

6세 이상

이번에는 4가베로 대칭무늬를 만들어 봐요. 3가베 정육면체는 모든 면의 크기가 같지만, 4가베 직육면체는 큰 면, 중간 면, 작은 면의 3가지 종류가 있어요. 따라서 면과 면이 만나는 곳을 잘 보고 만들어야 해요. 쌍둥이 친구가 마주보는 모습을 만들어 보세요.

🔺 **놀이 목표**
대칭무늬를 만들 수 있어요.

🟨 **준비물**
4가베, 스케치북

Step 1 큰 면으로 대칭무늬를 만들어요.

스케치북에 대칭축을 표시하고, 엄마가 대칭축의 한쪽편에 직육면체 4개로 모양을 만들어요. 큰 면만 사용해요.

🟠 엄 오늘은 엄마랑 쌍둥이 놀이를 해 보자. 빨간선 왼쪽에 엄마가 모양을 만들어 볼게.

대칭이 되도록 아이에게 반대편에 가베를 놓도록 해요.

🟠 엄 오른쪽에 쌍둥이 친구를 마주보게 만들어 줄래?

사람 모양으로 더 꾸며도 좋아요.

🟢 아 구를 올려놓으니까 사람 같아요.

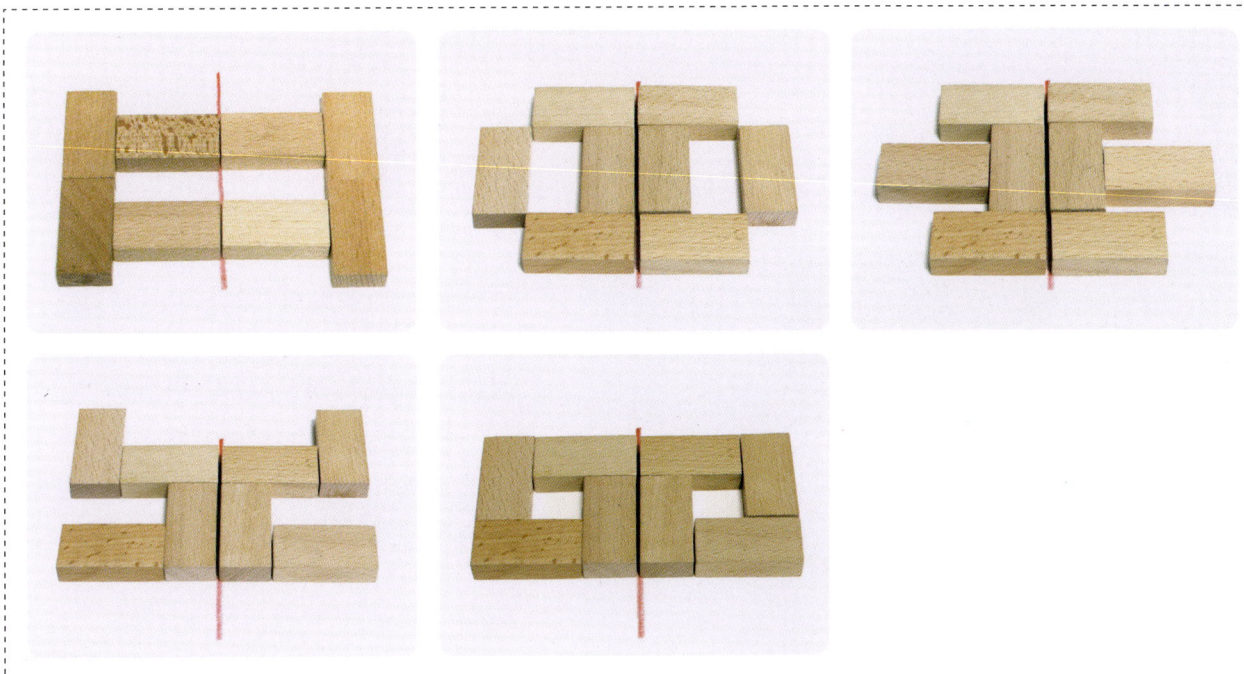

큰 면만 사용해서 다양한 대칭무늬를 만들어 보세요.

Step 2　중간 면, 작은 면도 이용해서 대칭무늬를 만들어요.

큰 면, 중간 면, 작은 면을 섞어서 다양한 대칭을 만들어 보세요.

오른쪽으로 뒤집어서 대칭무늬를
만드는 것에 익숙해지면 위로 뒤집기,
아래로 뒤집기 등도 도전해 보세요.

Math Gabe 38

10가베 대칭놀이
도형 뒤집기

7세 이상

그리드판에 대칭축을 그리고 10가베 점을 이용해서 대칭무늬를 만들어 봐요. 3가베와 4가베를 이용한 대칭무늬 만들기를 쉽게 한 아이들도 이번 놀이에서는 대칭이 되는 곳을 찾기 어려워하곤 합니다. 대칭무늬를 만들기 위해 점의 위치를 계산하고 찾으면서 위치와 공간에 대한 감각을 길러 보세요.

🔺 **놀이 목표**
대칭이 되는 위치를 찾을 수 있어요.

📦 **준비물**
10가베, 그리드판

Step 1 대칭의 위치를 찾아요.

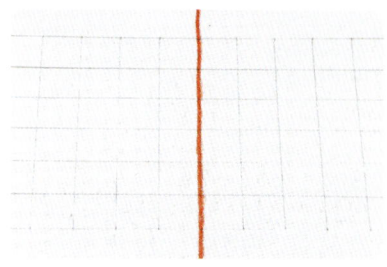

그리드판에 대칭축을 표시해요.
🟠 빨간 선을 중심으로 양쪽 모양이 마주보도록 대칭을 만들어 보자.

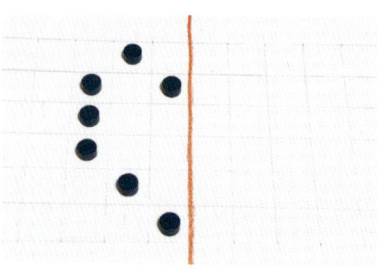

한쪽 편에 10가베로 모양을 만들어요.
🟠 엄마가 한쪽에 이런 모양을 만들었어. 대칭을 이루는 자리를 찾아 점을 놓아 봐. 칸수를 세면서 하면 좀 더 쉽게 할 수 있어.

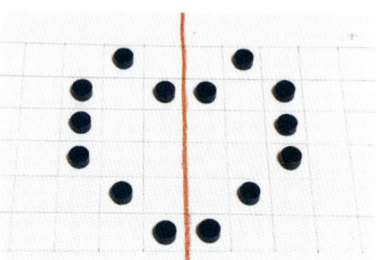

대칭이 되는 자리를 찾아 점을 놓아서 그림을 완성해요.
🟢 모두 놓았더니 하트가 됐어요.

Step 2 다양한 대칭 무늬를 만들어요.

이번에는 다른 모양을 만들어 보세요.
🟠 이 모양의 대칭무늬도 만들어 줄래?

완성된 모양을 관찰하고 이야기 나눠요.
🟠 이건 무슨 모양 같아?
🟢 화살표 같기도 해요.

점으로 간단한 글씨도 만들어 보세요.

알파벳 p의 대칭무늬를 만들었더니 q가 됐어요.

129

Math Gabe 39

친구를 껴안아줘

선대칭도형 이해하기

9세 이상

가운데 축을 중심으로 좌우가 똑같은 도형을 '선대칭 도형'이라고 해요. 7가베의 도형들 중에서 선대칭 도형인 것은 무엇이 있을까요? 각 도형들의 대칭축도 찾아 보세요.

🔺 **놀이 목표**
선대칭도형을 찾을 수 있어요.

🟧 **준비물**
7가베, 8가베

Step 1 선대칭 도형과 대칭축을 알아요.

8가베 막대에 투명테이프를 붙이고 한쪽에 정사각형을 붙여요.

엄 외톨이 네모가 있었어. 어느 날 소원을 들어주는 요술 막대를 만났어. 요술막대는 네모에게 친구를 선물해 주었단다.

막대 반대쪽에 정사각형 하나를 붙여요.

엄 네모가 말했어. "와~, 나랑 똑같이 생긴 친구다."

양쪽을 접어 두 도형이 포개어지도록 해요.

엄 너무 좋아서 서로 꼭 껴안아 주었대.

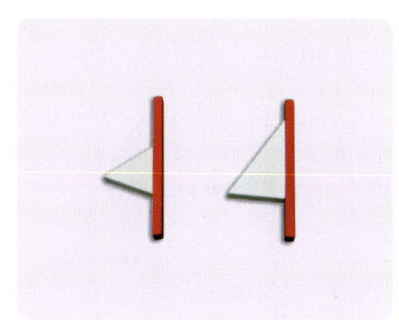

다른 막대에 투명테이프를 붙이고 한쪽에 정삼각형과 직각부등변삼각형을 붙여요.

🧒 이 소문을 듣고 세모들도 요술막대를 찾아 왔어.

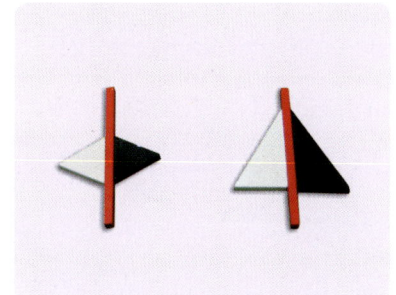

같은 모양의 도형을 대칭이 되도록 붙여요.

🧒 이번에는 네가 똑같이 생긴 친구를 찾아서 붙여 줄래?

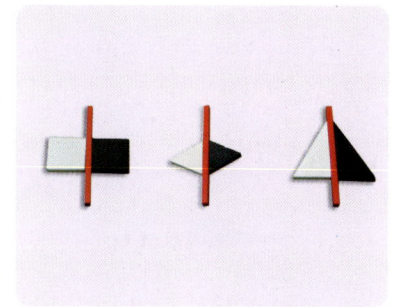

🧒 우리가 만든 도형은 빨간 막대를 중심으로 서로 똑같이 포개어지는구나. 이런 도형을 '선대칭도형'이라고 부른단다. 그리고 이 요술막대처럼 선대칭도형의 접히는 부분이 되는 선을 '대칭축'이라고 해.

Step 2 가베 도형의 대칭축을 찾아요.

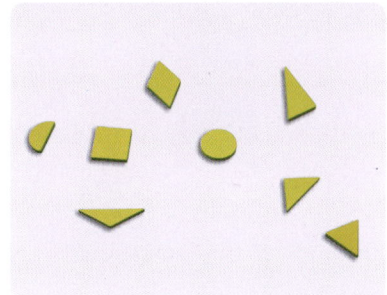

7가베에 있는 8가지 도형들을 하나씩 꺼내요.

🧒 이 도형들 중에는 선대칭도형이 있단다. 어느 부분에 대칭축이 숨어 있는지 한번 찾아 보자.

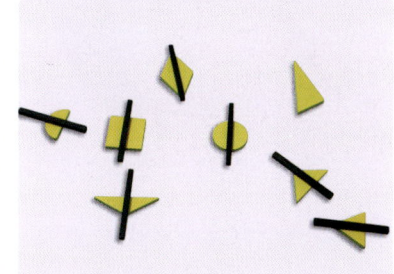

막대를 이용해 대칭축을 표시해요.

🧒 직각부등변삼각형을 제외한 나머지는 모두 선대칭도형이구나.

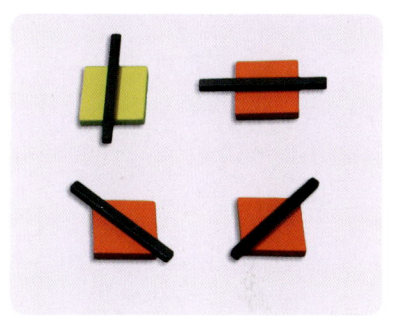

대칭축을 여러 개 가진 도형도 있어요.

🧒 정사각형은 대칭축이 4개나 있어요.

정삼각형의 대칭축은 3개예요.

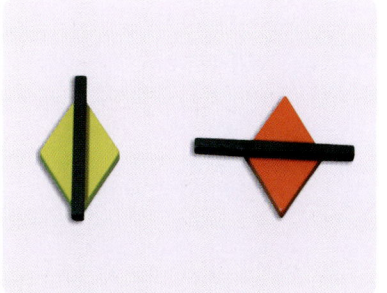

마름모의 대칭축은 2개예요.

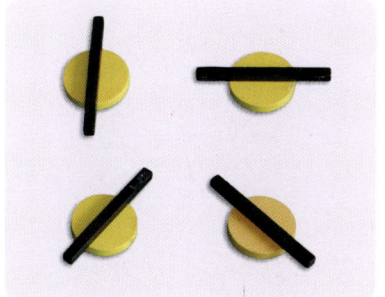

원의 대칭축은 수없이 많아요.

※ **선대칭도형**: 어떤 직선으로 접어서 완전히 겹쳐지는 도형

Step 3 정삼각형의 대칭축을 경험해요.

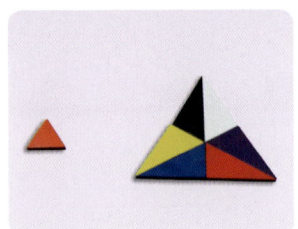  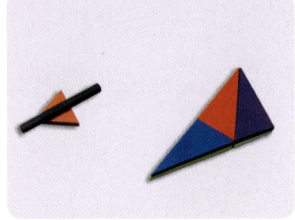 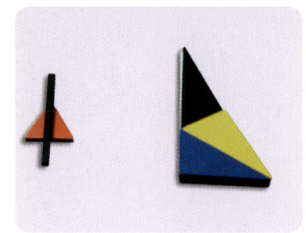

직각부등변삼각형 6개로 큰 정삼각형을 만들어서, 정삼각형의 대칭축 3개를 직접 경험하게 해요.

🟠 커다란 정삼각형을 만들어보자. 3개의 대칭축 모두 완전히 포개어지는구나.

Step 4 마름모도 선대칭도형일까요?

마름모의 이 축도 대칭축이 될까요?

🟢 양쪽 모양이 똑같긴 해요.

🟠 그럼 크게 만들어서 포개어 보자.

마름모 4개를 이용해서 큰 마름모를 만들어요.

양쪽을 서로 포개어서 보여 주세요.

🟢 완전히 포개어지지 않아요.

🟠 맞아. 그러니까 마름모는 선대칭도형이 아니구나.

3가베 회전놀이

도형 돌리기

8세 이상

점을 중심으로 도형을 돌리는 놀이예요. 처음에는 반 바퀴씩 돌려 보고, 익숙해지면 반의반 바퀴씩 돌려가며 무늬를 만들어요. 실제 도형을 돌려 보는 과정을 통해 아이들은 도형이 가지고 있는 공간과 움직임을 경험하게 되고, 여기에 익숙해지면 직접 돌리지 않고도 머릿속에서 도형을 그리고 움직일 수 있게 됩니다.

▲ **놀이 목표**
회전 후 위치를 알 수 있어요.

📦 **준비물**
3가베, 스케치북

Step 1 정육면체를 반 바퀴(180도) 돌려요.

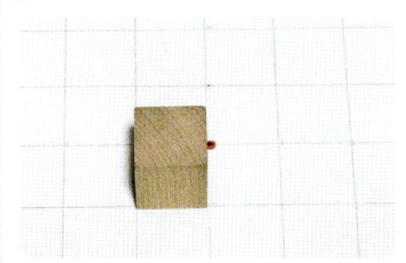

스케치북에 한 칸의 크기가 2.5cm²(정육면체의 변과 동일)인 그리드판을 그리고 중앙에 점을 표시해요. 정육면체 하나를 사진과 같은 위치에 놓아요.

엄 엄마가 정육면체 하나를 놓았는데 이걸 반 바퀴 돌리면 어디로 갈까?

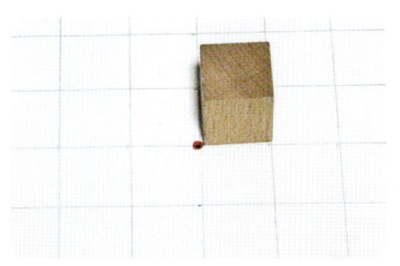

그리드판을 반 바퀴 돌려요.

엄 스케치북을 돌리니 정육면체 위치가 달라졌네.

처음 놓았던 자리에 정육면체 하나를 다시 놓고 무늬를 관찰해요.

엄 처음 있던 자리를 기억해서 정육면체를 놓아 보자. 대칭무늬와는 다른 모습이지?

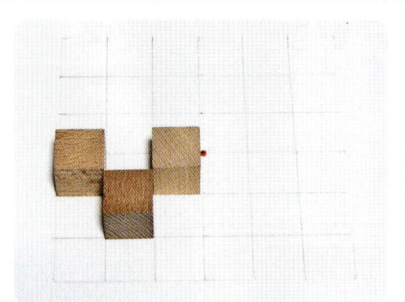

이번에는 3개의 정육면체를 놓아요.

엄 이걸 반 바퀴 돌리면 어디로 갈까?

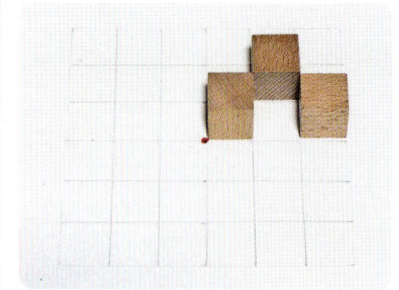

그리드판을 반 바퀴 돌려요.

아 모양과 위치가 모두 바뀌었구나.

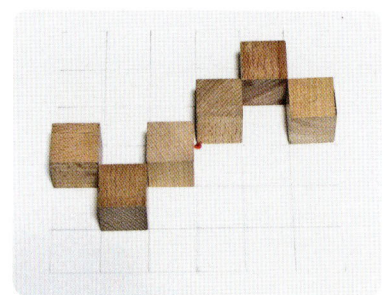

처음 놓은 자리에 똑같이 정육면체를 놓아 보세요.

여러 가지 모양을 만들어서 돌려 보고, 변하는 모양을 관찰해요.

Step 2 정육면체를 반의반 바퀴(90도) 돌려요.

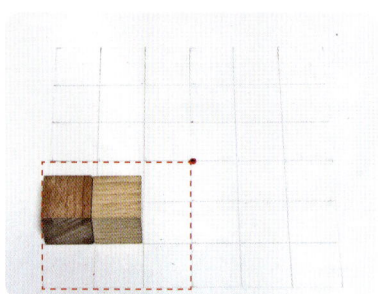

그리드판을 4등분한 빨간 네모 속에 정육면체 2개를 사진과 같이 놓아요. 정육면체 위치를 잘 기억하세요.

엄 이번에는 스케치북을 반의반 바퀴 돌릴거야. 이걸 돌리면 어떤 모양이 될까?

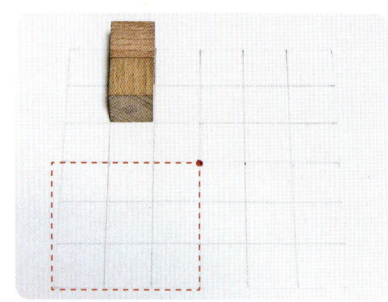

그리드판을 반의반 바퀴(90도) 회전시켜요.

아 정육면체가 위로 올라갔어요!

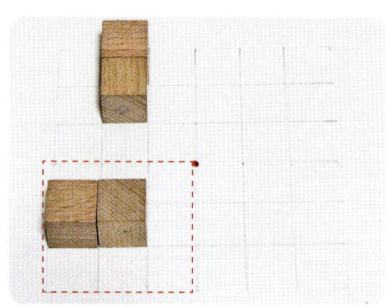

처음 자리에 정육면체 2개를 놓아요.

엄 이걸 반의반 바퀴를 돌리면 어떤 모양이 될까?

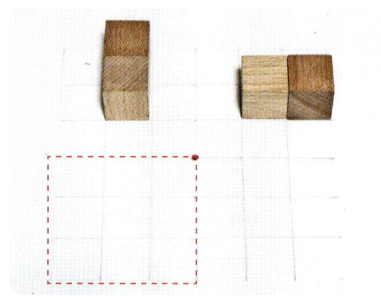

그리드판을 또 반의반 바퀴(90도) 회전시켜 보세요.

엄 네가 예상했던 대로 나왔니?

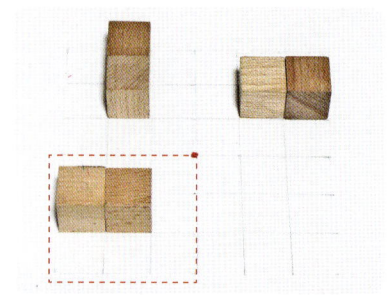

처음 자리에 정육면체 2개를 놓아요.

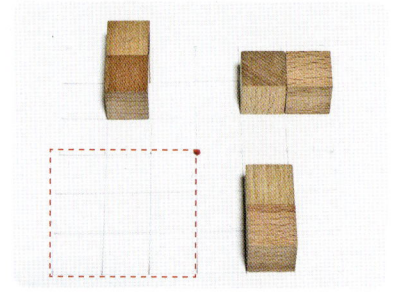

그리드판을 또 반의반 바퀴(90도) 회전시켜요.

처음 자리에 정육면체 2개를 놓아요.

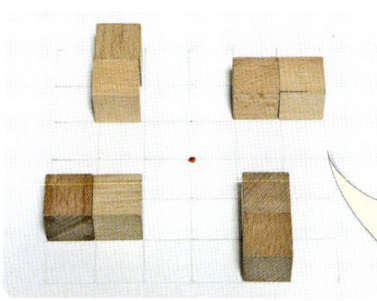

그리드판을 또 반의반 바퀴(90도) 회전시켜요.

😀 다시 돌렸더니 스케치북이 제자리로 돌아왔네. 돌려서 나온 모양이 무엇처럼 보여?

🙂 바람개비 같아요.

💬 반의반 바퀴씩 4번 돌리면 원래 자리로 돌아오는 것을 알 수 있어요.

Step 3 여러 모양을 반의반 바퀴(90도) 돌려요.

이번에는 정육면체를 사진과 같이 놓고 반의반 바퀴씩 회전시켜요.

😀 이 모양을 계속 회전시키면 어떤 모양이 될까?

반의반 바퀴씩 네 번 회전했더니 이런 모양이 나왔어요.

😀 어떤 모양이 되었니?

🙂 네모난 구멍이 생겼어요.

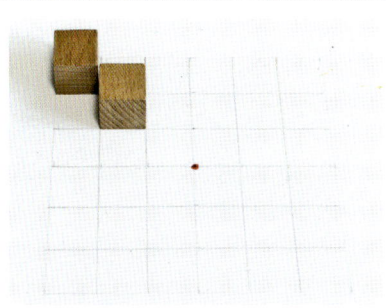

정육면체를 사진과 같이 놓고 반의반 바퀴씩 회전시켜요.

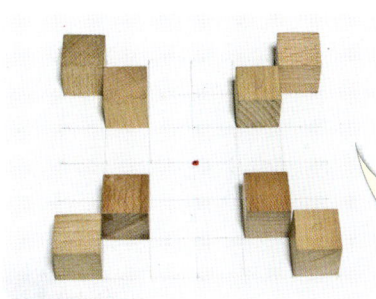

반의반 바퀴씩 네 번 회전했더니 이런 모양이 나왔어요.

💬 여러 가지 모양을 회전시켜 보세요. 이런 활동에 익숙해지면 나중에는 도형을 직접 돌리지 않고도 머릿속에서 도형을 그리고 움직이는 것을 할 수 있게 됩니다.

4가베 회전놀이

도형 돌리기

8세 이상

이번에는 정육면체가 아니라 4가베에 있는 직육면체를 이용해 도형 돌리기를 해 봐요. 팽이가 빙글빙글 돌아가는 것처럼 직육면체로 만든 모양을 반의반 바퀴, 반 바퀴씩 돌려가며 무늬를 만들어 보세요. 도형 돌리기가 쉬워질 거예요.

▲ 놀이 목표
회전 후 위치를 알 수 있어요.

📦 준비물
4가베, 스케치북

Step 1 직육면체를 반의반 바퀴(90도) 돌려요.

스케치북에 한 칸의 크기가 2.5cm²인 그리드판을 그리고 중앙에 점을 찍어요. 직육면체 2개를 사진과 같은 위치에 놓아요.
💬 이걸 반의반 바퀴 돌리면 어떤 모양이 될까?

그리드판을 90도 회전하고 원래 자리에 직육면체 2개를 놓아요.

그리드판을 또 90도 회전하고 원래 자리에 직육면체 2개를 놓아요.

그리드판을 또 90도 회전하고 원래 자리에 직육면체 2개를 놓아요. 완성된 무늬에 대해 이야기 나눠요.

🟢 아 우와! 바람개비 모양이 됐어요.

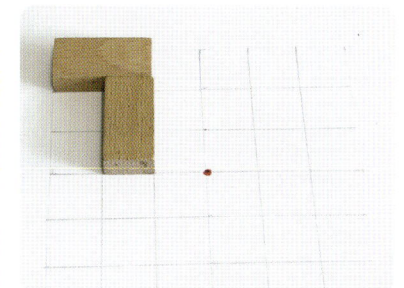

이번에는 위치를 위와 같이 바꿔서 시작해 보세요.

🟠 엄 'ㄱ' 모양을 만들었어. 이것을 회전시키면 어떤 모양이 나올까?

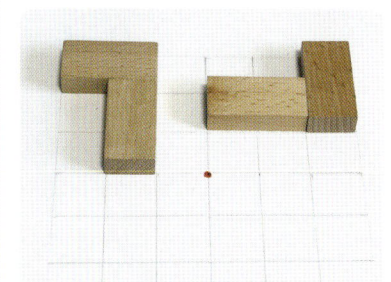

그리드판을 90도 회전하고 원래 자리에 직육면체 2개를 놓아요.

그리드판을 또 90도 회전하고 원래 자리에 직육면체 2개를 놓아요.

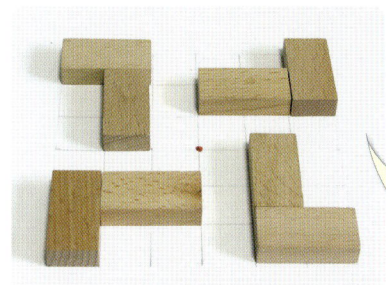

그리드판을 또 90도 회전하고 원래 자리에 직육면체 2개를 놓아요. 완성된 무늬에 대해 이야기 나눠요.

💬 여러 가지 무늬를 만들어서 회전시켜 보세요. 회전시키기 전에 회전 후 나올 무늬를 미리 예상하는 연습도 해 보세요.

Step 2 직육면체를 반 바퀴(180도) 돌려요.

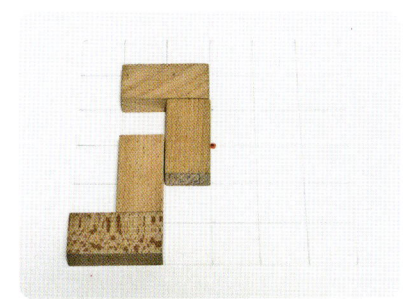

4개의 직육면체로 위와 같은 모양을 만들어 반 바퀴(180도)를 돌려 보세요.

🟠 엄 엄마가 만든 모양을 반 바퀴 돌려 보자.

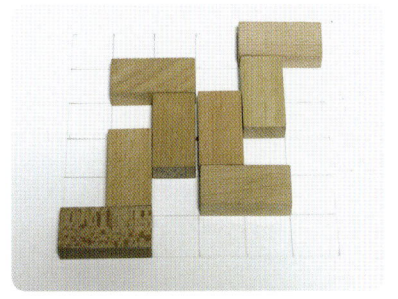

반 바퀴 돌린 상태에서 1번과 같은 위치에 놓으니 이런 모양이 나왔어요.

🟠 엄 이번엔 네가 모양을 만들어 볼래?

※ **점대칭**: 한 도형을 한 점 주위로 180° 회전 했을 때, 본래의 도형에 완전히 겹치는 대칭

Math Gabe 42

10가베 회전놀이 — 도형 돌리기

9세 이상

이번에는 10가베 점을 이용해 도형 돌리기를 해 봐요. 정육면체나 직육면체를 돌리는 것보다 더 어려울 수 있지만, 그리드 판의 위치를 정확하게 세면서 돌리는 연습을 하다 보면 도형 돌리기뿐만 아니라 좌표와 공간 인지에도 도움이 될 거예요.

🔺 **놀이 목표**
도형을 돌린 위치를 알 수 있어요.

📦 **준비물**
10가베, 스케치북

Step 1 점이 회전하며 바뀌는 자리를 찾아요. (1)

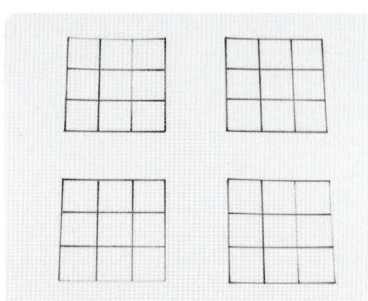

스케치북에 3×3의 정사각형을 4개 그려요.

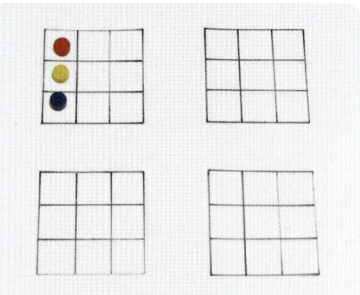

첫 번째 사각형에 각각 다른 색의 점을 사진과 같은 위치에 놓아요.

💬 신호등처럼 점을 놓았어. 스케치북을 90도 (반의 반 바퀴) 돌리면 어떤 모양이 나올까?

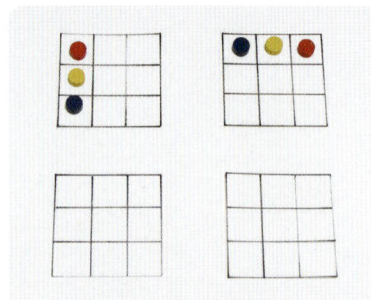

90도 회전시킨 점의 위치를 찾아 두 번째 사각형에 점을 놓아요. 그런 다음 스케치북을 돌려서 비교해 보세요.

💬 세로였던 점들이 가로로 놓였구나.

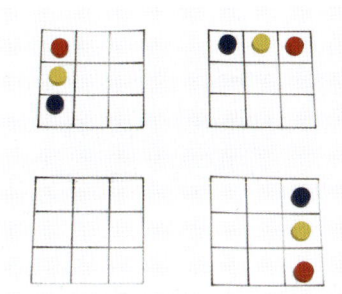

다시 90도 회전시킨 위치를 찾아 세 번째 사각형에 점을 놓아요.

🟠 두 번째 사각형의 점을 또 90도 돌리면 어떤 모양이 될까? 세 번째 사각형에 점을 표시해 주자.

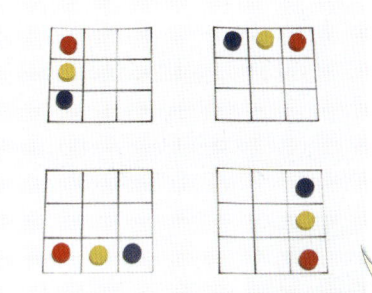

다시 90도 회전시킨 위치를 찾아 네 번째 사각형에 점을 놓아요. 네 가지 모양을 관찰하며 비교해 보세요.

🟠 1, 3번 점의 위치는 상하좌우가 모두 반대가 되었구나.

🟢 2, 4번도 상하좌우가 모두 반대로 되었어요.

💬 아이가 회전시킨 위치를 생각하는 것을 어려워하면 먼저 스케치북을 돌려 본 후 점을 놓아요.

Step 2 점이 회전하며 바뀌는 자리를 찾아요. (2)

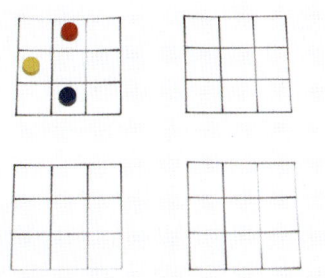

첫 번째 사각형에 각각 다른 색의 점을 사진과 같이 놓아요.

🟠 이번에는 점을 이렇게 놓아 보자.

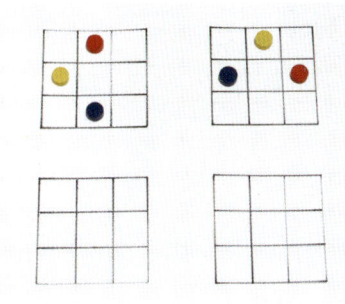

90도 회전시킨 점의 위치를 찾아 두 번째 사각형에 점을 놓아요. 그런 다음 스케치북을 돌려서 비교해 보세요.

🟠 스케치북을 90도(반의 반 바퀴) 회전시키니 점 3개가 산 모양이 되었구나. 두 번째 사각형에 산 모양을 만들어 보자.

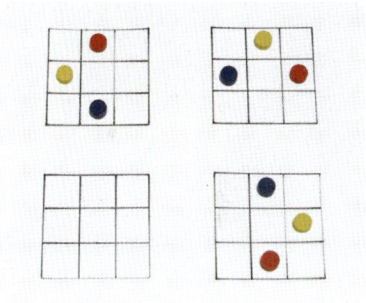

다시 90도 회전시킨 위치를 찾아 세 번째 사각형에 점을 놓아요.

다시 90도 회전시킨 위치를 찾아 네 번째 사각형에 점을 놓아요.

🟠 스케치북에서 서로 반대되는 모양을 찾아보자.

🟢 첫 번째와 세 번째가 서로 반대예요. 두 번째와 네 번째도 반대예요.

💬 점의 위치를 바꿔서 회전놀이를 여러 번 해 보세요. 이 놀이를 충분히 해서 점 돌리기에 익숙해진 후, 43번 놀이(점대칭의 위치에 있는 도형 만들기)를 해 보세요.

180도 돌려봐

점대칭 위치에 있는 도형 만들기

10세 이상

많은 초등학생들이 어려워하는 점대칭을 가베로 연습해 봐요. 앞에서 배운 도형 돌리기는 점대칭 도형의 기초가 돼요. 도형 돌리기를 충분히 연습한 후에 이번 놀이에 도전해 보세요. 어렵다고 포기하지 말고 생활 속에서 점대칭이 되는 모양들을 찾아보고 만들어 보세요.

🔺 **놀이 목표**
점대칭을 이해하고, 점대칭의 위치를 찾을 수 있어요.

📦 **준비물**
7가베, 8가베, 10가베, 스케치북

Step 1 점대칭의 위치에 점을 놓아요.

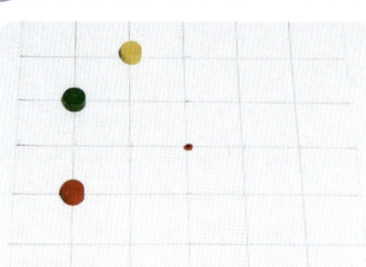

그리드판의 중심에 대칭의 중심을 표시하고 세 가지 색의 점을 놓아요.

😀 이번엔 그리드판에 점을 하나 찍었어. 그리고 점 3개를 놓았어. 점을 중심으로 대칭이 되는 위치를 찾아 보자. 점대칭의 위치는 이 점을 반 바퀴(90도) 돌린 위치와 같단다.

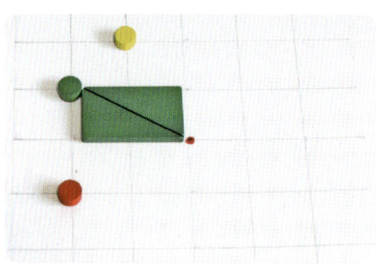

초록점에서부터 중심까지의 거리를 7가베로 표시해요.

😀 초록점과 중심까지의 거리를 직각부등변삼각형으로 표시해 보자. 직사각형 모양이 되었구나.

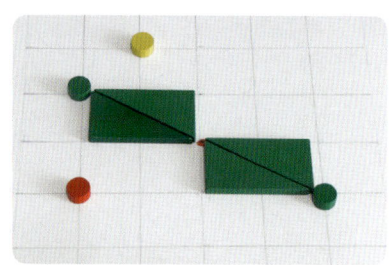

7가베를 180도 회전시킨 자리에 다시 7가베를 놓아요. 그 끝 지점에 초록점을 놓아요.

😀 초록점과 중심을 이어주는 대각선이 보이지? 이 대각선이 쭉 연결되도록 해서 다시 직사각형을 만들고 끝부분에 초록점을 놓으면 '점대칭의 자리'가 된단다.

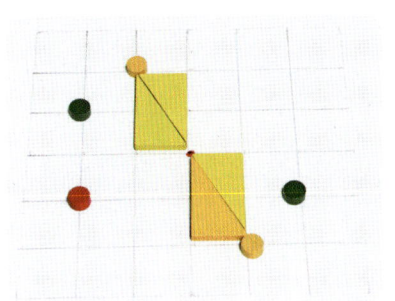
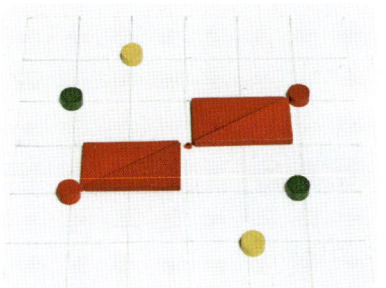
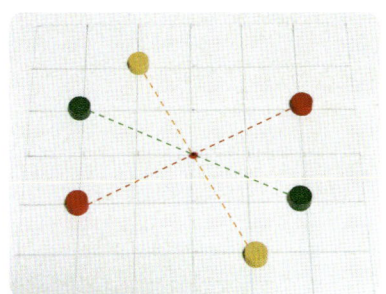

노란점에서부터 중심까지의 거리를 7가베로 표시하고 180도 회전시킨 자리에 노란점을 놓아요.

엄 노란점과 중심을 연결하는 직사각형도 만들어 보자. 대각선이 연결되도록 똑같은 직사각형을 만들고 끝부분에 노란 점을 놓으면 점대칭의 자리가 된단다.

빨간점에서부터 중심까지의 거리를 7가베로 표시하고 180도 회전시킨 자리에 빨간점을 놓아요.

엄 빨간점과 중심을 연결하는 직사각형도 만들어 보자. 대각선이 연결되도록 똑같은 직사각형을 만들고 끝부분에 빨간점을 놓으면 점대칭의 자리가 된단다.

대칭점끼리 선으로 연결해 보면 모두 대칭의 중심을 지나는 것을 알 수 있어요. 그리고 대칭점 간의 거리를 이등분하는 점이 대칭의 중심이라는 것도 알 수 있어요.

Step 2 점대칭의 위치에 있는 삼각형을 만들어요.

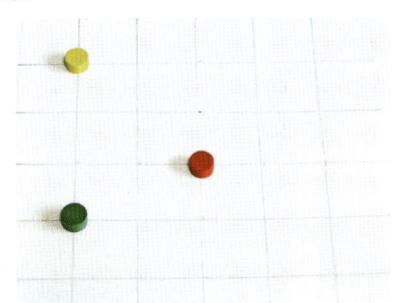
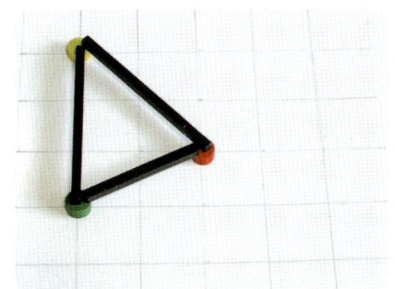
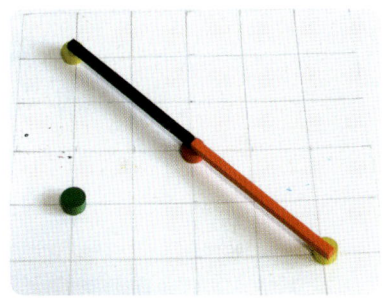

대칭의 중심에 빨간점을 놓고 노랑과 초록점을 사진처럼 놓아요.

엄 이번엔 점이 아닌 도형의 점대칭을 찾아보자. 엄마가 세 점을 올려놓았어.

점을 연결하면 삼각형이 돼요.

엄 세 점을 연결하니 뭐가 됐어?
아 삼각형이요.
엄 맞아. 이 삼각형의 점대칭 위치를 찾아보자.

노란 점과 중심을 이은 길이만큼 떨어져 있는 곳에 노란 점 하나를 놓아요. 2개의 노란 점은 서로 점대칭이 됩니다.

엄 노란점의 점대칭 위치를 찾아 표시해 봐.

대칭이 되는 자리를 잘 찾지 못할 때는 사진처럼 8가베의 막대를 이용하여 위치를 찾아 주세요.

초록점도 대칭의 중심을 지나 같은 거리만큼의 자리에 또 하나의 초록점을 놓아요.

엄 초록점의 위치를 찾아 표시해 봐.

노랑과 초록을 연결하면 사진처럼 점대칭의 위치에 있는 도형이 됩니다.

엄 빨간점은 대칭의 중심에 있기 때문에 두 도형의 공통 꼭짓점이 된단다.

※ **점대칭**: 한 도형을 한 점 주위로 180° 회전했을 때, 본래의 도형에 완전히 겹치는 대칭

Step 3 점대칭의 위치에 있는 사다리꼴을 만들어요.

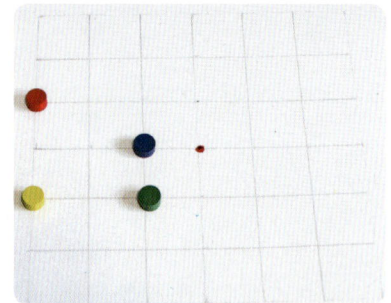

4가지 색의 점을 이용해 사진처럼 놓아요.

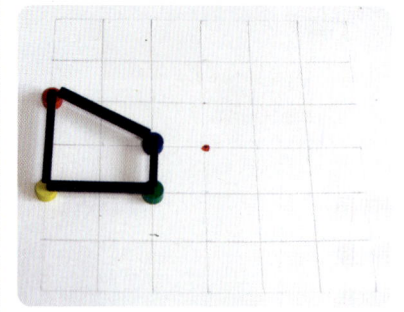

점을 연결하면 사다리꼴이 됩니다.

🟠 엄마가 놓은 4개의 점을 연결하면 무엇이 될까?

🟢 사다리꼴이 되었어요.

🟠 그래. 이번에는 사다리꼴의 점대칭 위치를 찾아보자.

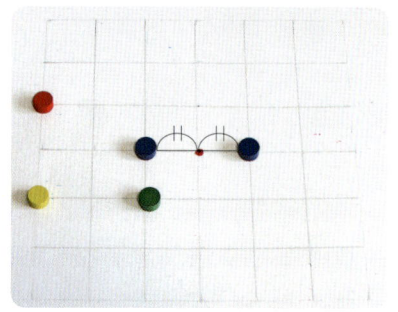

파란점의 점대칭 위치를 찾아요.

🟠 각 점의 점대칭 위치를 찾아 표시해 보자.

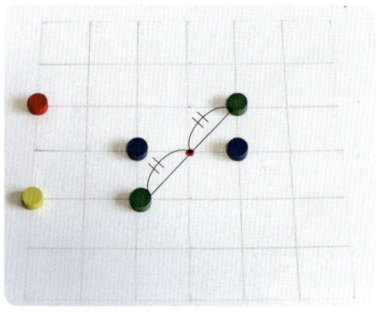

초록점의 점대칭 위치를 찾아요.

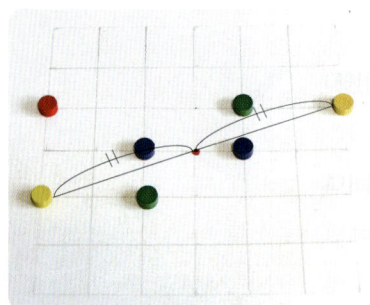

노란점의 점대칭 위치를 찾아요.

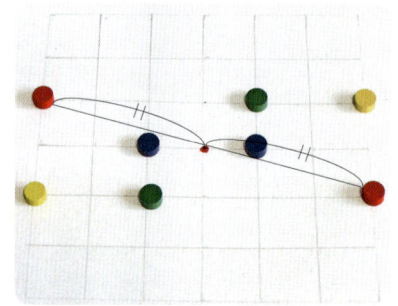

빨간점의 점대칭 위치를 찾아요.

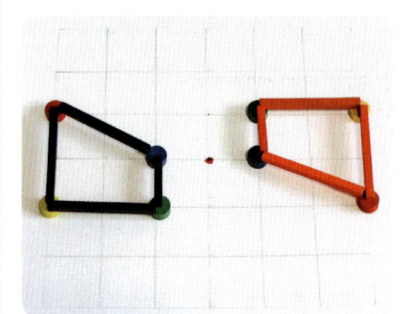

점을 서로 연결하면 점대칭의 위치에 있는 2개의 사다리꼴이 됩니다.

Step 4 점대칭의 위치에 있는 삼각형을 만들어요.

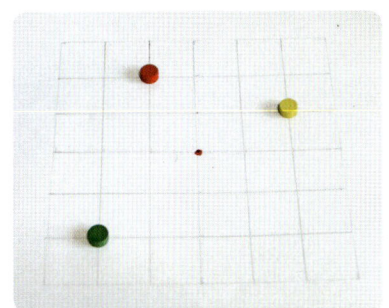

대칭의 중심이 안쪽에 놓이도록 세 점을 놓아요.

엄 이번에는 도형 안에 대칭의 중심이 있도록 해 보자.

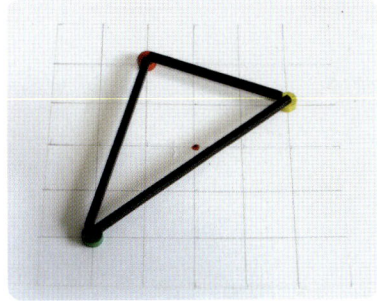

점을 연결하면 삼각형이 되고 대칭의 중심이 삼각형의 안에 있어요.

엄 삼각형 안쪽에 대칭의 중심이 있지? 이 부분을 중심으로 도형을 반 바퀴 돌린다고 생각하면 돼.

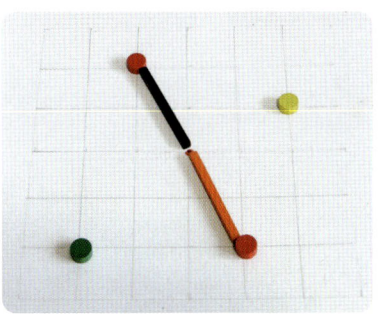

빨간점의 점대칭의 위치를 찾아 표시해요.

엄 방법은 똑같단다. 각각의 꼭짓점을 대칭의 중심과 연결하고 같은 거리만큼 떨어진 곳에 점을 표시해 보자.

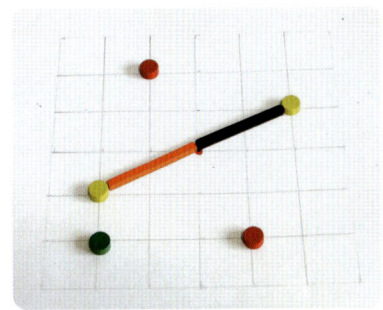

노란점의 점대칭 위치를 찾아 표시해요.

초록점의 점대칭 위치를 찾아 표시해요.

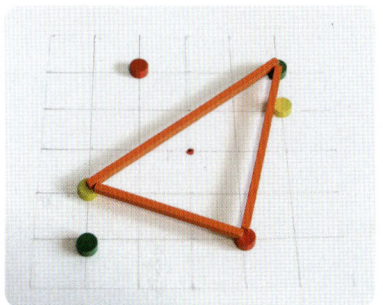

나중에 표시한 세 점을 연결하면 처음의 도형이 대칭의 중심을 축으로 180도 회전한 모양이 됩니다.

점대칭 도형은 공간 인지가 약한 아이들에게는 부담이 될 수 있어요. 아이가 어려워하면 쉬운 도형놀이를 많이 하게 해서 도형에 대한 자신감을 먼저 갖도록 해 주세요.

Unit 3
입체도형

2가베부터 6가베까지는 입체도형으로 구성되어 있어요. 가베놀이의 주된 부분이 이런 여러 가지 입체도형을 쌓아 올리며 공간을 활용하는 것이지요. 아이들이 2차원의 지면을 통해서만 입체도형을 보게 되면 공간을 가늠하기 어려워할 수밖에 없어요. 입체도형을 많이 만져 보고 다양하게 다루어 보는 것이 3차원의 공간감각을 기를 수 있는 최고의 방법이랍니다.

구, 원기둥, 정육면체가 들어있는 2가베는 입체도형의 모양을 비교하고 경험하기에 적합하지요. 저학년 때는 직육면체와 정육면체를 모두 상자 모양이라고 부르지만, 5학년이 되면 생김새를 구분해서 배우게 됩니다. 둘의 특징을 비교해 보기 좋은 것이 바로 3가베와 4가베예요. 또 원기둥, 직육면체 등의 옷을 만들어 주는 디자이너 놀이를 통해 입체도형의 전개도도 만들어 보세요. 책으로만 보면 이해하기 어렵지만, 직접 만들어서 펼치고 조립해 보면 아주 쉽게 이해할 수 있답니다.

쌓기나무 세기는 아이들이 실수를 많이 하는 영역이에요. 가베를 직접 쌓아 올리고 개수를 세어 보면서 보이지 않는 공간을 가늠하는 연습을 해 봐요. 인기 교구인 소마큐브를 가베로 직접 만들면서 소마큐브의 원리를 이해하고, 만든 후에는 다양한 모양 만들기를 하면서 공간 구성력을 키워 보세요.

발자국을 남겨라!

입체도형 탐색하기

6세 이상

2가베는 여러 입체도형의 모양을 비교하고 경험하기에 적합합니다. 2가베를 점토에 찍어서 찍힌 자국을 살펴보면 각 입체도형의 특징을 쉽게 비교할 수 있어요. 아이가 도형의 특징을 인지한 후에는 찍힌 모양을 보고 어떤 도형인지 맞추는 놀이도 해 보세요.

🔺 **놀이 목표**
입체도형의 이름과 특징을 알아요.

📦 **준비물**
2가베, 점토

Step 1 구를 점토에 찍어서 특징을 관찰해요.

점토를 반죽하여 2가베 기둥으로 밀어 평평하게 만들어요.
엄 오늘은 2가베로 발자국 찍기 놀이를 할 거야.

구를 살펴봐요.
엄 구는 동글동글 공 모양이구나.

꾹 눌렀더니 움푹 패인 원이 생겨요.

위아래로 굴렸더니 길고 오목한 모양이 생겨요.
아 자동차 바퀴가 지나간 자국 같아요.

Step 2 원기둥을 점토에 찍어서 특징을 관찰해요.

원기둥을 살펴봐요.
🟠 원기둥은 무엇처럼 생겼어?
🟢 도장처럼 생겼어요.

원기둥을 꾹 눌렀더니 원이 나왔어요. 원기둥의 밑면은 원이에요.

옆면을 굴렸더니 직사각형이 보여요.

밑면의 둘레로 자국을 내어 보세요.

Step 3 정육면체를 점토에 찍어서 특징을 관찰해요.

정육면체를 살펴봐요.

정육면체를 누르면 정사각형이 나와요.

모서리는 선이에요.
🟠 이렇게 길쭉한 선으로 된 부분이 모서리란다.

꼭짓점은 세모 모양이에요.
🟢 꼭짓점이 삼각형 모양이에요!
🟠 그건 모서리 3개가 만난 자국이기 때문이야.

Step 4 자국을 보고 알맞은 도형을 찾아요.

정육면체의 꼭짓점과 모서리, 면을 차례로 찍어 자국을 남긴 후 어떤 도형의 자국인지 맞춰 보게 해요.
🟠 표지판처럼 보이는 이 자국은 누가 남긴 걸까?
🟢 정육면체요.

원기둥의 밑면과 옆면을 차례로 찍어 자국을 남긴 후 어떤 도형의 자국인지 맞춰 보게 해요.
🟠 안경처럼 보이는 이 자국은 누가 남긴 걸까?
🟢 원기둥이요.

구를 점토 끝에서부터 굴려 자국을 남긴 후 어떤 도형의 자국인지 맞춰 보게 해요.
🟠 지렁이처럼 보이네. 이건 누구의 것이까?
🟢 구가 굴러간 자국이에요.

기타 다양한 방법으로 자국을 만들고 도형을 맞추는 놀이를 해 보세요.

도형 매트릭스

입체도형 탐색하기

6세 이상

가베를 이용해서 모양을 만들라고 하면 아이들은 무엇을 만들지 결정하지 못해 놀이를 시작하지 못할 때가 있어요. 그럴 때는 매트릭스(표)를 이용해 보세요. 주어진 도형으로 만들게 하면 모든 도형을 자유롭게 사용할 때보다 더 다양한 모양을 생각해 내곤 한답니다.

🔺 **놀이 목표**
새로운 도형을 만들 수 있어요.

🟧 **준비물**
5B가베, 스케치북

Step 1 주어진 도형으로 새로운 모양을 만들어요.

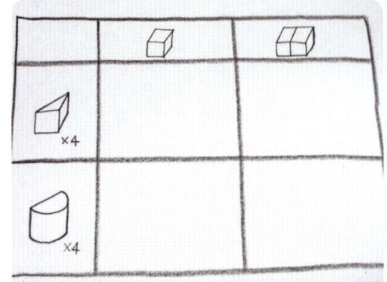

스케치북에 표를 그리고 5B가베에 있는 도형들을 위와 같이 그려요.

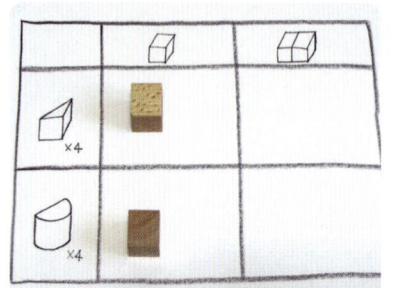

정육면체 1개가 그려진 첫 번째 세로줄에 정육면체 1개씩을 놓아요.

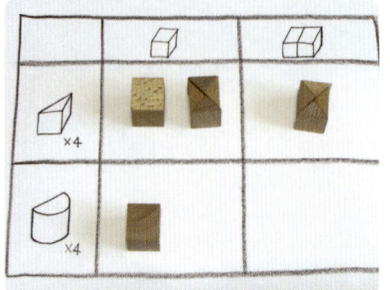

삼각기둥 4개가 그려진 첫 번째 가로줄에 삼각기둥 4개씩을 놓아요.

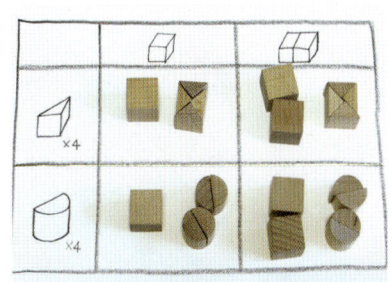
나머지 칸에도 주어진 모양과 개수대로 도형을 놓아요.

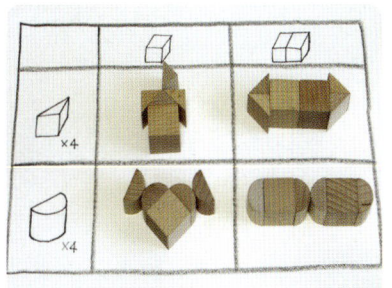
각 칸에 올려진 도형을 이용해 다양하게 모양을 만들어요.

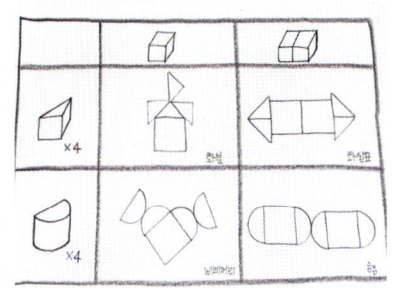
만든 모양을 보고 그림을 그려요. 제목도 지어서 써 주세요.

> 주어진 도형만으로 만들어야 하는 제약이 따르지만, 그렇기 때문에 더욱 재미있어요.

Step 2 주어진 도형으로 다각형을 만들어요.

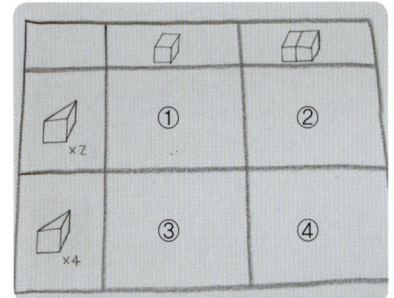
스케치북에 위와 같은 표를 그려요. 이번에는 반원기둥은 사용하지 않아요.

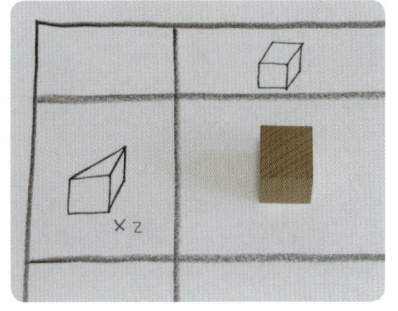
①번 칸에 정육면체 한 개를 올려놓아요.

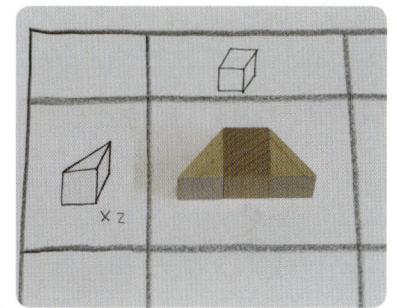
①번 칸에 큰 삼각기둥 2개를 올려놓아요.

사다리꼴

직사각형

평행사변형

삼각형

①번 칸에 있는 정육면체 1개와 큰 삼각기둥 2개를 이용해 다양한 다각형을 만들어 봐요.

육각형	오각형	사다리꼴	평행사변형

②번 칸의 정육면체 2개와 큰 삼각기둥 2개를 이용해 다각형을 만들어 봐요.

사다리꼴	오각형	직사각형	육각형

③번 칸의 정육면체 1개와 큰 삼각기둥 4개를 이용해 다각형을 만들어 봐요.

삼각형	정사각형	사다리꼴	사다리꼴

④번 칸의 정육면체 2개와 큰 삼각기둥 4개를 이용해 다각형을 만들어 봐요.

이렇게 다각형 만들기를 놀이로 반복하면서 각 도형들의 이름과 특징을 자연스럽게 기억하게 됩니다.
이 놀이를 7가베의 정사각형과 이등변삼각형을 이용해서도 진행해 보세요.

만든 도형으로 스케치북을 채워 보세요.

엄 만들 수 있는 도형 중 가장 마음에 드는 도형을 칸에 놓아보자. 4개의 칸에 들어가는 도형이 서로 같지 않도록 올려 봐.

Math Gabe 46

같은 점 vs 다른 점

직육면체와 정육면체 비교

8세 이상

저학년때는 직육면체와 정육면체를 모두 상자 모양이라고 불러요. 하지만 5학년이 되면 생김새를 구분해서 배우게 되지요. 둘의 특징을 비교해 보기 좋은 것이 바로 3가베와 4가베예요. 두 가베를 꺼내 탐색하면서 직육면체와 정육면체의 같은 점과 다른 점을 찾아보세요.

🔺 놀이 목표
직육면체와 정육면체의 차이를 알아요.

📦 준비물
3가베, 4가베, 7가베, 색종이, 스케치북

Step 1 3가베와 4가베를 비교해요.

3가베와 4가베를 꺼내어 전체 모양이 같은 것을 확인해요.

🟧 둘 다 정육면체 모양이야. 그런데 다른 부분이 있어. 잘라지는 부분이 다른단다.

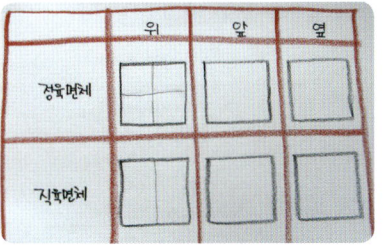

스케치북에 위와 같이 정사각형을 그려 주고 위에서 내려다본 모양을 그리게 해요.

🟧 두 조각을 위에서 내려다 보자. 어떤 모양들이 보이니?

🟢 3가베는 정사각형 4개, 4가베는 직사각형 2개가 보여요.

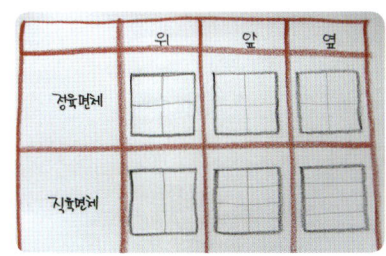

앞과 옆에서 본 모양도 그린 후 비교해요.

🟧 3가베는 모든 면이 정사각형으로 둘러싸여 있지? 그래서 '정육면체란다. 4가베는 모든 면이 직사각형으로 둘러싸여 있지? 그래서 '직육면체란다.

151

3가베와 4가베를 각각 두 조각으로 잘라 보세요.

한 번 더 잘라 네 조각이 되게 해요.

다시 한 번 잘라 여덟 조각이 되게 해요. 3가베와 4가베의 전체 모양은 같았지만, 자르는 선을 따라 조각을 나누었더니 다른 모양이 되었어요.

Step 2 정육면체와 직육면체의 같은 점을 찾아요.

3가베 정육면체 1개와 4가베 직육면체 1개를 비교해요.

면, 모서리, 꼭짓점의 개수를 세어서 표를 작성해요.

	정육면체	직육면체
면	6	6
꼭짓점	8	8
모서리	12	12

위와 같이 표로 정리한 후 둘을 비교해 봐요.

🧒 정육면체와 직육면체는 면, 모서리, 꼭짓점의 개수가 같아요.

👩 맞아. 그건 두 도형 모두 육면체이기 때문이란다.

※ **정육면체**: 크기가 같은 정사각형 6개로 둘러싸인 도형
※ **직육면체**: 직사각형 6개로 둘러싸인 도형

Step 3 정육면체와 직육면체의 부피를 비교해요.

부피를 비교하기 위해 7가베 정사각형을 이용해서 정육면체와 직육면체를 만들어요.

🟠 이번에는 두 도형의 부피를 알아보자.

두 도형 모두 6개의 정사각형이 사용됐어요. 이를 통해 정육면체와 직육면체의 부피가 같은 것을 알 수 있어요.

🟠 정사각형의 개수를 비교해 보면 부피를 비교할 수 있어. 정사각형이 모두 몇 개지?
🟢 둘 다 6개예요.
🟠 그렇다면 두 도형의 부피는 같구나.

Step 4 정육면체와 직육면체의 겉넓이를 비교해요.

겉넓이를 비교하기 위해 정육면체와 직육면체 각 면을 색종이에 본떠요. 그런 다음 스케치북에 붙여 보세요.

🟠 이번에는 겉넓이를 비교해 보자.

색종이 위에 정사각형을 올려놓아요. 정육면체는 정사각형 6개가 들어가고, 직육면체는 정사각형 7개가 들어가요. 직육면체의 겉넓이가 더 넓어요.

🟠 어느 도형의 겉넓이가 더 넓은지 알 수 있겠니?
🟢 네, 직육면체의 겉넓이가 더 넓어요.
🟠 부피는 같지만 겉넓이는 다르구나.

※ **부피**: 도형이 차지하는 공간
※ **겉넓이**: 도형을 둘러싼 면의 크기

Math Gabe 47

몇 개나 들어갈까?

직육면체와 정육면체 면의 비교

8세 이상

정육면체와 직육면체를 이용하여 주어진 공간을 채우는 놀이예요. 면의 크기를 잘 활용해야 하기 때문에 각 도형의 면의 크기에 대해 자연스럽게 인지할 수 있어요. 처음에는 조금 어려워해도 문제 해결 후의 뿌듯함을 맛보면 점점 빠져드는 놀이랍니다.

🔺 **놀이 목표**
직육면체와 정육면체의 차이를 알아요.
크기가 다른 면을 적절히 활용할 수 있어요.

📦 **준비물**
3가베, 4가베, 색종이, 스케치북

Step 1 직육면체의 면을 비교해요.

색종이를 5×5cm로 3개를 잘라서 스케치북에 붙여요.

🟠 여기 모양과 크기가 같은 종이가 3개 있어.

큰 면, 중간 면, 작은 면이 각각 몇 개씩 들어갈지 추측해 봐요.

🟠 4가베 직육면체에는 세 종류의 면이 있어. 이 종이를 채우려면 몇 개씩 필요할까?

큰 면을 넣어 보니 2개가 들어가요.

🟠 먼저 큰 면으로 채워 보자.

중간 면을 넣어 보니 4개가 들어가요.

작은 면을 넣어 보니 8개가 들어가요.

직육면체의 세 면의 크기가 모두 다른 것을 알 수 있어요.

이번에는 정육면체가 몇 개 들어가는지 넣어 봐요.

🟢 정육면체는 4개 들어가요.

Step 2 주어진 수만큼의 가베로 면을 채워요. (4가베)

직육면체 3개로 면을 채워 봐요. 직육면체의 세 면을 자유롭게 사용하되, 같은 면만 사용하는 것은 안 돼요.

3개로 면을 채우는 여러 방법을 생각해 봐요.

전체 개수가 4개가 되도록 해 보세요.

전체 개수가 5개가 되도록 해 보세요.

전체 개수가 6개가 되도록 해 보세요.

전체 개수가 7개가 되도록 해 보세요.

Step 3 주어진 수만큼의 가베로 면을 채워요. (3가베&4가베)

정육면체와 직육면체를 함께 사용하되 전체 개수가 3개가 되도록 해 보세요.

🟠 이번에는 정육면체도 같이 사용해 보자. 두 도형을 골고루 사용하면서 모든 개수가 3개가 되도록 만들어 봐.

전체 개수가 4개가 되도록 해 보세요.

전체 개수가 5개가 되도록 해 보세요.

전체 개수가 6개가 되도록 해 보세요.

전체 개수가 7개가 되도록 해 보세요.

Step 4 같은 수의 가베로 면을 채워요. (3가베&4가베)

색종이 안의 정육면체와 직육면체의 개수를 똑같이 만들어 보세요.

🟠 이번엔 정육면체와 직육면체가 같은 수가 되도록 해 볼래?

먼저 정육면체 하나를 놓아요. 남은 공간에 직육면체 하나가 들어갈 수 있나요?

🟠 다 안 채워져요.

정육면체 2개를 놓아요. 남은 공간에 직육면체 2개를 넣을 수 있나요?

🟠 남은 공간에 직육면체를 2개 넣으려면 어떻게 해야 할까?

직육면체를 중간 면으로 2개 넣었더니 딱 맞아요.

🟢 중간 면으로 넣으니 2개가 들어가요.

이번에는 정육면체가 직육면체보다 하나 더 많게 넣어 보세요.

🟠 정육면체 3개, 직육면체 2개로 채웠어요.
🟠 직육면체 2개는 작은 면이 들어가도록 했구나.

정육면체가 직육면체보다 하나 더 적게 해 보세요.

🟠 정육면체 2개, 직육면체 3개가 들어갔어요.
🟠 직육면체 2개는 작은 면을, 1개는 중간 면을 사용했구나.

> 남은 공간에 적합한 면을 찾으면서 각 면의 크기를 인지하고 활용할 수 있게 돼요.

나는 의상 디자이너 (1)

정육면체의 전개도 만들기

7세 이상

아이들과 도형의 옷을 만드는 디자이너가 되어 보세요. 오늘 손님은 정육면체예요. 정육면체에 딱 맞는 옷을 만들어 펼치면 정육면체의 전개도가 돼요. 어떻게 펼치는지에 따라 다양한 전개도를 만나볼 수 있어요.

🔺 **놀이 목표**
정육면체의 전개도를 만들 수 있어요.

📦 **준비물**
2가베, 색종이, 스티커

Step 1 정육면체의 옷을 만들어요.

세 가지 색의 색종이를 준비한 후, 사진과 같이 9등분해서 오려요.
엄 이건 옷을 만들 천이야.

같은 색을 2개씩 오려서 모두 여섯 장의 색종이를 준비해요.
엄 일단 정육면체 크기에 맞게 잘라 주자.

색종이로 정육면체를 둘러싸요. 마주보는 면에는 같은 색의 색종이를 붙여요.
아 잘라 놓은 색종이가 정육면체의 한 면에 딱 맞아요.

Step 2 정육면체의 전개도를 여러 모양으로 만들어요.

스티커에 12가지 색을 칠해요.

엄) 정육면체의 모서리마다 스티커를 붙이려고 해. 모서리는 몇 개지?
아) 12개요.
엄) 그럼 12가지 색으로 칠해 줄래?

12개의 모서리에 스티커를 붙여요.

모서리 부분을 칼이나 가위로 잘라서 전개도가 되도록 펼쳐요.

엄) 색종이를 펼쳐 전개도를 만들 건데 어느 모서리를 잘라 볼까?

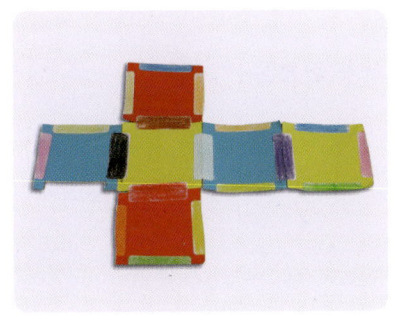

십자 모양의 전개도가 되었어요. 모서리 스티커의 색을 보며 전개도를 접었을 경우 서로 만나게 되는 모서리를 확인할 수 있어요.

엄) 분홍색 스티커가 있는 모서리는 서로 붙어 있었는데 펼쳐 보니 가장 멀리 떨어졌구나. 또 무슨 색깔이 멀리 떨어져 있어?
아) 연두색이랑 파란색이에요.

다시 정육면체를 만든 후 다른 모서리를 잘라서 펼쳐 보세요.

엄) 이번에는 무슨 모양처럼 보여?
아) 계단 모양 같아요.
엄) 이 전개도에서는 가장 멀리 떨어져 있는 모서리는 무슨 색이야?
아) 파란색이랑 분홍색, 살색이요.

정육면체를 만들 수 있는 전개도의 모양이 다양한 것을 알 수 있어요.

※ 전개도: 입체의 표면을 한 평면 위에 펴 놓은 모양을 나타낸 그림

Math Gabe 49

맞는 옷을 찾아라
정육면체의 전개도 찾기

8세 이상

정사각형 6개의 면으로 모양을 만들면 모두 정육면체의 전개도가 될까요? 정사각형 6개로 만들 수 있는 모든 모양을 만든 다음, 정육면체에 옷을 입혀 보세요. 정육면체에게 딱 맞는 옷과 그렇지 않은 옷을 구분할 수 있어요.

🔺 **놀이 목표**
정육면체의 전개도를 찾을 수 있어요.

📦 **준비물**
3가베, 7가베

Step 1 정육면체의 옷을 만들어요.

정육면체에 투명테이프를 붙이고 네임펜으로 숫자를 써서, 면이 6개임을 확인해요.

🟠 정육면체에는 몇 개의 면이 있을까? 번호를 써 보자.
🟢 6까지 썼으니까 면이 전부 6개예요.

7가베 정사각형을 색깔별로 6개씩 꺼내요.

🟢 그럼 정육면체의 옷을 만들려면 정사각형 몇 개가 필요할까?
🟢 6개요.
🟠 맞아. 색깔별로 6개씩 꺼내 줘. 그럼 색깔별로 옷을 한 벌씩 만들 수 있겠지?

6개의 정사각형을 다양한 모양으로 배열하고 한쪽 면에만 테이핑을 해요. 한쪽에만 테이핑을 해야 접을 수 있어요.

🟠 모두 모양이 다르게 만들어 보자.

Step 2 정육면체의 전개도를 찾아요.

정육면체의 모든 면을 둘러쌀 수 있는 것과 둘러쌀 수 없는 것으로 분류해요.

🟠 이제 정육면체에 옷을 입혀 보자.

5개의 전개도는 정육면체 모양이 되었어요.

🟢 이 옷들은 정육면체한테 딱 맞아요.

3개의 전개도는 서로 겹치는 면이 있어서 정육면체가 될 수 없어요.

🟢 하지만 이 옷들은 정육면체한테 딱 맞지 않아요.

다시 펼쳐서 정육면체 전개도의 모양을 확인해요.

🟠 이렇게 정육면체에게 딱 맞는 모양들을 '정육면체의 전개도'라고 한단다.

다시 펼쳐서 정육면체의 전개도가 아닌 것들의 모양을 확인해요.

🟠 이 모양들은 정육면체의 전개도가 아니야.

> 정육면체 전개도의 모양은 모두 11가지입니다. 나머지 모양도 찾아보세요.

나는 의상 디자이너 (2)

직육면체의 전개도 만들기

7세 이상

이번 손님은 정육면체와 비슷한 상자 모양이지만 면의 크기가 다른 직육면체예요. 직육면체의 옷을 만들며 면의 크기가 어떻게 다른지 살펴보고, 직육면체의 전개도를 확인해 보세요.

🔺 놀이 목표
직육면체의 전개도를 만들 수 있어요.

🟨 준비물
4가베, 색종이, 투명테이프

Step 1 직육면체의 전개도를 만들어요.

세 가지 색의 색종이를 준비해요.

큰 면, 중간 면, 작은 면을 각각 다른 색으로 본뜨고 둘러싸요. 여러 장의 전개도를 만들어야 하므로, 각 10장씩 준비해요.

엄 직육면체는 같은 면이 서로 마주보고 있구나.

잘라진 색종이들을 사진과 같이 배열하고 테이핑해요. 직육면체의 전개도인지 살펴 봐요.

엄 이 옷은 직육면체에 딱 맞을까?

만든 전개도를 직육면체에 둘러싸 봐요.

🟢 작은 면 2개가 같은 방향이어서 겹쳐요.
🟠 이건 직육면체의 전개도가 아니구나.

또 다른 색종이로 사진과 같이 만들어 테이핑해요.

🟠 작은 면 2개를 다른 방향으로 만들었어. 이제 직육면체한테 맞을까?

만든 전개도를 직육면체에 둘러싸 봐요.

🟢 중간 면끼리 붙어서 안 맞아요.
🟠 이것도 직육면체의 전개도가 아니구나.

아이에게 직육면체가 될 수 있는 전개도를 직접 만들어 보도록 해요.

🟠 같은 면이 만나지 않도록 만들어 보자.

만든 전개도를 직육면체에 둘러싸 봐요.

🟢 이 옷은 직육면체에 딱 맞아요.
🟠 이것은 직육면체의 전개도가 맞구나.

> 이렇게 실패를 거듭한 후 성공을 하는 경험을 통해, 아이는 전개도의 원리를 자연스럽게 이해하게 됩니다.

Step 2 · 직육면체의 전개도를 여러 모양으로 만들어요.

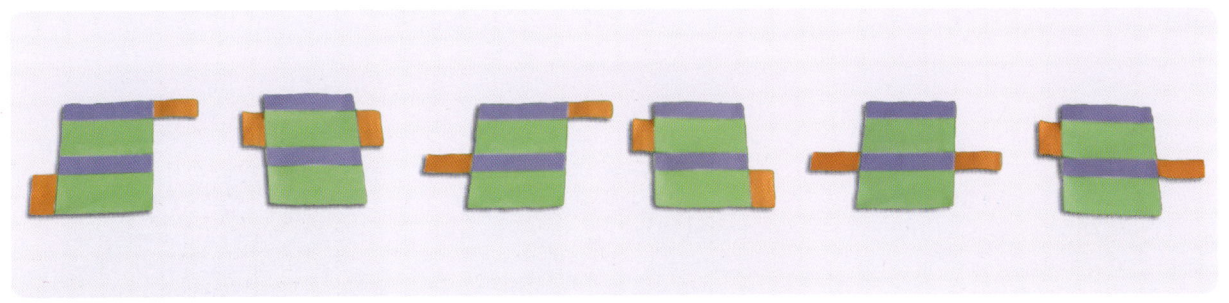

직육면체의 전개도를 여러 모양으로 만들어 보세요.

🟠 이렇게 직육면체에게 딱 맞는 모양들을 '직육면체의 전개도'라고 해.

163

나는 의상 디자이너 (3)

삼각기둥의 전개도 만들기

7세 이상

5가베에서는 새로운 도형인 삼각기둥이 등장해요. 정육면체를 대각선으로 자른 모양이지요. 삼각기둥을 요리조리 살펴보며 그 특징을 알아보고, 삼각기둥에게 딱 맞는 멋진 옷을 만들어 주세요.

🔺 **놀이 목표**
삼각기둥의 전개도를 만들 수 있어요.

📦 **준비물**
5가베, 스케치북, 색종이, 투명테이프

Step 1 삼각기둥의 생김새를 관찰해요.

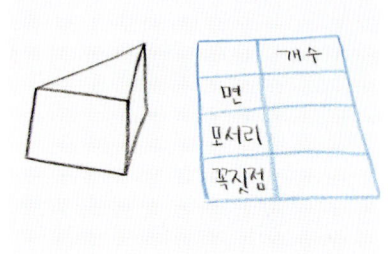

스케치북에 삼각기둥을 그리고 표를 만들어요.

💬 5가베에는 새로운 모양의 도형이 있어. 삼각형 면과 사각형 면을 모두 가진 이 도형의 이름은 삼각기둥이야.

면, 모서리, 꼭짓점의 개수를 세어 봐요.

💬 삼각기둥에도 면, 모서리, 꼭짓점이 있어. 몇 개인지 세어 봐.

스케치북에 개수를 적어요.

Step 1 삼각기둥의 전개도를 만들어요.

세 가지 색의 색종이로 세 종류의 면을 본 떠요.

엄 삼각기둥의 면을 본떠 보자. 빨강과 노랑은 둘 다 사각형이지만 크기가 다르구나.

각각의 면에 맞게 올려놓아요. 테이핑은 하지 않아요.

엄 삼각기둥에게 딱 맞는 옷이 됐어요.

귤껍질을 벗기듯이 올려놓은 색종이를 벗겨요.

색종이를 뒤집으니 로켓처럼 생긴 전개도가 되었어요.

만나는 모서리와 면의 위치를 생각하면서 여러 가지 전개도를 만들어 보세요.

※ **삼각기둥**: 밑면이 삼각형인 각기둥

Math Gabe 52

나는 의상디자이너 (4)

원기둥의 전개도 만들기

7세 이상

이번 손님은 원기둥이에요. 둥글둥글한 원기둥은 전개도를 어떻게 만들어야 할까요? 원기둥은 윗면과 아랫면, 옆면으로 나누어져요. 원기둥의 전개도를 구하고 관찰하다 보면 원의 둘레를 구할 때 쓰이는 'π(파이)'의 원리도 알 수 있답니다.

🔺 **놀이 목표**
원기둥의 전개도를 만들 수 있어요.

📦 **준비물**
2가베, 색종이, 실, 스케치북

Step 1 원기둥에 딱 맞는 옷을 만들어요.

색종이를 3등분해서 잘라요.

색종이에 원기둥의 밑면을 대고 그린 후 가위로 오려요.

💬 원기둥 밑면의 모양을 오려 보자. 밑면은 2개 필요해.

옆면의 가로 길이를 재기 위해 실을 밑면의 둘레만큼 잘라요.

💬 옆면을 만들어야 하는데 면이 구부러져 있으니 실을 사용해서 길이를 재어 보자.

실을 색종이에 대어 보니 좀 길어요. 모자란 크기만큼 색종이를 더 붙여 주세요.

㉠ 색종이가 조금 모자라네. 모자란 만큼 잘라서 붙여 주자.

옆면을 원기둥에 입혀요.

2개의 밑면을 원기둥에 붙여요.

㉡ 우리가 만든 옷이 원기둥에 딱 맞아요!

Step 2 원기둥의 전개도를 만들어요.

옆면을 펼쳐서 스케치북에 붙여요.

㉠ 이번엔 옷을 펼쳐 놓자.

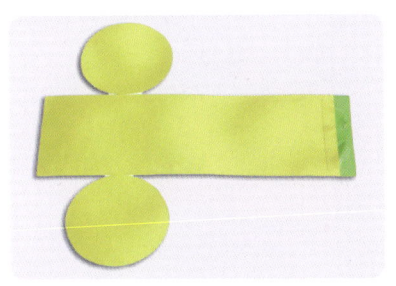

2개의 밑면을 위아래에 붙여요.

㉠ 이렇게 원기둥의 겉을 펼쳐 놓은 그림을 '원기둥의 전개도'라고 해.

※ **원기둥**: 위와 아래에 있는 면이 서로 평행이고 합동인 원으로 이루어진 입체도형

Step 3 원의 지름과 둘레의 관계를 경험해요.

원기둥의 밑면을 전개도 옆면에 놓고 길이를 비교해요.

㉠ 옆면의 직사각형에는 밑면이 몇 개 들어갈까?

밑면이 3개 들어가고 조금 남는 부분이 초록색 부분이에요.

㉠ 세 번 들어가고 조금 남는 부분이 있구나.

※ **π(파이)의 원리**

전개도 직사각형의 가로 부분은 밑면(원)의 둘레와 같아요. 따라서 이 과정을 통해 중학교 때 배우는 원의 둘레 구하는 공식(원의 지름 × 3.14)을 확인할 수 있어요. 3배를 넘은 초록색 부분이 바로 0.14에 해당하는 부분이랍니다.

나는 건축 디자이너

쌓기나무 세기

8세 이상

정육면체가 여러 개 쌓인 모양을 보고 몇 개의 정육면체가 사용된 건지 정확하게 셀 수 있나요? 어른들에게는 쉬워 보이지만, 아이들은 보이지 않는 정육면체를 미처 생각하지 못해서 실수를 하곤 합니다. 바닥 그림의 숫자를 이용해 쌓기를 해 보면서 보이지 않는 공간을 가늠하는 연습을 해 봐요.

🔺 **놀이 목표**
쌓기나무의 개수를 셀 수 있어요.

🟨 **준비물**
7가베, 준1가베, 3가베, 투명테이프, 사인펜

Step 1 바닥 색과 숫자대로 나무를 쌓아요.

7가베 정사각형 4개를 각각 다른 색으로 꺼내어 투명테이프를 붙인 뒤 숫자를 적어요. 각각의 색과 수에 맞게 준1가베 정육면체를 꺼내요.

정사각형으로 배열을 만들어 제시해요.
🟠 이 숫자는 건물의 높이를 나타내. 숫자만큼 높게 쌓아 봐.

정사각형과 같은 색의 정육면체를 숫자만큼 올려놓게 해요.
🟠 보라색 정사각형은 1이니까 보라색 정육면체1개를 올리면 돼.

여러 가지 방법으로 배열을 바꿔서 제시해요.

🟠 숫자를 보며 높이를 상상해 보자. 상상한 모습의 건물이 되는지 직접 만들어 볼까?

정사각형과 같은 색의 정육면체를 숫자만큼 올려요.

🟠 이런 건물을 상상했던 것 맞아?

숫자만 보고 정육면체를 쌓은 모습을 상상해 보는 활동을 통해 정육면체의 부피를 가늠하는 연습을 할 수 있어요.

익숙해졌다면 준1가베 대신 3가베를 이용해 만들어 보세요.

색을 달리하면 전체의 모습을 하나로 그리기 어려운데 이렇게 색을 통일하면 전체 모습을 그리기 더 편해요.

Step 2 설계도를 그리고 마을을 지어요.

색종이를 나누어 가진 후 색종이 위에 설계도를 그려요.

🟠 건물을 4개 만들어서 마을을 만들 거야. 먼저 색종이에 건물 설계도를 그려 보자.

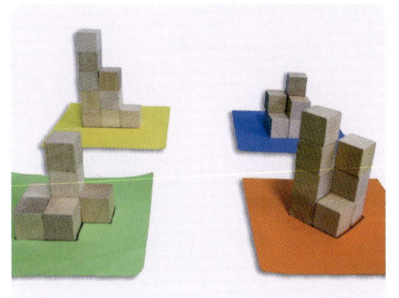

설계도 위에 써 있는 수만큼 3가베 정육면체를 쌓아 올려요.

준1가베의 원기둥을 건물마다 세우고 건물의 이름을 정해요.

7가베 정사각형에 건물의 이름을 써서 간판을 만들어요.

간판 뒤에 8가베 3번 막대를 붙여요.

처음에는 전체 모양을 생각하지 않고 숫자를 쓰던 아이들이 놀이를 반복할수록 좀더 특이하고 새로운 건물을 만들기 위해 머릿속으로 그림을 그리고 그에 맞는 숫자를 적게 돼요.

만든 간판을 건물에 꽂고 마을을 완성해요.

🟠 네가 설계했던 것과 비슷하게 만들어졌니?

Step 3 쌓기나무를 세어서 설계도를 그려요.

이번에는 반대로 건물을 먼저 만들어요. 정육면체를 이용해 4개의 건축물을 만들어요.
(색깔이 다른 준1가베는 건물을 구분하기 위해 넣어 주었어요.)

스케치북 위에 네거리를 그리고 각 건축물의 바닥 그림을 본떠 그려요.

만들어진 건축물을 보고 칸에 알맞은 수를 적어 설계도를 완성해요.

쌓기나무를 셀 때 보이지 않는 곳을 세지 않던 아이들은 이 활동을 통해 가려진 부분까지 가늠하며 셀 수 있게 됩니다.

방향에 따라 달라요

위·앞·옆에서 본 모양

8세 이상

자기중심적인 생각을 가진 아이들이 점점 다른 사람의 입장을 생각하게 되는 것처럼 어떤 사물을 관찰할 때에도 여러 방향에서 볼 수 있는 훈련을 시켜 주세요. 하나의 도형이 방향에 따라 다른 모양으로 보일 수 있다는 것을 알게 되고, 이렇게 전체와 부분의 관계를 경험하면서 보다 폭넓은 시야와 관찰력을 키울 수 있어요.

🔺 **놀이 목표**
위, 앞, 옆에서 본 모양의 차이를 알아요.

🟨 **준비물**
3가베, 5가베, 7가베, 그리드판

Step 1 위, 앞, 옆에서 모양을 관찰해요.

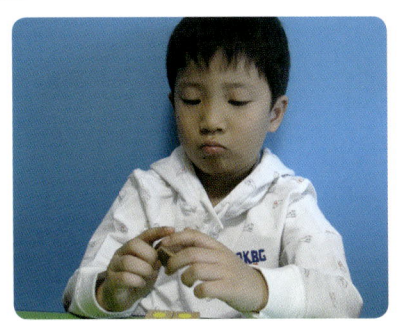

3가베 정육면체를 여러 방향에서 관찰하며 보이는 곳과 보이지 않는 곳을 알아봐요.

엄 한쪽 방향에서는 6개의 면이 모두 보이지 않는구나.

정육면체의 위, 앞, 옆에 각각 다른 색의 스티커를 붙여요. 8조각에 모두 붙여요.

엄 정육면체의 위에는 노랑, 앞에는 빨강, 오른쪽 옆에는 파랑 스티커를 붙여 줘.

엄마가 스티커가 없는 5가베 정육면체를 이용해 모양을 만들어서 제시해요.

엄 엄마가 만든 모양을 보고 같은 모양을 만들어 봐.

아이는 스티커가 붙은 정육면체를 이용하여 엄마가 만든 것과 같은 모양을 만들어요. 이때 스티커가 보이도록 해요.

위에서 본 모양을 살펴봐요.
엄 만든 모양을 위에서 보면 어때?
아 노란 스티커 3개가 보여요.

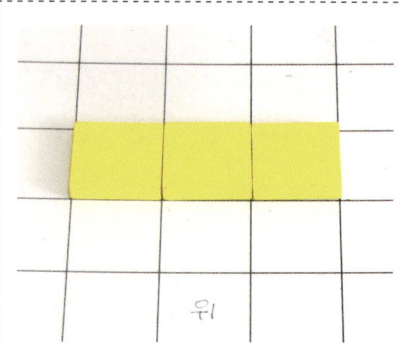

그리드판에 7가베 노란 정사각형을 위에서 본 모양대로 놓아요.
엄 스티커 개수와 같은 수의 정사각형으로 위에서 본 모양을 만들어 보자.

앞에서 본 모양을 살펴봐요.
엄 만든 모양을 앞에서 보면 어때?
아 빨간 스티커가 계단처럼 보여요.

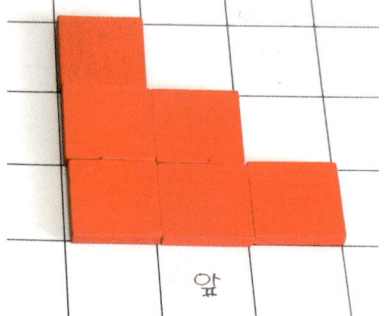

그리드판에 7가베 빨간 정사각형을 앞에서 본 모양대로 놓아요.
엄 모두 몇 개의 정사각형이 필요할까?
아 6개요.
엄 계단 모양이 되도록 놓아 보자.

옆에서 본 모양을 살펴봐요.
엄 만든 모양을 옆에서 보면 어때?
* 파란 스티커가 3개예요.

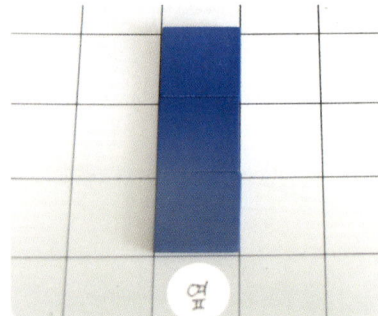

그리드판에 7가베 파란 정사각형을 옆에서 본 모양대로 놓아요.
엄 스티커 개수와 같은 수의 정사각형으로 옆에서 본 모양을 만들어 보자.

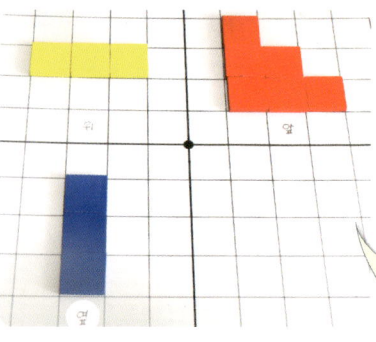

각 방향에서 어떻게 보이는지 비교해 봐요.
엄 같은 도형인데 바라보는 곳에 따라 다른 모양으로 보이는구나.

똑같은 모양인데도 어느 방향에서 보느냐에 따라 달라 보이는 것을 확인할 수 있어요.

Step 2 위, 앞, 옆에서 모양을 관찰해요. (2)

엄마가 다시 사진과 같이 새로운 모양을 만들어서 제시해요.

아이는 스티커가 붙은 정육면체를 이용하여 엄마가 만든 것과 같은 모양을 만들어요.

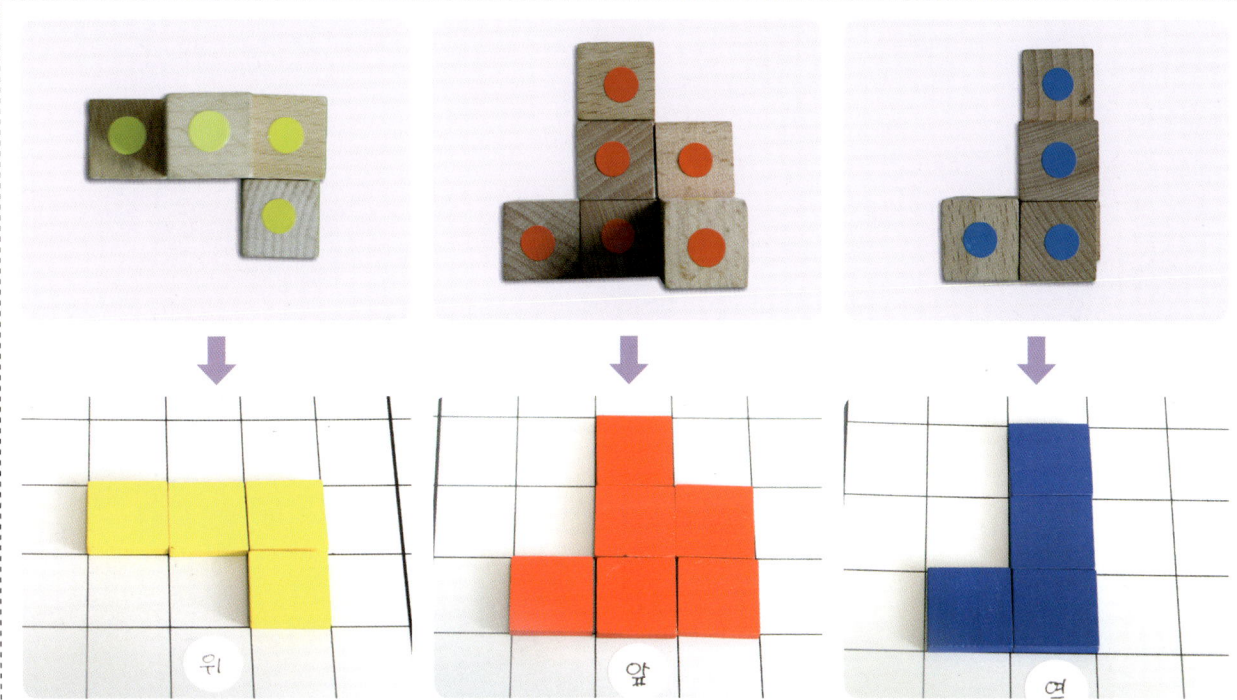

구성물이 위, 앞, 옆에서는 어떻게 보이는지 관찰해요. 그런 다음 그리드판에 7가베 정사각형을 놓아요. 방향에 따라 모양이 다르게 보이는 것을 확인해요.

Step 3 위, 앞, 옆 모양을 보고 구성해요. (1)

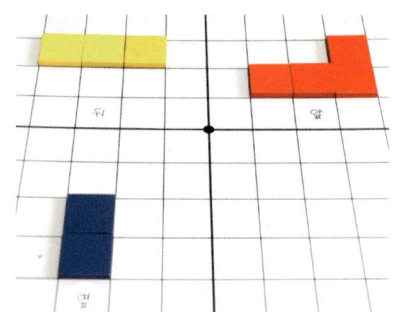

이번에는 반대로 위, 앞, 옆에서 본 모습을 먼저 정사각형으로 제시해요.

🟠 이것을 보고 정육면체로 알맞은 모양을 만들어 보자. 먼저 어떤 모양이 될지 상상해 봐.

위에서 본 모양처럼 정육면체를 3개 나란히 놓아요.

🟠 먼저 위에서 본 모양을 보자. 정육면체 몇 개가 필요하지?
🟢 3개 필요해요.

앞에서 보니 오른쪽 위에 정육면체 하나가 부족해요.

🟠 앞에서 보니 어때?
🟢 하나가 부족해요.
🟠 그럼 알맞은 자리에 하나를 올려 줘.

앞에서 본 모양도 똑같이 만들어 주세요.

옆에서 보니 1번 그림과 같은 모양이에요.

🟠 옆에서 본 모양은 어때?
🟢 똑같아요.

전체 모습이 완성됐어요.

🟠 네가 상상했던 모양이 맞니?

Step 4 위, 앞, 옆 모양을 보고 구성해요. (2)

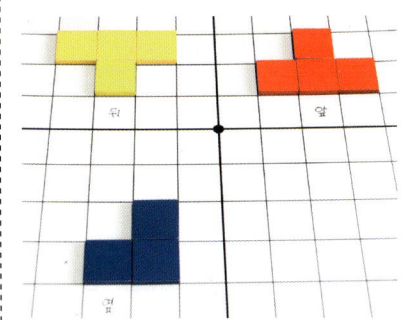

다시 위, 앞, 옆에서 본 모습을 정사각형으로 나타내요.

엄 이제 다른 모양을 만들어 보자. 모양을 상상하면서 정사각형을 놓아봐.

위에서 본 모양처럼 놓아요.

엄 먼저 위에서 본 모양을 맞춰 봐.

앞에서 본 모양과 비교해 봐요.

엄 앞에서 보니 어때?
아 가운데 하나가 올라가야 해요.

가운데 앞자리에 하나를 올려 주었어요.

옆을 보니 왼쪽 위의 정육면체를 옮겨야 해요.

엄 옆에서 보니 어때?
아 모양이 달라요. 자리를 옮겨야 해요.

옆에서 본 모양이 같아졌어요.

전체 모습이 완성됐어요.

한 방향에서 본 모양만으로는 전체 모양을 정확히 알 수 없어요. 여러 방향에서 관찰한 정보를 조합하면 전체를 보지 않고도 모양을 정확히 유추해 낼 수 있어요.

소마큐브 퍼즐놀이

소마큐브 만들어서 놀기

7세 이상

7개의 조각으로 이루어진 소마큐브는 정육면체를 비롯해 많은 기하학적 모양들을 만들 수 있는 교구예요. 소마큐브 조각들은 3~4개의 정육면체로 구성되어 있기 때문에, 가베의 정육면체를 이용해 직접 만들어 볼 수 있답니다. 소마큐브를 만들면서 교구의 원리를 이해하고, 만든 후에는 다양한 모양 만들기를 하면서 공간구성력을 키워 보세요.

🔺 놀이 목표
소마큐브를 만들 수 있어요.
소마큐브로 원하는 모양을 만들어요.

🟨 준비물
준1가베, 5가베

Step 1 정육면체로 소마큐브 7조각을 만들어요.

준1가베 빨강 정육면체로 1번 소마 조각을 만들어서 테이핑해요.

주황 정육면체로 2번 소마 조각을 만들어서 테이핑해요.

노랑 정육면체로 3번 소마 조각을 만들어서 테이핑해요.

초록 정육면체로 4번 소마 조각을 만들어서 테이핑해요.

파랑 정육면체로 5번 소마 조각을 만들어서 테이핑해요.

5가베 정육면체로 6번 소마 조각을 만들어서 테이핑해요.

보라 정육면체로 7번 소마 조각을 만들어서 테이핑해요.

소마큐브 조각 7개가 모두 완성됐어요.

5가베나 3가베에서 정육면체를 꺼내어 똑같은 소마큐브 일곱 조각을 또 만들어요.

이렇게 두 세트를 만들어 엄마와 아이가 함께 사용해요. 색 구분이 있는 것보다 없는 것이 더 어려워요.

Step 2 소마큐브로 대칭무늬를 만들어요.

서로 대칭이 되는 조각을 찾아 다양한 대칭 무늬를 만들어 보세요.

Step 3 소마큐브로 같은 모양을 만들어요.

엄마가 색깔 없는 소마 조각 2개로 모양을 만들어서 제시해요. 만드는 모습은 아이가 보지 않게 해요.

엄 소마큐브 2조각을 이용해 만들었어. 모양을 잘 보고 똑같이 만들어 봐.

아이는 색깔 있는 소마로 같은 모양을 만들어요.

엄 노랑과 파랑 조각으로 똑같이 만들었구나.

점차 조각의 개수를 늘려가며 만들어 보세요.

엄 이번에는 세 조각으로 만들었어.

> 다양한 방법으로 반복하다 보면 소마큐브 조각들의 모양에 익숙해져요.

Step 4 소마큐브로 정육면체를 만들어요.

소마큐브 7조각으로 정육면체를 만들 수 있어요. 아래 방법을 보지 않고 스스로 맞춰 보도록 격려해 주세요. 정육면체를 만드는 방법은 이 외에도 여러 가지 방법이 있어요. 방법을 바꿔 가며 다양하게 시도해 보세요.

Step 5 소마큐브로 다양한 모양을 만들어요.

각 조각의 생김새를 활용해 다양한 모양을 만들어 보세요.

우주선 　　　　　　우주선 　　　　　　소파

소파 　　　　　　터널 　　　　　　터널

Chapter 3
측정

측정

초등학교 1~3학년 때는 시간, 길이, 들이, 무게를 측정하는 법을 배우고, 4~6학년 때는 각도, 둘레, 넓이, 부피를 측정하는 법을 배웁니다. 측정은 사물이나 도형을 바탕으로 이루어지므로, 여러 형태를 가진 가베를 이용해 측정의 개념을 이해하고 연습할 수 있어요.

예를 들어, 아이들은 '들이'의 개념을 이해하기 어려워하는데 가베로 컵이나 그릇을 만들어 내용물을 넣고 빼는 경험을 통해서 '들이' 개념을 쉽게 이해할 수 있어요. 또 삼각형이나 평행사변형의 넓이 구하는 공식을 무작정 외우다 보면 너무 어렵다며 힘들어하는데, 가베를 이용해서 직사각형의 넓이와 연관지어 설명해 주면 머리 아프던 공식들을 아주 쉽게 이해하게 되지요.

이렇게 학습지나 문제집만으로는 도무지 감이 안 잡히던 부분을 교구 조작을 통해서 너무나 명쾌하게 이해시켜 줄 수 있어요. 가베를 이용해 측정 영역도 재미있게 접근해 보세요.

Math Gabe 56

거인 나라 자
나만의 자로 길이 재기

7세 이상

길이에 대해 '길다', '짧다' 정도의 개념만 갖고 있던 아이들에게 '길이'의 개념을 심어주고 '길이 측정'이라는 활동을 경험하게 하는 놀이입니다. 가베를 이용해 자를 만들고 길이를 재어 보면서 길이를 측정한다는 것이 무엇인지 배우고, 측정 결과를 숫자와 단위를 이용해 표현해 봐요.

🔺 **놀이 목표**
자를 만들어 길이를 잴 수 있어요.

📦 **준비물**
8가베, 10가베, 자, 스케치북

Step 1 자를 관찰하며 나만의 자를 만들어요.

자의 눈금을 살펴봐요.
🟠 자에는 작은 눈금들이 있어. 숫자와 숫자 사이에 눈금이 몇 개 있지?
🔵 9개요.
🟠 이 자보다 훨씬 큰 거인 나라의 자를 만들어 보자.

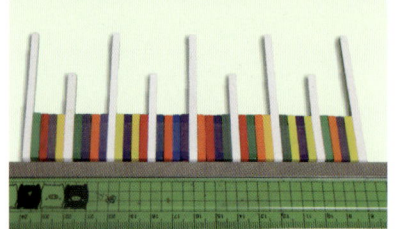

8가베 1번 막대로 자의 눈금을 만들어요. 2번, 3번 하얀색 막대를 사진과 같이 놓아요.
🟠 숫자가 있는 부분은 길어야 하니까 3번 막대를 놓자. 숫자와 숫자 사이 중간에는 조금 긴 눈금이 있구나. 이건 2번 막대를 사용해서 표시하자.

3번 막대의 끝부분에 10가베 점을 붙여요. 점 위에 테이핑하고 네임펜으로 0~4까지 숫자를 적어요.
🟠 점을 붙이고 숫자를 쓰자. 거인 나라의 자가 완성됐구나.

> 직접 자를 만들면서 숫자와 숫자 사이의 눈금 개수를 세어 보고, 작은 눈금들도 길이를 표시하는 것을 알게 돼요.

Step 2 만든 자로 물건의 길이를 재요.

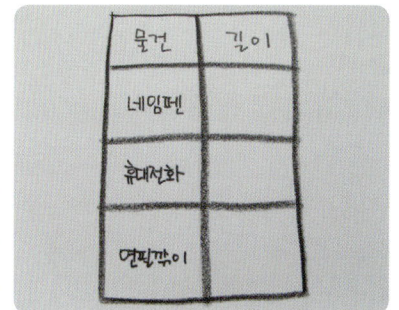

스케치북에 물건의 길이를 적을 수 있는 표를 그려요.

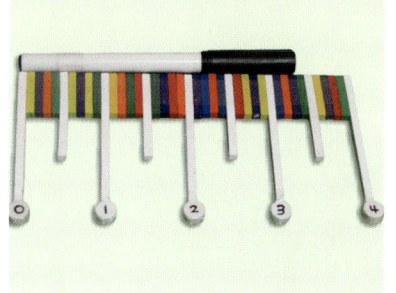

만든 자로 네임펜의 길이를 재요.

🟠 네임펜 길이는 숫자 3을 약간 넘어서 짧은 막대를 3개 지났네.

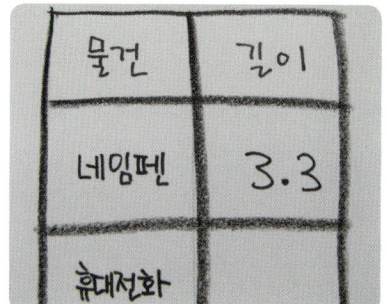

스케치북에 네임펜의 길이를 숫자로 적어요.

🟠 큰 막대의 수를 앞에 쓰고 점(.)을 찍은 후 작은 막대의 개수를 쓰면 돼. 읽을 때는 '삼점 삼'이라고 읽는단다.

휴대폰의 길이도 재어서 스케치북에 기록해요.

🟠 휴대폰 길이는 얼마지?
🟡 숫자 3에 가깝게 닿았어요.
🟠 그럼 길이가 3이구나. 3.0이라고 쓰면 돼.

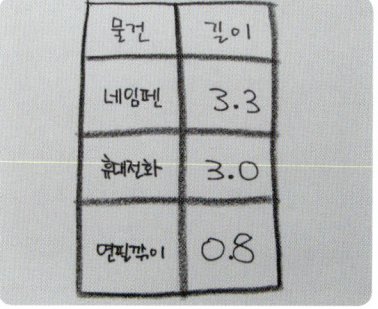

여러 가지 물건의 길이를 재어 보세요.

🟠 연필깎이는 1보다 조금 짧구나. 그럼 숫자 0을 쓰고 점을 찍은 다음 짧은 막대의 개수 8을 적어. 읽을 때는 '영점 팔'이라고 하면 돼.

실제 자를 사용하여 길이를 재어 기록한 후 두 길이를 비교해 보세요.

🟠 거인 나라의 자로 잰 값과 일반 자로 잰 값이 어때?
🟡 달라요.
🟠 만약 사람들마다 자기 마음대로 자를 만들어 사용한다면 어떨까?
🟡 헷갈릴 것 같아요.
🟠 그래서 세계 모든 나라 사람들은 같은 길이 단위를 쓰기로 약속했어. 그게 우리가 사용하고 있는 '센티미터'란다.

우유 한컵 주세요

들이의 개념 이해하기

8세 이상

아이들은 '길이'의 개념은 쉽게 이해하는 반면, '들이'의 개념은 이해하기 어려워하는 경향이 있어요. 그릇의 안쪽 공간을 '들이'라고 하지요. 크기가 다른 컵을 직접 만들고 내용물을 담으면서 '들이'에 대해 몸소 체험하면 쉽게 이해할 수 있답니다. 예쁜 컵을 만든 김에 소꿉놀이도 해 보세요.

▲ 놀이 목표
들이의 개념을 이해해요.

📦 준비물
7가베, 9가베, 10가베

Step 1 크기가 다른 컵을 만들어요.

세 가지 크기의 고리를 꺼내고, 컵의 바닥면을 만들기 위해 고리와 원을 넣어 테이프로 고정시켜요.

엄) 이 고리들을 이용해 컵을 만들 거야. 컵에 구멍이 있으면 안 되니까 바닥면을 메꾸자.

같은 크기의 고리를 4개씩 꺼내서 쌓은 다음, 바닥면과 옆면을 테이프로 고정시켜요.

7가베 반원으로 손잡이를 만들면 컵이 완성돼요.

엄) 크기가 다른 컵이 3개 완성됐구나.

Step 2 들이의 크기를 비교해요.

컵 안에 무언가를 담을 수 있는 공간을 '들이'라고 해요.

(염) 컵 안에는 공간이 있어서 무언가를 담을 수 있단다. 이런 공간의 크기를 '들이'라고 해.

빨간 컵에 흰색 10가베를 넣어 우유 한 잔을 만들어요.

(염) 각 컵의 들이를 비교해 볼 거야. 우선 빨간 컵에 우유를 담자.

파란 컵에 검정색 10가베를 넣어 커피 한 잔을 만들어요.

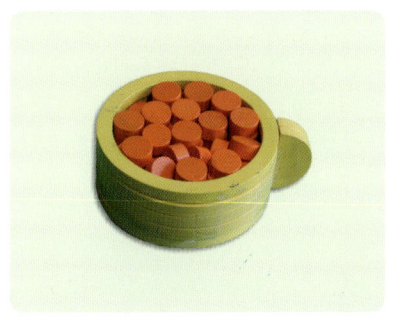

노란 컵에 주황색 10가베를 넣어 오렌지 주스 한 잔을 만들어요.

세 컵의 들이를 알아보기 위해 컵 속의 가베를 쏟아서 정렬해요.

(염) 어느 컵의 들이가 가장 크지?
(아) 노란 컵요.
(염) 어느 컵의 들이가 가장 작지?
(아) 파란 컵요.

각각의 컵과 비슷한 들이의 물건을 찾아오는 놀이도 해 보세요.

※ 들이: 통이나 그릇 등 안쪽 공간에 넣을 수 있는 최댓값

Math Gabe 58

어떤 그릇을 만들까?
들이에 맞는 그릇 만들기

8세 이상

앞 놀이에서는 그릇을 먼저 만들고 내용물을 채웠다면, 이번에는 내용물에 맞는 그릇을 만들어 봐요. 들이가 같으면서 모양은 다른 여러 그릇을 만들면서 '들이'에 대해 보다 정확하게 이해할 수 있어요.

🔺 **놀이 목표**
들이에 맞는 그릇을 만들 수 있어요.

📦 **준비물**
5가베, 6가베, 준1가베

Step 1 정육면체로 내용물에 맞는 그릇을 만들어요.

준1가베의 정육면체를 두 개 꺼내요.
😊 정육면체 두 개를 예쁜 그릇에 담으려고 해. 딱 맞는 그릇을 만들어 보자.

정육면체 12개를 이용해서 1층을 만들고, 정육면체 10개를 이용해 2층을 만들어서 테이프를 붙여요.
😊 정육면체를 이용해서 바닥면을 먼저 만들고, 그런 다음 옆면을 만들자.

준1가베를 빼내니 사진과 같은 모양의 그릇이 되었어요.
😊 그릇이 완성됐구나. 그릇은 큰데 그릇 안의 공간은 아주 작구나.

Step 2   직육면체로 내용물에 맞는 그릇을 만들어요.

이번에는 직육면체를 이용해서 만들어요. 1층에는 3개의 직육면체가 필요해요.

🟠 먼저 직육면체 바닥면을 만들자.

직육면체 4개로 2층을 만들어서 테이프로 붙여요.

준1가베를 빼내니 사진과 같은 모양의 그릇이 되었어요.

🟠 예쁜 그릇이 완성됐구나.

Step 3   들이가 같은 그릇을 만들어요.

두 그릇을 비교해 봐요. 그릇의 크기는 다르지만 안에 들어가는 공간이 같아요. 즉, 그릇의 들이가 같아요.

🟠 두 그릇의 크기는 다르지?
🔵 네.
🟠 두 그릇의 들이는 어떨까?
🔵 음, 둘 다 쥔가베 2개가 들어가니까 들이는 같아요.
🟠 맞아. 그릇의 크기는 달라도 그릇의 들이는 같을 수 있단다.

들이가 같으면서 모양이 다른 그릇을 다양하게 만들어 보세요.

🟠 들이가 같은 그릇을 또 다른 방법으로 만들 수 있을까?

> 들이를 생각하며 그릇을 만들면서 들이에 대해 정확하게 이해하게 됩니다.

※ 들이: 통이나 그릇 등 안쪽 공간에 넣을 수 있는 최댓값

Math Gabe 59

울타리를 지어줘 — 평면도형의 둘레 구하기

9세 이상

예쁜 집을 짓기 위해 땅을 마련했어요. 땅 둘레에 반원으로 울타리를 만들 거예요. 몇 개의 반원이 필요할지 일일이 세지 않고 빨리 계산할 수 있는 방법은 없을까요? 울타리를 통해서 둘레에 대해 알아봐요.

🔺 **놀이 목표**
평면도형의 둘레를 구할 수 있어요.

📦 **준비물**
4가베, 6가베, 7가베

Step 1 울타리를 만들며 정사각형의 둘레를 재요.

직육면체 2개로 정사각형을 만들어요.

7가베 반원으로 울타리를 만들어요. 반원이 몇 개 필요한지 세어 봐요.

🟠 울타리로 둘러싸인 부분을 '둘레'라고 부른단다.
🟡 반원이 몇 개 사용됐지?
🟠 8개요.
🟡 반원의 개수는 '둘레의 길이'가 되는 거야.

이번에는 직육면체 8개로 정사각형을 만들고, 반원이 몇 개 필요한지 알아봐요.

🟡 하나씩 세지 않고도 계산할 수가 있어. 정사각형은 변의 길이가 모두 같으니까 한 변에 들어갈 반원의 개수 곱하기 4를 하면 돼.
🟠 그럼 한 변에 사용된 반원이 4이니까, 정사각형 둘레의 길이는 16이에요.

Step 2 울타리를 만들며 직사각형의 둘레를 재요.

직육면체 3개로 직사각형을 만들어요.

7가베 반원으로 울타리를 만들어요. 몇 개의 반원이 필요할까요?

🟠 직사각형은 마주보는 변의 길이가 같아. 그러니까 가로와 세로에 필요한 반원의 개수에 곱하기 2를 하면 둘레를 좀 더 빨리 계산할 수 있단다.

※ 둘레: 사물이나 도형의 가장자리를 따라 한 바퀴 돈 길이
※ 정사각형의 둘레 구하는 법:
  한 변의 길이×4
※ 직사각형의 둘레 구하는 법:
  (가로변의 길이 + 세로변의 길이)×2

Step 3 넓이가 같은 두 직사각형의 둘레를 비교해요.

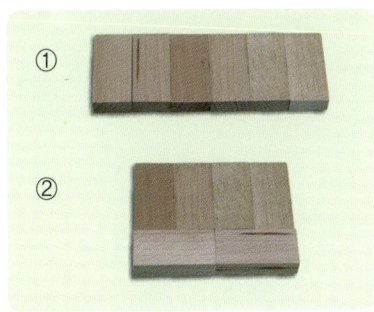

직육면체 6개로 만든 직사각형이 2개 있어요. 어느 땅에 울타리가 더 많이 필요할까요?

①번은 가로에 6개, 세로에 2개가 필요해요. 8×2=16이므로, 모두 16개의 반원이 필요해요.

🟠 가로와 세로에 필요한 반원 곱하기 2를 해 보자.

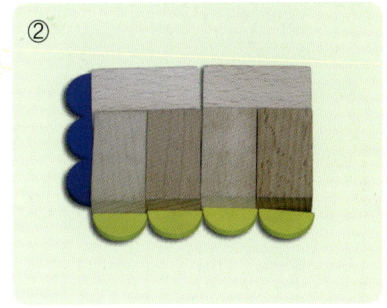

②번은 가로에 4개, 세로에 3개가 필요해요. 7×2=14이므로, 모두 14개의 반원이 필요해요.

🔵 ①번 땅에 울타리가 더 많이 필요해요.
🟠 똑같이 직육면체 6개로 만들었는데, 둘레는 다르구나!

> 넓이가 같아도 둘레는 다를 수 있다는 것을 알게 됩니다.

Step 4. 빈 공간이 있는 도형의 둘레를 재요.

직육면체 네 개로 빈 공간이 있는 정사각형을 만들어요.

🟠 사각형의 한쪽이 움푹 들어간 모양의 땅이 있어.

7가베 반원으로 울타리를 만들어 보세요. 12개의 반원이 필요해요.

🟠 이런 모양의 땅에는 울타리가 얼마나 필요할까? 반원을 놓아 보자.
🔵 모두 놓아 보니 12개가 필요해요.

안쪽의 울타리를 바깥으로 옮겨 정사각형 모양을 만들어도 울타리의 개수는 같다는 것을 알 수 있어요.

🟠 움푹 들어간 사각형의 둘레는 움푹 들어가지 않은 정사각형의 둘레와 똑같구나!

이번에는 빈 공간이 있는 직사각형을 만들어요.

🟠 사각형의 한쪽이 움푹 들어간 모양의 땅이 있어.

7가베 반원으로 울타리를 만들어 보세요. 몇 개의 반원이 필요할까요?

🟠 이런 모양의 땅에는 울타리가 얼마나 필요할까? 반원을 놓아 보자.
🔵 모두 놓아 보니 14개가 필요해요.

안쪽의 울타리를 바깥으로 옮겨 직사각형 모양을 만들어도 울타리의 개수는 같다는 것을 알 수 있어요.

🟠 빈 공간이 있는 직사각형의 둘레는 빈 공간이 없는 직사각형의 둘레와 같은 걸 알 수 있구나!

Step 5 같은 수의 직육면체로 둘레가 다른 모양을 만들어요.

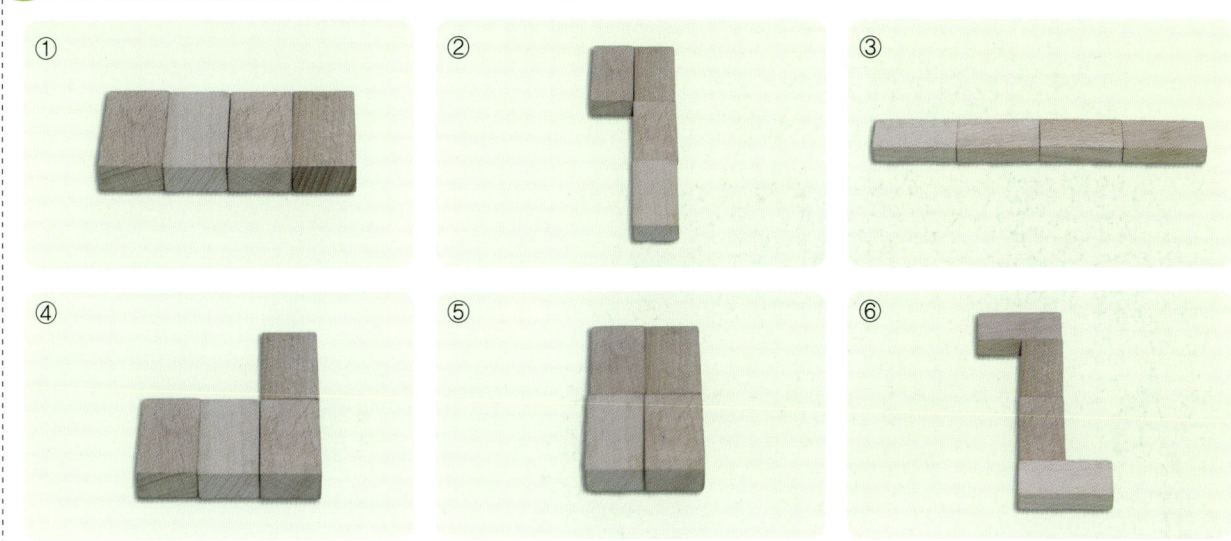

6가베에서 직육면체를 꺼내어 네 개씩 나눈 후 서로 다른 모양의 땅을 만들어요.
여섯 개의 땅을 보면서 둘레에 대해서 얘기 나눠 보세요.

🟠 눈으로 봤을 때 어느 땅의 둘레가 가장 길 것 같아? 🔵 ③번이요.
🟠 어느 땅의 둘레가 가장 짧아 보여? 🔵 ④번이요.

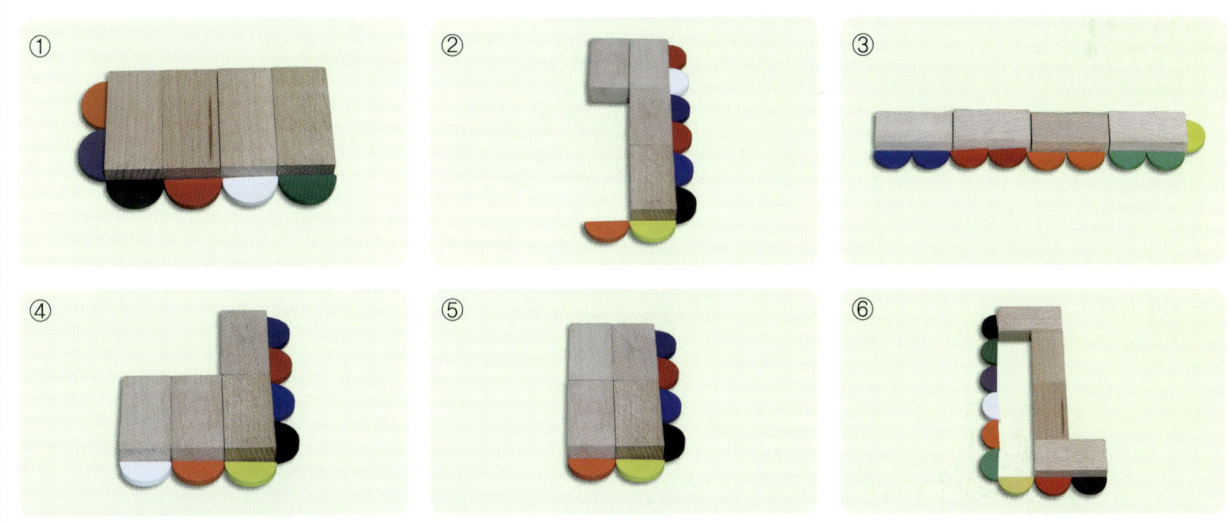

여섯 개의 땅의 둘레를 반원을 이용해서 재어 보세요.
차례대로 12, 16, 18, 14, 12, 18이에요.

🟠 반원을 네 변에 모두 놓지 말고 가로 한 변, 세로 한 변에 놓은 후 곱하기 2를 해 보자.
🟠 어느 땅의 둘레가 가장 길지? 🔵 ③번과 ⑥번이요.
🟠 어느 땅의 둘레가 가장 짧지? 🔵 ①번과 ⑤번이요.
🟠 직육면체를 4개씩 사용했으니까 넓이는 모두 같아. 하지만 모양에 따라 둘레의 차이가 많이 나는구나.

제일 넓은 곳은?

직사각형과 정사각형의 넓이 공식 이해하기

9세 이상

"방이 넓어.", "자리가 좁아."처럼 일상생활에서 '넓다', '좁다'라는 말을 자주 쓰지요. 이렇게 평평한 부분이 얼마나 큰지 나타내는 것을 '넓이'라고 해요. 즉, 넓이는 '면의 크기'를 말해요. 앞에서 도형의 경계선인 둘레의 길이를 측정해 보았다면, 이제 도형의 면이 얼마나 넓은지를 함께 측정해 봐요.

🔺 **놀이 목표**
평면도형의 넓이를 구할 수 있어요.

📦 **준비물**
7가베, 색종이

Step 1 색종이로 집의 평면도를 만들어요.

색종이 하나를 반으로 잘라요.

💡 색종이를 이용해 집 안의 여러 공간을 만들어 보자.

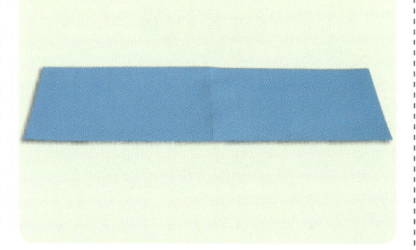

길게 연결해서 테이프로 붙여서 복도를 만들어요.

또 다른 색종이를 9등분으로 접은 후 펼쳐서 사진처럼 잘라요.

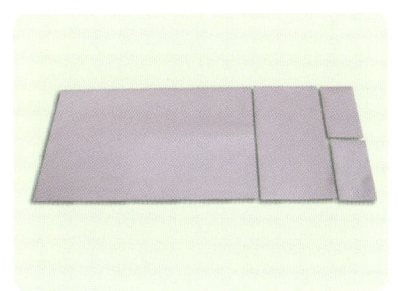

잘라진 조각을 사진과 같이 연결해서 방1을 만들어요.

방2(색종이 한 장), 주방(15cm×10cm), 욕실(15cm×5cm), 현관(10cm×7.5cm)도 만들어요. 사진과 같이 7가베 상자 뚜껑 위에 모두 붙여서 집의 평면도를 만들어요.

다양한 크기의 직사각형 중에서 가장 넓은 것은 무엇일지 생각해 봐요.

🟡 6개의 공간이 만들어졌구나. 공간의 바닥이 평평하지? 이런 평평한 면의 크기를 '넓이'라고 해. 어느 곳의 넓이가 가장 넓어 보여?

🔵 복도가 가장 넓은 것 같아요.

Step 2 정사각형을 덮어 넓이를 비교해요.

7가베 정사각형을 꺼내어 복도를 채워 보세요.

🟡 넓이를 비교해 보기 위해 작은 정사각형이 몇 개나 들어가는지 알아보자.

🔵 36개가 들어가요.

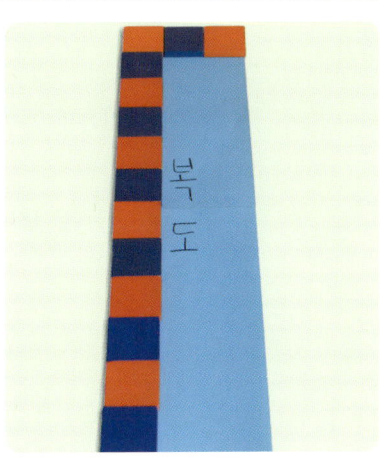

정사각형을 가로에 한 줄, 세로에 한 줄 올려놓아요.

🟡 하나씩 다 채워서 세면 시간이 너무 많이 걸리지? 이럴 때 좀 더 빠르게 계산할 수 있는 방법이 있어. 바로 가로와 세로의 정사각형 수를 곱하는 거야.

🟡 가로는 몇 개야?

🔵 3개요.

🟡 세로는 몇 개야?

🔵 12개요.

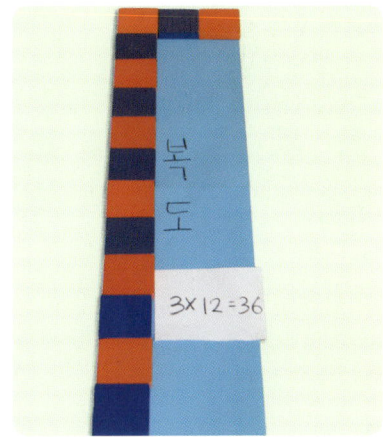

가로 곱하기 세로를 이용해 전체 개수를 구해요.

🟡 그럼 복도의 넓이를 구하기 위해서는 3×12를 하면 되겠다.

🔵 36개예요.

> 직사각형의 넓이는 〈가로 × 세로〉라는 것을 알 수 있어요.

방2는 가로변과 세로변이 같은 정사각형이에요. 정사각형은 한 변의 길이만 알아도 넓이를 구할 수 있어요.

방1의 가로·세로 개수를 이용해 전체 개수를 구해요.

엄 가로는 몇 개야? 아 4개요.
엄 세로는 몇 개야? 아 9개요.
엄 그럼 4 × 9를 해 보자. 아 36개예요.
엄 복도의 정사각형 개수와 같구나.

방2의 가로·세로 개수를 이용해 전체 개수를 구해요.

엄 가로는 몇 개야?
아 6개요.
엄 세로는 몇 개야?
아 6개요.
엄 그럼 6 × 6을 해 보자.
아 36개예요.

Step 3 자로 길이를 재어 넓이를 구해요.

정사각형을 길게 연결해서 자를 만들어요.

엄 이번엔 정사각형을 채우지 않고 몇 개가 들어가는지 자를 이용해서 재 보자.

자를 이용해 주방의 가로와 세로에 들어갈 정사각형의 개수를 재어요.

엄 주방의 가로는 얼마야?
아 6이에요.

엄 주방의 세로는 얼마야?
아 4예요.
엄 그럼 주방의 넓이는 얼마지?
아 6×4이니까 24예요.

※ **넓이**: 평평한 면의 크기
※ **직사각형의 넓이**=가로×세로
※ **정사각형의 넓이**=한 변의 길이×2

자를 이용해 현관의 가로와 세로에 들어갈 정사각형의 개수를 재어요.

엄 현관의 가로는 얼마야?
아 4예요.

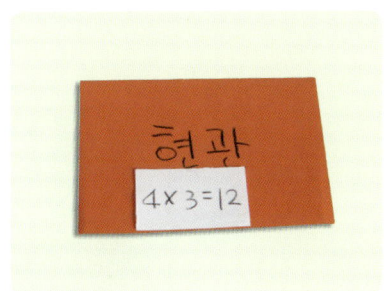

엄 현관의 세로는 얼마야?
아 3이에요.
엄 그럼 현관의 넓이는 얼마지?
아 4×3이니까 12예요.

> 직사각형의 넓이를 구하는 공식을 계속 연습할 수 있어요.

자를 이용해 나머지 공간의 넓이도 모두 구해요.

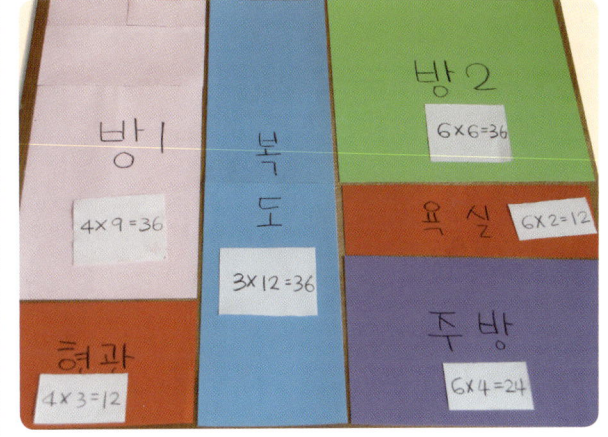

가장 넓은 공간과 가장 좁은 공간을 찾아보세요.

엄 우리집에서 가장 넓은 곳은 어디지?
아 방1, 방2, 복도가 가장 넓어요.
엄 가장 좁은 곳은?
아 현관과 욕실이 가장 좁아요.

> 모양은 달라도 넓이가 같을 수 있다는 것을 알게 돼요.

Math Gabe 61

넓이가 궁금해

평면도형의 넓이 공식 이해하기

10세 이상

고학년이 되면서 여러 도형의 넓이를 구하는 문제들을 접하게 됩니다. 무턱대고 공식만 외워서 문제를 풀다 보면 수학에 흥미도 잃게 되고 응용력도 기를 수 없어요. 처음부터 차근차근 도형 간의 관계를 알아가며 공식을 이해할 수 있도록 해 주세요.

🔺 **놀이 목표**
평면도형의 넓이 구하는 공식을 이해해요.

📦 **준비물**
7가베

Step 1 삼각형의 넓이 구하는 공식을 이해해요.

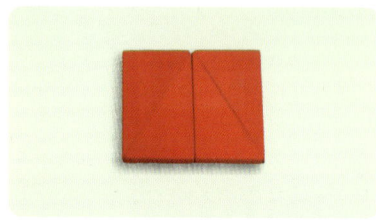

직각부등변삼각형 4개로 정사각형을 만들어요.

🟠 사각형의 넓이는 어떻게 구할까?
🔵 (가로 길이 × 세로 길이)를 하면 돼요.
🟠 맞았어. 그런데 이 사각형의 넓이 공식만 알면 다른 도형들의 넓이도 구할 수가 있단다.

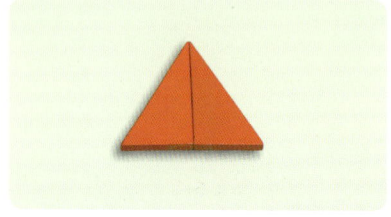

직각부등변삼각형 두 개로 삼각형을 만들어요.

🟠 삼각형의 넓이는 어떻게 구할까?

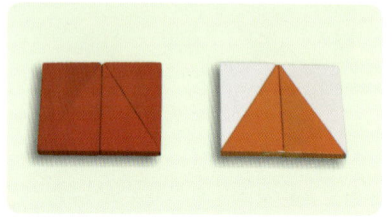

삼각형을 정사각형과 똑같이 만들기 위해 흰색 삼각형을 놓아요.

🟠 흰색 삼각형을 놓았더니 사각형이 됐네. 사각형의 가로 길이는 삼각형의 밑변과 같아. 사각형의 세로 길이는 삼각형의 높이와 같아.

 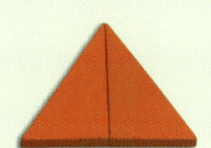 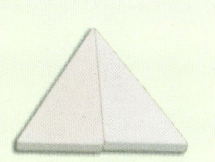

엄 (밑변 × 높이)를 하면 주황색과 흰색을 합친 부분의 넓이를 알 수 있겠지. 우리는 주황색 삼각형의 넓이가 필요하니까 밑변과 높이를 곱한 것에 나누기 2를 하면 되겠다. 그래서 이런 공식이 만들어진 거야.

※ 삼각형의 넓이 = 밑변 × 높이 ÷ 2

주황색 삼각형 부분의 넓이는 빨간 사각형 넓이의 1/2이에요.

Step 2 마름모의 넓이 구하는 공식을 이해해요.

직각부등변삼각형 4개로 마름모를 만들어요.

엄 이번에는 마름모의 넓이를 구해 보자. 마름모가 사각형이 되려면 어떻게 해야 할까?

흰색 도형을 놓아 직사각형을 만들어요. 노란색 선은 마름모의 대각선이고 이 대각선은 직사각형의 가로, 세로의 길이와 같아요.

엄 사각형의 가로와 세로는 마름모의 어느 부분과 같지?

아 마름모의 대각선과 같아요.

엄 두 대각선을 곱하면 직사각형의 넓이가 되겠구나.

똑같은 마름모가 2개 나오므로 보라색 부분의 넓이는 직사각형 넓이의 $\frac{1}{2}$이에요.

엄 이 사각형에는 마름모가 2개 있어. 그럼 두 대각선을 곱한 것에 나누기 2를 하면 보라색 마름모의 넓이를 구할 수 있겠지? 그래서 이런 공식이 나온 거야.

※ 마름모의 넓이 = 한 대각선의 길이 × 다른 대각선의 길이 ÷ 2

Step 3 평행사변형의 넓이 구하는 공식을 이해해요.

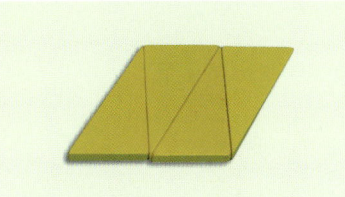  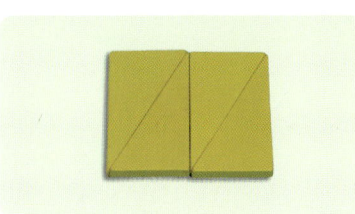

직각부등변삼각형 4개로 평행사변형을 만들어요.

엄 이번에는 평행사변형의 넓이를 구해 보자. 평행사변형이 사각형이 되려면 어떻게 해야 할까?

평행사변형의 검은색 부분을 흰색 부분으로 옮겨요.

아 이렇게 옮기니 직사각형이 되었어요.

직사각형의 넓이를 구하면 평행사변형의 넓이를 알 수 있어요.

엄 직사각형의 넓이가 평행사변형의 넓이와 같다는 걸 알 수 있지? 직사각형의 가로와 세로는 평행사변형의 밑변과 높이가 된단다. 그래서 이런 공식이 나온 거야.

※ 평행사변형의 넓이 = 밑변 × 높이

Step 4 사다리꼴의 넓이 구하는 공식을 이해해요.

직각부등변삼각형 4개로 사다리꼴을 만들어요.

엄 사다리꼴이 사각형이 되려면 어떻게 해야 할까?

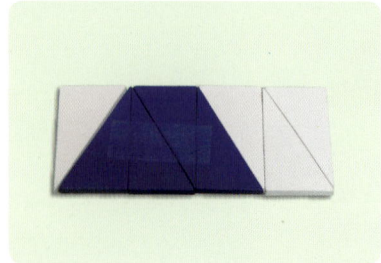

흰색 부분을 놓아 직사각형을 만들어요.

엄 사다리꼴을 만든 삼각형의 개수만큼 더하니 직사각형이 되었어. 직사각형의 가로 길이는 사다리꼴의 윗변과 아랫변을 더한 길이와 같구나. 세로 길이는 사다리꼴의 높이가 된단다.

왼쪽의 흰색 삼각형을 옮겨서 평행사변형을 만들어 보세요.

엄 평행사변형을 만들어 보자. 평행사변형의 밑변은 사다리꼴의 윗변과 아랫변을 더한 길이와 같구나.

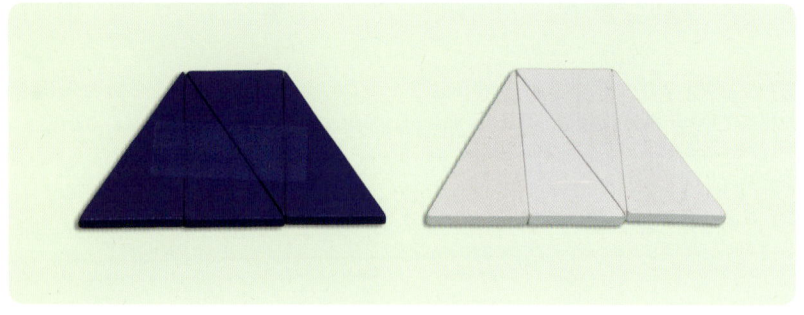

사다리꼴이 모두 2개예요. 파란 사다리꼴의 넓이는 평행사변형의 넓이의 1/2이라는 것을 알 수 있어요.

엄 평행사변형은 사다리꼴 2개로 이루어졌어. 그럼 파란색 사다리꼴 넓이는 평행사변형 넓이의 1/2이 되겠구나. 그래서 이런 공식이 나온 거야.

※ **사다리꼴의 넓이** = (윗변+아랫변) × 높이 ÷ 2

도형의 넓이 공식은 가장 기본적인 직사각형의 넓이 공식으로부터 나온 거라는 것을 알 수 있었어요. 공식을 무작정 외우기보다 이렇게 도형들 간의 관계를 통해 설명해 주면, 훨씬 이해하기도 쉽고 수학적 응용력도 키울 수 있어요.

Math Gabe 62

너무 많은 건 어떻게 셀까?

어림하여 세기

9세 이상

수를 세는 방법에는 하나씩 세기, 둘씩 묶어 세기, 열 개씩 묶어 세기 등 여러 가지 방법이 있어요. 이번에는 어림하여 세는 여러 가지 방법을 알아봐요. 어림하여 세기는 정확하지 않다는 단점이 있지만 빨리 셀 수 있다는 장점이 있어요.

🔺 **놀이 목표**
어림하여 세는 법을 알아요.

📦 **준비물**
3가베, 준1가베, 10가베, 8가베, 그리드판

Step 1 상자 속 구의 개수를 어림해요.

3가베 상자에 정육면체 8개가 들어있는 것을 확인해요.
👩 3가베 상자에는 작은 정육면체가 몇 개 있지?
🧒 8개요.

3가베 상자에 준1가베의 구를 뚜껑이 닫히는 만큼 가득 담아요.
👩 상자 속에 구를 가득 넣어 볼게. 이 상자에 구가 몇 개 들어있을 것 같아?

정육면체와 구의 크기를 비교하고 상자에 몇 개가 들어있을지 예상해요.
👩 힌트를 줄게. 구의 크기와 정육면체의 크기를 비교해 봐.
🧒 둘의 크기가 비슷하니까 8개있을 것 같아요.
👩 이렇게 정확하게 세지 않고 대략 비슷한 값을 말하는 것을 어림한다고 말해.

상자에 들어있는 구의 개수를 세어요. 오차는 1이에요.

🟠 어림한 값이 맞는지 꺼내서 세어 보자. 모두 9개가 들어있구나. 8개라고 어림했으니까 1개 차이가 나지? 이런 차이를 '오차'라고 해. 오차가 적을수록 어림하기를 잘 한 거란다.

※ 어림하기: 정확한 값을 구하지 않고 대강 짐작하여 구하는 것
※ 오차: 측정값과 실제 값과의 차이

Step 2 상자 속 점의 개수를 어림해요.

3가베 상자에 10가베를 가득 담아요.

🟠 상자 속에 10가베 점이 몇 개인까?

10가베로 정육면체 한 개만큼의 크기를 만들어요.

🟠 조금 전의 방법으로 계산해 보자. 먼저 10가베가 정육면체 1개처럼 되기 위해서는 몇 개가 필요하지?

🔵 45개요.

45개의 가베가 8묶음이면 모두 몇 개인지 계산해 봐요. 45×8=360이에요. 아이가 곱셈을 어려워하면 계산기를 이용해요.

🔵 360이에요. 상자에 10가베가 360개 정도 있을 것 같아요.

Step 3 그리드판을 이용해 어림해요.

그리드판 위에 상자 속의 10가베를 쏟아요. (한 칸의 크기가 2.5cm × 2.5cm인 그리드판을 사용했는데, 크기가 다른 그리드판도 상관 없어요.)

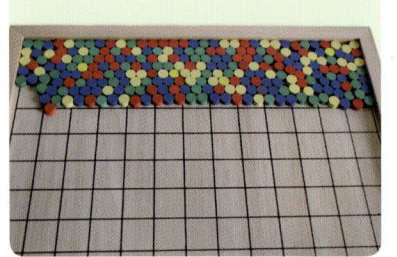

그리드판에 촘촘히 10가베를 놓아요. 모두 38칸이에요.

🟠 10가베가 있는 칸은 모두 몇 칸이지?
🔵 38칸이에요.

한 칸에 10가베가 몇 개 들어가는지 확인해요.

🟠 그리드판 한 칸에는 10가베가 몇 개 들어갈까?
🔵 6개요.

6개의 가베가 38칸에 들어가면 모두 몇 개인지 계산해요. 6×38=228이에요.

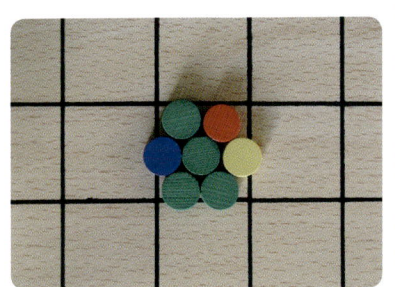

다른 모양으로 한 칸을 만들었더니 7개가 사용됐어요.

7개의 가베가 38칸에 들어가면 모두 몇 개인지 계산해요. 7×38=266이에요.

🟡 어림하는 방법에 따라 결과가 다르지? 오차가 가장 적은 방법을 선택하면 어림하기를 잘했다고 할 수 있어.

Step 4 그리드판을 4등분해서 어림해요.

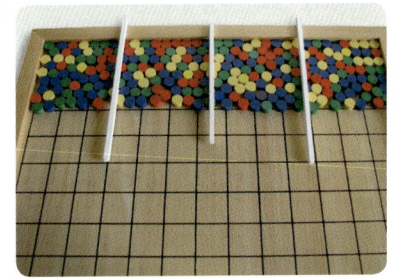

그리드판 위에 8가베 막대를 놓아 10가베를 4등분해 보세요.

한 곳의 가베를 꺼내어 세어 본 후, 4를 곱해요. 60개라면 60×4=240이에요.

점을 10개씩 묶어서 세어 보니 모두 251개예요. 어떤 방법이 오차가 가장 적었는지 확인해 봐요.

🟡 어떤 방법의 답이 실제 개수와 가장 가까웠지?
🟠 그리드판을 4등분해서 구한 값이 가장 비슷했어요.
🟡 어림하여 세기는 언제 필요할까?
🟠 많은 양을 빨리 세려고 할 때 필요해요.

또 어떤 방법으로 어림할 수 있을지 생각해봐요.

Chapter 4
확률과 통계

확률과 통계

"하루에 평균 책을 얼마나 읽지?", "동전을 던져서 앞면이 나올 확률은 얼마일까?" 등과 같이 〈확률과 통계〉는 생활 속에서 흔히 접하게 되는 수학 영역입니다. 수많은 자료를 보기 좋게 분류하고 분석하는 과정 속에서 그래프와 평균이 사용되고, 예측하는 과정 속에서 경우의 수와 확률 등이 사용됩니다.

문제집에서 숫자만 들여다보면서 이런 개념들을 이해하려면 아이들은 무척 힘들어합니다. 가베로 볼링놀이를 한 후 평균 점수를 구하는 경험을 하고 학교 가는 방법을 생각하며 경우의 수를 배우면, 아이들은 그러한 수학 개념들이 생활 속에서 흔히 사용된다는 것을 쉽게 받아들이고 나아가 이를 활용하고 응용하는 데도 별 어려움을 느끼지 않습니다. 이 챕터에 있는 놀이를 통해서 이해한 수학 개념들을 생활 속에서도 자주 묻고 활용해 보세요.

도형 인기투표

그림그래프로 표현하기

8세 이상

여러 가지 자료들을 한눈에 알아볼 수 있도록 표현하는 방법 중 하나가 그래프예요. 그래프의 종류에는 여러 가지가 있는데, 그 중에서 그림그래프에 대해서 알아봐요.

🔺 **놀이 목표**
그림그래프를 이해하고 이용할 수 있어요.

📦 **준비물**
2가베, 7가베, 10가베, 3가베, 스케치북, 부록 스티커

Step 1 점 10개를 원으로 표시해요.

10가베 점을 한 주먹 꺼내요.
- 🟠 점은 모두 몇 개일까?
- 🔵 너무 많아서 세는 데 시간이 걸려요.

점을 10개씩 모아요.
- 🟠 세어 보지 않고 한눈에 알 수는 없겠구나. 점을 10개씩 모아 보자.

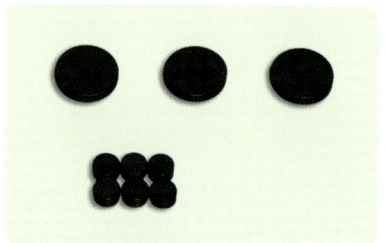

10개 묶음을 원 1개로 바꿔요.
- 🟠 이렇게 놓으면 일일이 세지 않고도 몇 개인지 알 수 있겠지?
- 🔵 네, 36개예요.

Step 2 그림그래프를 만들어요.

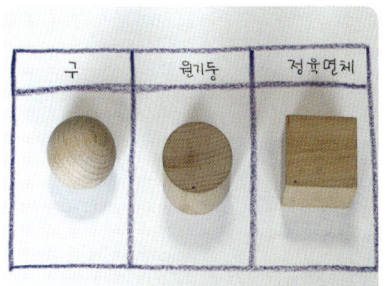

스케치북에 표를 그리고 가베의 세 도형을 놓아요.

🟠 구, 원기둥, 정육면체의 인기투표를 해 보자.

3가베 정육면체 1개에는 구, 원기둥, 정육면체를 그려서 붙이고, 다른 정육면체에는 3~8까지의 숫자를 적어서 붙여요.

🟠 도형 주사위와 숫자 주사위를 만들어 보자.

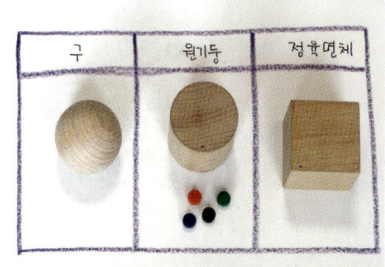

주사위 2개를 모두 던져서 나온 도형에 나온 수만큼의 점을 놓아요.

🟠 주사위를 던지니 원기둥과 숫자 4가 나왔구나. 원기둥이 있는 칸에 점 4개를 놓아 줘.

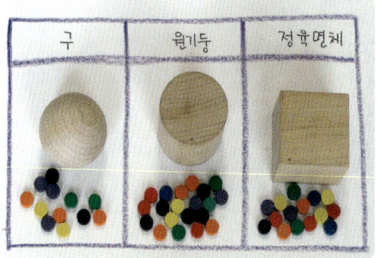

주사위 던지기를 여러 번 한 후 점의 개수를 비교해요.

🟠 인기투표가 모두 끝났네. 어떤 도형이 제일 인기가 많아?

🔵 정육면체가 제일 많을 것 같아요.

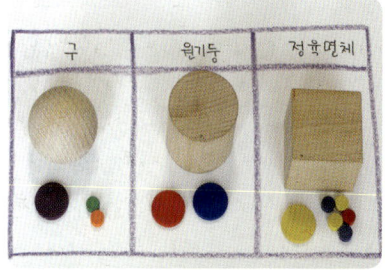

10개의 점을 원으로 바꿔서 비교해요.

🟠 10개의 점을 원 하나로 바꿔 보자. 훨씬 보기 쉽지?

🔵 점의 개수를 세는 것도 더 쉬워졌어요. 제일 인기가 많은 것은 정육면체예요.

> 그림그래프는 조사한 수량을 간단한 그림으로 표현한 거예요. 수량의 단위를 큰 그림과 작은 그림으로 구분하는데 이 놀이에서는 10단위를 큰 원으로, 1단위를 점으로 표현하여 한눈에 볼 수 있도록 나타냈어요.

※ **그림그래프**: 조사한 수량을 간단한 그림으로 나타낸 그래프

친구를 찾아라

집합으로 묶기

9세 이상

모둠 친구들의 무리 짓기를 해 봐요. 우리 모둠의 아이들은 모두 일곱 명이에요. 먼저 아이들의 특징을 잘 살펴보고 무리 지을 수 있는 공통점이 무엇인지 알아보세요. 공통점과 차이점을 구분하면서 자료의 특성에 따라 분류하는 법을 배울 수 있어요.

🔺 **놀이 목표**
집합으로 묶을 수 있어요.

📦 **준비물**
1가베, 7가베, 9가베

Step 1 친구들을 만들어요.

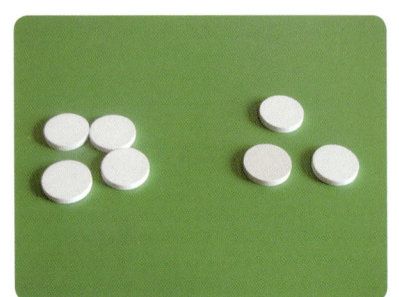

원 7개의 한쪽 면에 투명테이프를 붙여요.

네임펜으로 얼굴을 꾸미고, 반원으로 머리카락을 만들어서 남자와 여자를 구분해요.

얼굴 3개에 안경을 그려요.

Step 2 친구들을 분류하여 집합을 만들어요.

엄마가 파란색 끈 안에 남자아이들을 넣어 놓고 공통점을 찾게 해요.

엄 파란색은 어떤 아이들의 모임일까?
아 남자아이들의 모임이에요.

엄마가 노란색 끈 안에 여자아이들을 넣어 놓고 공통점을 찾게 해요.

엄 노란색은 어떤 모임이지?
아 여자아이들 모임이에요.
엄 맞아. 이렇게 어떤 조건에 따라 만들어진 모임을 수학에서는 '집합'이라고 해.

여자아이들 집합에 포함되는 새로운 집합을 고리로 표시하고, 안경 쓴 여아아이를 고리 안에 넣어요.

엄 집합 안에 또 다른 집합이 들어가게 할 수도 있단다. 파란 고리 안에 있는 아이는 노란색 집합에도 들어가고 파란색 집합에도 들어간단다.

Step 3 교집합과 여집합을 경험해요.

끈 있는 공 2개로 2개의 집합을 만들어요. 노란색은 머리카락이 검은색인 아이들의 집합이에요.

엄 노란색 집합에는 머리카락이 검은색인 아이들을 넣어줘.

파란색은 안경 쓴 아이들의 집합이에요. 가운데 아이는 머리도 검은색이고 안경도 쓰고 있어요.

엄 파란색 집합에는 안경을 쓴 아이들을 넣어줘.
아 안경도 쓰고 머리카락 색도 검으면 어떻게 해요?

두 집합에 다 포함되면 끈을 겹친 곳에 놓아요. 어느 집합에도 들어가지 못하는 나머지 아이들은 바깥쪽에 놓아요.

엄 두 집합에 모두 속하면 두 집합이 서로 포개진 곳에 놓자. 어디에도 들어가지 못하는 아이들은 밖에 놓아 주자.

> 파랑과 노랑 집합에 모두 속한 집합을 '교집합'이라고 해요. 파랑 또는 노랑에 속한 집합은 '합집합'이라고 해요. 어느 집합에도 속하지 않은 것은 두 집합의 '여집합'이라고 해요.

※ **집합**: 어떤 조건에 따라 결정되는 요소의 모임

Math Gabe 65

친구들아, 모여라

여러 기준으로 분류하기

9세 이상

여덟 종류의 도형이 있는 7가베는 다양한 평면도형을 익히기에 참 좋은 교구예요. 도형들을 꺼내고 탐색하면서 여러 가지 분류 기준으로 도형을 무리지어 보세요. 처음에는 엄마가 분류 기준을 정해 주고, 그 다음에는 아이 스스로 기준을 정하도록 해 보세요. 또 분류해 놓은 것을 보고 기준을 유추하는 활동도 해 보세요.

🔺 **놀이 목표**
도형을 기준에 따라 분류할 수 있어요.

📦 **준비물**
7가베 도형을 다양한 기준으로 분류해요.

Step 1 7가베 도형을 다양한 기준으로 분류해요.

7가베 여덟 개 도형을 하나씩 꺼내요.

꼭짓점과 변의 개수에 따라 분류해요.

💡 꼭짓점과 변이 4개인 도형은 사각형, 꼭짓점과 변이 3개인 도형은 삼각형이라고 부른단다.

변의 길이가 모두 같은 것, 2개의 변이 같은 것, 변의 길이가 모두 다른 것으로 분류해요.

💡 두 변의 길이가 같으면 '이등변'이라고 하고, 변의 길이가 모두 다르면 '부등변'이라고 한단다.

Step 2 분류된 것을 보고 분류 기준을 찾아요.

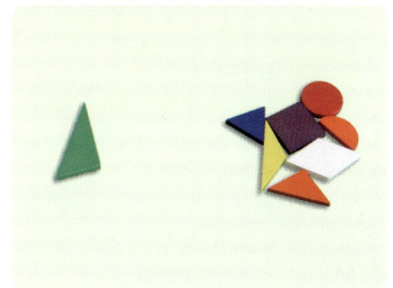

직각이 있는 도형과 없는 도형을 분류해요.
- 엄: 어떤 기준으로 분류했는지 알 수 있겠니?
- 아: 직각을 가지고 있는 도형과 그렇지 않은 도형으로 분류했어요.

선대칭도형과 아닌 것으로 분류해요.
- 엄: 어떤 기준으로 분류했을까?
- 아: 혼자 남은 삼각형은 선대칭도형이 되지 않고 나머지 도형은 모두 선대칭도형이에요.

둔각이 있는 도형과 없는 도형을 분류해요.
- 엄: 어떤 기준으로 분류했을까?
- 아: 마름모와 노란 삼각형은 직각보다 큰 각인 둔각을 가지고 있고, 나머지 도형들은 그렇지 않아요.

Step 3 아이 스스로 분류 기준을 정해요.

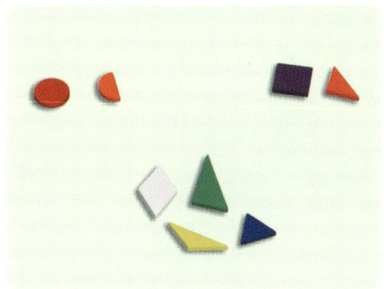

아이 스스로 기준을 정해서 분류하게 해 보세요.
- 엄: 또 어떻게 분류할 수 있을까?
- 아: 짝꿍 도형끼리 모아서 분류할 수 있어요.

- 아: 반원이 만나 원이 돼요. 직각이등변삼각형이 만나 정사각형이 돼요. 정삼각형과 둔각이등변삼각형이 만나 마름모가 될 수도 있고 직각부등변삼각형이 될 수도 있어요. 그래서 '짝꿍 도형'이라고 표현했어요.

> 분류하기 위해서는 아이 스스로 자료를 관찰하고 비교하여 같은 점을 찾아낼 수 있어야 합니다. 이런 놀이는 아이가 능동적으로 사고할 수 있도록 도와줍니다.

Math Gabe 66

4가베 볼링놀이

평균 이해하고 구하기

9세 이상

공을 굴려 직육면체를 쓰러뜨리는 볼링놀이를 신나게 한 다음, 각 선수의 평균을 구하는 수학활동을 해 보세요. 점의 개수를 같게 이동함으로써 자연스럽게 평균의 의미를 이해할 수 있어요. 또 이런 놀이를 통해서 평균이 생활 속에서 어떻게 쓰이는지도 알 수 있어요.

🔺 놀이 목표
평균을 구할 수 있어요.

📦 준비물
4가베, 2가베, 10가베, 스케치북

Step 1 볼링놀이를 해요.

4가베 직육면체 여덟 개를 책상 끝에 세우고 2가베 구를 준비해요.
👩 엄마와 함께 볼링게임을 해 보자.

스케치북에 점수판을 그려요.

차례를 정하고 구를 굴려요.

Step 2 평균을 이해하고 구해요.

쓰러뜨린 직육면체의 개수를 적어요.

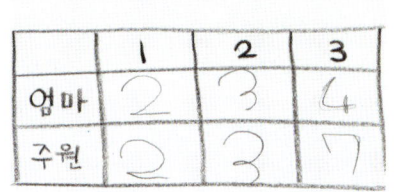

게임을 끝내고 각자 합계도 내어 보고, 누가 몇 개 더 쓰러뜨렸는지도 알아봐요.

엄 네 점수 중 가장 높은 점수는 몇 점이야?
아 7점요.
엄 가장 낮은 점수는?
아 2점요.
엄 그럼 네 점수를 말할 때 어떤 점수를 말하는 게 좋을까? 그럴 때 필요한 게 '평균'이란다.

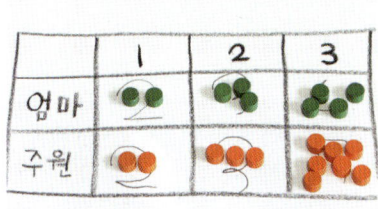

평균을 알아보기 위해 표에 쓰인 점수만큼 10가베 점을 놓아요.

엄 주원이 점수의 평균을 알아보자. 먼저 각 점수만큼 점을 올려 봐. 2점에는 점을 2개 올려.

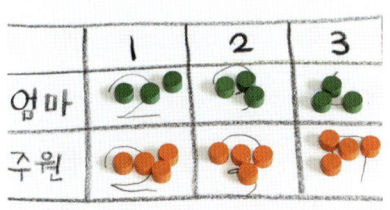

점을 옮겨 모두 같거나 비슷한 수가 되도록 해요. 또는 점을 모두 모은 후 3등분할 수도 있어요.

엄 세 칸에 있는 점수가 같도록 점을 옮겨 보자. 엄마는 한 칸에 3개씩 들어갔어.
아 저는 한 칸에 4개씩 들어갔어요.

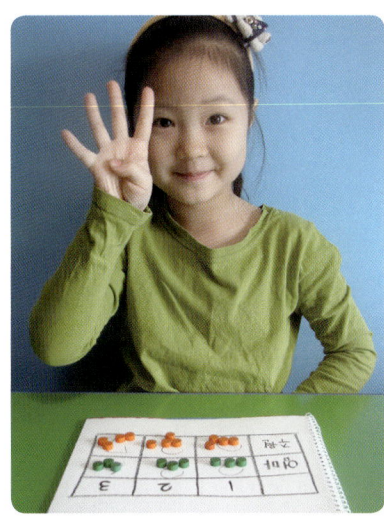

한 칸에 들어간 점의 개수가 '평균'이라는 것을 알려줘요.

엄 이렇게 여러 개의 값을 고르게 한 것을 '평균'이라고 해. 엄마의 평균 점수는 3점이야. 네 평균 점수는 몇 점이지?
아 4점이에요.
엄 그럼 너는 구를 굴릴 때마다 4개씩 쓰러뜨린 셈이야.

> 점수 내는 놀이를 할 때마다 합계만 구하지 말고 평균도 구해 보세요.

※**평균**: 서로 다른 값을 같게 만들어 주는 것. 믿을 만한 대푯값

Math Gabe 67

하루에 책을 몇 권 읽어?

평균 이해하고 구하기

9세 이상

아이에게 "하루에 책을 몇 권씩 읽어?"라고 물어보면 아이는 "어떤 날은 한 권, 어떤 날은 세 권, 그때그때 달라요."라는 식으로 대답할 겁니다. 그 대답 대신 하루에 평균 몇 권 읽는지 대답할 수 있게 해주는 놀이예요. 평균의 개념을 이해하고 시험 점수의 평균도 구해 보세요.

🔺 **놀이 목표**
평균을 구할 수 있어요.

📦 **준비물**
7가베, 10가베, 스케치북

Step 1 읽은 책의 평균을 구해요.

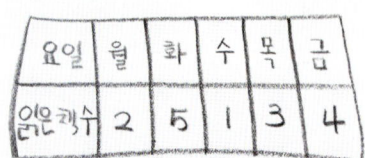

스케치북에 표를 만들어서 아이가 5일 동안 읽은 책의 권수를 적어요.

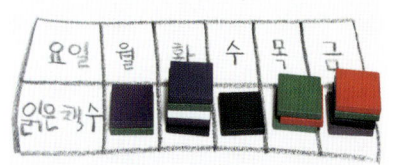

읽은 책의 수만큼 7가베 정사각형을 올려놓아요.
🟠 그럼 하루에 몇 권을 읽은 셈일까? 매일매일 읽은 책의 권수가 다른데 하루에 읽은 책의 권수를 뭐라고 말할까?

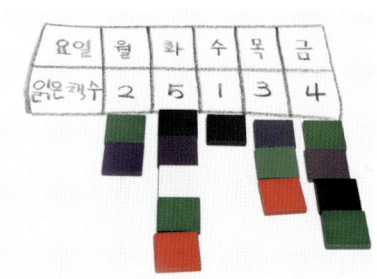

정사각형을 아래로 늘어놓아요.
🟠 정사각형을 아래로 늘어놓았더니 길이가 모두 다르네.

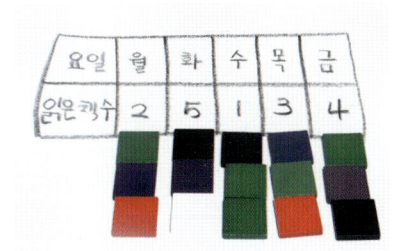

정사각형의 개수가 모두 같아지도록 옮겨 놓아요.

엄) 길이를 같게 만들어 주자.
아) 각 칸마다 정사각형이 3개씩 들어가요.

5일 동안 하루에 읽은 책의 평균은 3권이에요.

엄) 그럼 5일 동안 하루에 평균 3권 읽었다고 말할 수 있단다.

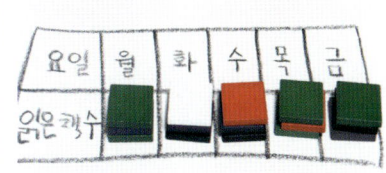

평균은 대푯값으로 사용할 수 있어요.

엄) 이렇게 모든 값이 다를 때 평균을 대푯값으로 사용할 수 있단다.

※**평균**: 서로 다른 값을 같게 만들어 주는 것, 믿을 만한 대푯값

Step 2 시험 점수의 평균을 구해요.

시험 점수의 평균을 계산하기 위해 점수표를 만들어요. 정사각형을 10점, 직각이등변삼각형을 5점, 10가베 점을 1점으로 사용하기로 해요.

엄) 지난번 시험 점수의 평균을 구해 보자. 과목의 점수를 모두 적어 봐.

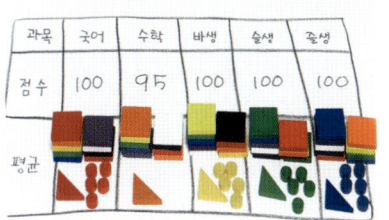

점수에 맞게 도형을 놓아요. 100점에는 10을 9개, 5를 1개, 1을 5개 놓았어요.

엄) 점수에 맞는 도형을 찾아서 놓아 보자. 평균을 계산할 때 편하도록 1과 5도 섞어서 놓아 주렴.

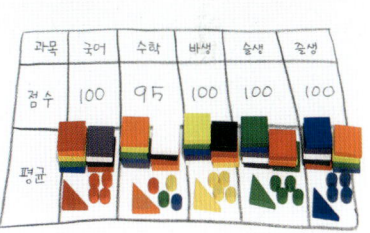

모든 칸의 점수가 같아지도록 도형을 옮겨 놓으니 점수는 99점이 되었어요. 평균 점수는 99점이에요.

엄) 평균을 알아보려면 모든 점수를 같게 만들어야 해. 100에서 점 하나씩을 빼서 95에 주었더니 모든 점수가 99가 되었구나. 너의 평균 점수는 몇 점이지?
아) 99점이에요.

Math Gabe 68

어떤 옷을 입을까?

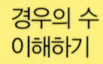

경우의 수 이해하기

예쁜 옷이 많이 있는데 오늘은 어떤 옷을 입을까? 옷입히기 놀이 속에도 수학이 있어요. 윗도리는 뭘 입고 아랫도리는 뭘 입을지 모든 경우를 생각해서 그 가짓수를 구해 보세요. 그러면서 '경우의 수'가 무엇인지 이해할 수 있어요.

🔺 **놀이 목표**
경우의 수를 구할 수 있어요.

📦 **준비물**
7가베, 스케치북

Step 1 옷 입히기 놀이를 해요.

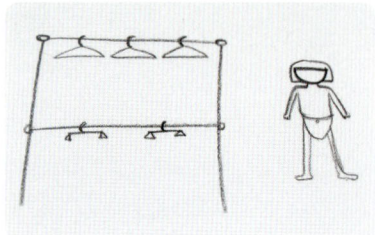

스케치북에 옷걸이와 여자아이를 그려요.
엄마: 여자아이가 외출을 하려고 준비하고 있어. 그런데 옷이 없네. 우리가 옷을 좀 만들어 줘야겠다.

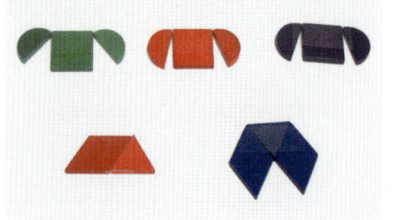

7가베 도형으로 옷을 만들고 테이프로 붙여요.

옷걸이에 예쁘게 놓아요.

여러 가지 상황을 가정하며 어울리는 옷을 골라서 입혀요.

🟠 친구 생일에 초대를 받았어. 어떤 옷을 입으면 좋겠니?
🔵 빨간색 치마를 입는 게 좋겠어요.

🟠 놀이터에 놀러갈 때는 어떤 옷을 입을까?
🔵 편한 바지요.

🟠 학교 갈 때는 어떤 옷을 입을까?
🔵 보라색 윗옷과 빨간 치마를 입을래요.

Step 2 옷을 입는 모든 '경우의 수'를 찾아요.

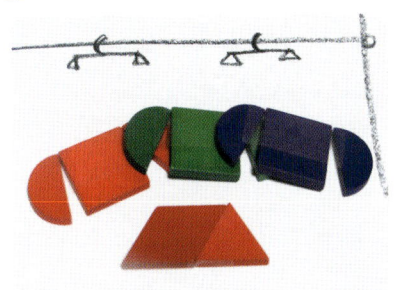

치마를 입을 경우 입을 수 있는 윗옷의 종류는 세 가지예요.

🟠 치마 한 벌과 함께 입을 수 있는 윗옷이 세 벌이구나. 그럼 치마를 입을 때의 경우의 수는 3이란다. 이렇게 어떤 일이 일어날 수 있는 모든 가짓수를 '경우의 수'라고 한단다.

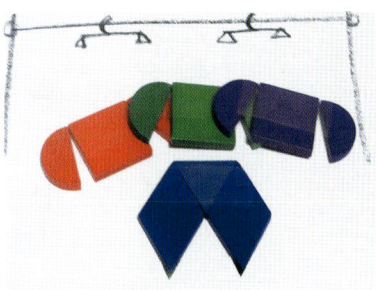

바지를 입을 경우 입을 수 있는 윗옷의 종류는 세 가지예요.

🟠 바지 한 벌과 함께 입을 수 있는 윗옷이 세 벌이구나. 그럼 바지를 입을 때의 경우의 수도 3이란다.

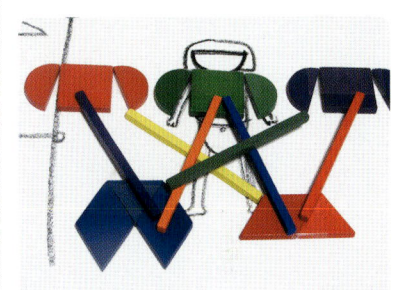

막대를 이용해 연결해 보아도 여섯 가지 경우가 나와요. 식으로 나타내면 3+3=6이에요.

🟠 그럼 아이가 입을 수 있는 모든 경우의 수는 얼마지?
🔵 3+3이니까 6이에요.

※ **경우의 수**: 어떤 일이 일어날 수 있는 모든 가짓수

학교 가는 길은 몇 가지?

경우의 수 이해하기

10세 이상

집에서부터 학교까지 가는 길이 여러 개 있어요. 쭉 뻗어있는 길은 빨리 갈 수 있어서 좋아요. 가끔은 구불구불한 길을 가기도 해요. 어느 날 뾰족뾰족 새 길이 생겼어요. 집에서 학교까지 가는 길은 모두 몇 가지인지 세면서 '경우의 수'를 이해할 수 있는 놀이예요.

▲ 놀이 목표
경우의 수를 구할 수 있어요.

📦 준비물
7가베, 8가베, 9가베, 10가베

Step 1 학교 가는 길의 경우의 수를 찾아요. (1)

7가베로 집과 학교를 만들어요.

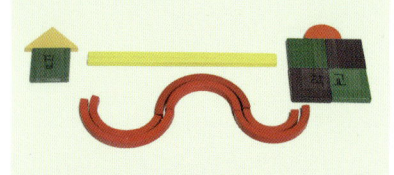

8가베로 쭉 뻗은 직선길을 만들고 9가베 반고리로 구불구불한 길을 만들어요.

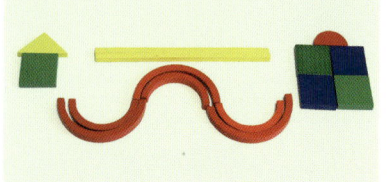

학교까지 갈 수 있는 길은 모두 2가지예요.

🟢 엄: 집에서 학교까지 갈 수 있는 방법은 모두 몇 가지야?
🟢 아: 2가지예요.
🟢 엄: 이렇게 어떤 일이 일어날 수 있는 모든 가짓수를 '경우의 수'라고 한단다.

Step 2 학교 가는 길의 경우의 수를 찾아요. (2)

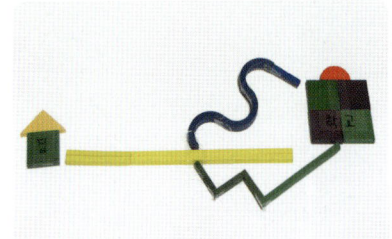

집에서 학교까지 가는 길을 사진과 같이 만들었어요.

🟠 이번엔 길을 좀 다르게 만들었어. 학교에 가는 모든 길을 찾아보자.

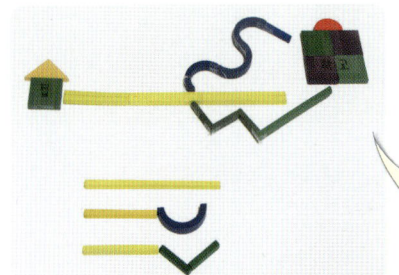

①노란 직선길, ②노란 직선길로 갔다가 파란 곡선길, ③노란 직선길로 갔다가 초록 꺾인길. 이렇게 모두 세 가지 길이 있어요.

🟠 집에서 학교까지 갈 수 있는 경우의 수는 몇이가?

🔵 3이에요.

💬 아이가 집에서 학교까지 가는 경우의 수도 생각해 보세요.

Step 3 학교 가는 길의 경우의 수를 찾아요. (3)

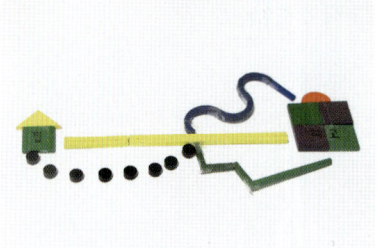

10가베 점을 이용해 위와 같이 징검다리 길을 하나 더 만들어요.

🟠 어느 날 징검다리 길이 하나 생겼어. 이제 학교까지 가는 길의 경우의 수는 어떻게 되지?

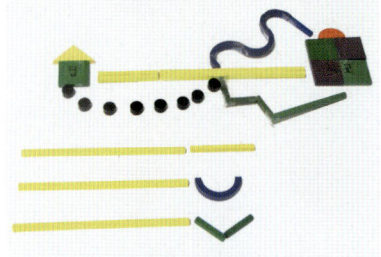

집에서부터 중간 지점까지 노란길로 갈 경우의 수를 찾아보세요.

🟠 먼저 집에서 노란길로 출발했을 때 갈 수 있는 모든 길을 찾아보자.

🔵 〈노란길+노란길〉, 〈노란길+파란길〉, 〈노란길+초록길〉 이렇게 세 가지예요.

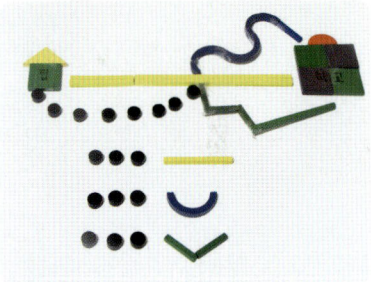

집에서부터 중간 지점까지 징검다리길로 갈 경우의 수를 찾아보세요.

🟠 검정길로 출발하면 길이 몇 개지?

🔵 〈검정길+노란길〉, 〈검정길+파란길〉, 〈검정길+초록길〉 모두 세 가지예요.

🟠 그럼 집에서부터 학교까지 갈 수 있는 모든 경우의 수는 몇이가?

🔵 3+3이니까 6이에요.

※ **경우의 수**: 어떤 일이 일어날 수 있는 모든 가짓수

Math Gabe 70

세 자리 수를 만드는 방법은?

경우의 수 이해하기

10세 이상

문제를 해결하는 방법이 한 가지 이상인 경우가 많아요. 여러 가지 방법으로 문제를 풀어 보고, 그런 과정 속에서 규칙을 발견해 나가는 것이 수학을 잘할 수 있는 길이에요. 이번 활동에서는 세 자리 수를 만들 수 있는 여러 방법과 그에 대한 규칙을 알아봐요.

🔺 **놀이 목표**
경우의 수를 구할 수 있어요.

🟧 **준비물**
5가베, 부록 스티커

Step 1 두 자리 수를 만드는 경우의 수를 찾아요.

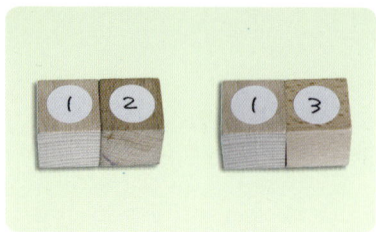

정육면체에 1, 2, 3 스티커를 하나씩 붙여요. 먼저, 십의 자리에 1이 오는 두 자리 수를 만들고 경우의 수를 세어요.

🟧 1, 2, 3으로 두 자리 수 만들기를 해 보자. 십의 자리에 1이 오는 경우는 몇 가지야?

🔵 12와 13이니까 2가지예요.

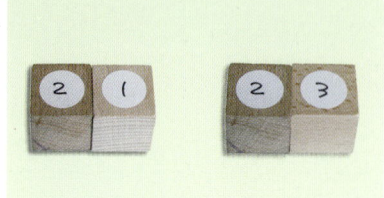

십의 자리에 2가 오는 두 자리 수를 만들고 경우의 수를 세어요.

🟧 십의 자리에 2가 오는 경우는 몇 가지야?

🔵 21과 23이니까 이것도 2가지예요.

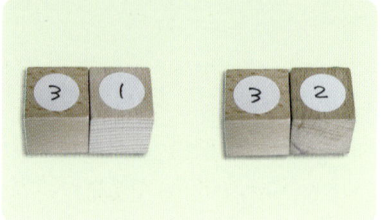

십의 자리에 3이 오는 두 자리 수를 만들고 경우의 수를 세어요.

🔵 이것도 방법이 2가지예요.

🟧 결국 1, 2, 3으로 두 자리의 수를 만드는 방법은 모두 몇 가지야?

🔵 6가지예요.

Step 2 세 자리 수를 만드는 경우의 수를 찾아요.

백의 자리에 1이 오는 세 자리 수를 만들고 경우의 수를 세어요.

엄 이번엔 세 자리 수를 만들려고 해. 백의 자리에 1이 오는 경우는 몇 가지이니까?

아 2가지예요.

백의 자리에 2가 오는 세 자리 수를 만들고 경우의 수를 세어요.

아 이것도 방법이 2가지예요.

백의 자리에 3이 오는 세 자리 수를 만들고 경우의 수를 세어요.

엄 이것도 방법이 2가지구나. 결국 1, 2, 3으로 세 자리 수를 만드는 방법은 모두 몇 가지야?

아 6가지예요.

Step 3 경우의 수를 구하는 공식을 이해해요. (1)

한 자리 수를 만들 때의 경우의 수를 찾아요. 일의 자리에 올 수 있는 수를 놓아요.

엄 이번에는 0이 수를 놓지 않고 몇 가지 방법이 있는지 알아보자. 한 자리 수라면 일의 자리에 올 수 있는 모든 경우는 세 가지야.

1~3을 한 번씩 써서 두 자리 수를 만들 때의 경우의 수를 찾아요. 먼저 십의 자리에 올 수 있는 수를 놓아요.

엄 두 자리 수를 만들 경우 십의 자리에는 세 가지 숫자가 모두 올 수 있어.

일의 자리에는 나머지 두 수가 올 수 있어요.

엄 일의 자리엔 어떨까? 이미 십의 자리에 숫자 하나가 있으니 남아있는 2개의 숫자가 일의 자리에 올 수 있겠지?

※ 경우의 수를 계산하는 법: 두 자리 수 만들기

십의 자리에 올 수 있는 수: 3개
일의 자리에 올 수 있는 수: 2개
⇒ 3×2=6 ⇒ 총 6가지

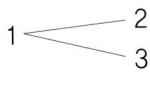

왼쪽 수에서 각각 뻗은 선이 2개씩이에요. 이것을 식으로 나타내면 3×2=6이 돼요.

Step 4 경우의 수를 구하는 공식을 이해해요. (2)

1~3을 한 번씩 써서 세 자리 수를 만들 때의 경우의 수를 찾아요. 먼저 백의 자리에 올 수 있는 수를 놓아요.

🧑 이제 세 자리 수를 만들어 보자. 백의 자리에는 몇 개의 숫자가 올 수 있을까?

🧒 3개요.

백의 자리에 하나가 남고, 십의 자리에 나머지 두 수가 올 수 있어요.

🧑 백의 자리에 하나의 숫자를 쓰면, 십의 자리에는 나머지 2개의 숫자가 올 수 있겠지?

십의 자리에 하나가 남고, 일의 자리에는 나머지 한 개의 수가 올 수 있어요.

🧑 일의 자리에는 나머지 한 개의 숫자가 올 수 있겠구나.

※ 경우의 수를 계산하는 법: 세 자리 수 만들기

백의 자리에 올 수 있는 수: 3개
십의 자리에 올 수 있는 수: 2개
일의 자리에 올 수 있는 수: 1개

⇒ 3×2×1=6 ⇒ 총 6가지

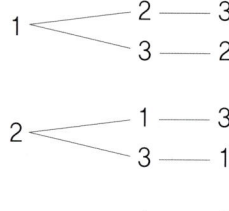

왼쪽 그림과 같이 총 여섯 가지로 나타낼 수 있어요. 이것을 식으로 나타내면 3×2×1=6이 돼요.

Step 5 공식을 활용해서 경우의 수를 구해요.

백의 자리에 3이 오는 세 자리 수의 경우의 수는 얼마일까요?

🧑 먼저 백의 자리에 3을 놓아 보자.

백의 자리에 3이 남고 십의 자리에는 두 가지 수가 올 수 있어요.

🧑 백의 자리에 3이 있으니 십의 자리에는 1 또는 2가 올 수 있겠지?

십의 자리에 하나의 수가 남고 일의 자리에는 나머지 한 개의 수가 올 수 있어요.

🧑 일의 자리에는 나머지 하나의 수만 올 수 있겠구나. 그럼 모두 몇 가지이까?

🧒 식으로 나타내면 1×2×1=2가 돼요. 그러니까 백의 자리에 3이 오는 세 자리 수의 경우의 수는 2예요.

Step 6 동전 던지기로 경우의 수와 확률을 이해해요.

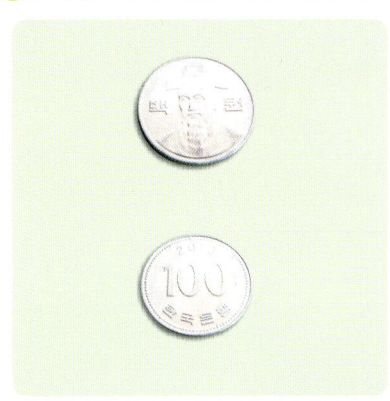

100원짜리 동전을 준비해서 앞면과 뒷면을 구분해요.

엄: 그림이 있는 쪽이 앞면이고, 숫자가 써진 쪽이 뒷면이야.

동전을 던졌을 때 어떤 면이 나오면 좋을지 아이에게 물어보세요.

엄: 주원이는 동전의 어떤 면이 나오면 좋겠어?

아: 앞면이요.

스케치북에 동전의 면 2개를 그리고 자신이 원하는 면에 색칠을 해요. 색칠한 앞면이 나올 확률은 2개 중의 하나, 즉 $\frac{1}{2}$이에요.

엄: 원 2개에 앞면과 뒷면을 표시한 후 네가 원하는 면에 색칠을 해 봐. 어떤 일이 일어날 가능성을 '확률'이라고 해. 동전을 던졌을 때 앞면이 나올 가능성은 2개 중의 하나지? $\frac{1}{2}$의 확률이 있는 거란다.

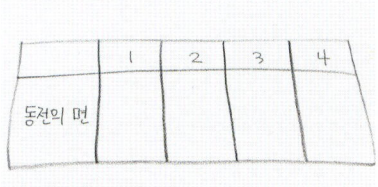

스케치북에 표를 그린 다음, 동전을 4번 던져서 표를 작성해요.

실제 앞면이 나온 경우는 $\frac{1}{4}$이에요. 확률은 가능성일 뿐 꼭 그대로 되지는 않아요.

엄: 우리가 계산한 확률대로라면 네 번 중의 두 번은 앞면이 나와야 하는데 앞면이 딱 한 번 나왔구나. 이렇게 확률은 가능성일 뿐 꼭 그대로 되는 것은 아니란다.

※ 확률: 어떤 일이 일어날 가능성

Chapter 5
규칙성과 문제 해결

규칙성과 문제 해결

규칙에는 모양의 규칙, 색깔의 규칙, 수의 규칙 등 여러 가지가 있어요. 직육면체 가베로 울타리를 만들면서 모양의 규칙을 직접 만들어 보세요. 또 7가베 도형들의 다양한 색을 규칙적으로 활용하여 패턴을 디자인해 볼 수도 있어요. 고리로 도넛을 만들고 도넛을 먹을 때마다 도넛의 수가 줄어드는 것을 눈으로 직접 확인하며 다양한 수의 규칙이 있음을 알게 돼요.

가베는 모양과 색깔이 가지각색이기 때문에, 모양과 색깔의 규칙을 손으로 직접 만들어 보고 체험해 보기 좋은 도구입니다. 이번 챕터에서는 가베로 여러 가지 규칙을 만들거나 발견하고, 그 속에서 문제를 해결하는 과정을 연습해 봐요. 그러고 나서 우리 주변에서 규칙을 찾는 놀이를 연결해 보세요. 아이들은 어느새 규칙 찾는 재미에 푹 빠질 겁니다.

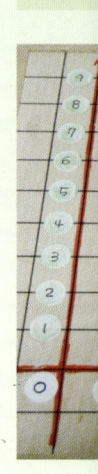

패턴 디자이너

무늬의 규칙 찾기

6세 이상

옷의 무늬, 벽지나 타일의 무늬 등 우리 주변에는 수많은 무늬가 있어요. 자세히 살펴보면, 대부분의 무늬들은 일정한 규칙을 가지고 있어요. 정육면체에 모양을 붙여 규칙이 있는 모양놀이를 해 보세요. 단순하지만 규칙 만들기에 따라 다양한 무늬를 만들 수 있어요.

🔺 **놀이 목표**
규칙이 있는 무늬를 만들 수 있어요.

📦 **준비물**
3가베, 7가베, 양면테이프, 스케치북(그리드판)

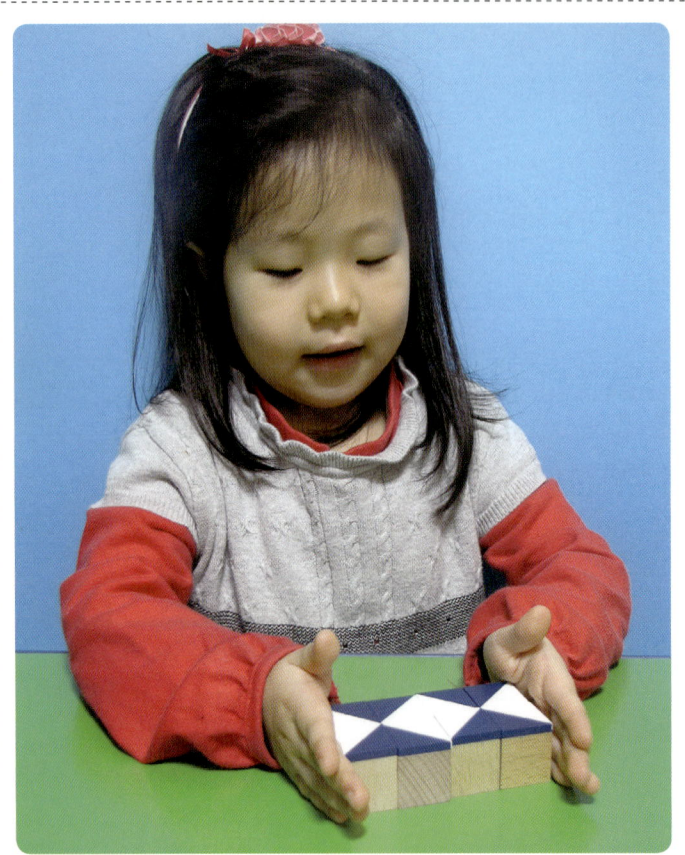

Step 1 단순한 규칙의 무늬를 만들어요.

3가베와 7가베의 직각이등변삼각형(두 가지 색)을 준비해요.

정육면체의 한 면에 직각이등변삼각형을 사진과 같이 붙여요.

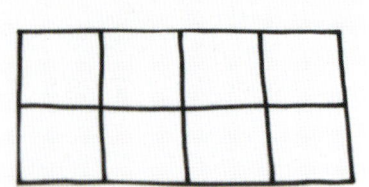

스케치북에 8칸의 그리드판을 그려요. 한 칸의 크기가 2.5cm×2.5cm가 되도록 해요.

2개의 정육면체로 모양을 제시해 주세요.

엄 어떤 모양처럼 보이니?
아 팽이 같아 보여요.

엄마가 제시한 모양을 이용해 규칙이 있는 무늬를 만들어 보게 해요.

엄 나머지 공간에도 팽이모양처럼 만들어 줄래?

엄 이번엔 아랫부분을 반대로 돌려 보자.
아 모래시계 같아요.

Step 2 복잡한 규칙의 무늬를 만들어요.

다른 모양을 제시해 줘요.

엄 이 모양을 이용해서 여러 가지 규칙적인 무늬를 만들어 보자.

제시된 모양을 이용하여 규칙이 있는 무늬를 만들어 보게 해요.

엄 어떤 규칙으로 만들었어?
아 윗줄은 그대로 반복하고 아랫줄은 오른쪽으로 90도 돌려서 놓았어요.

엄 이건 어떤 규칙으로 만들었어?
아 윗줄은 그대로 반복하고 아랫줄은 180도 돌려서 놓았어요.

그리드 가운데에 조금 어려운 모양을 제시해 보았어요.

엄 이 모양을 이용해서 여러 가지 규칙적인 무늬를 만들어 보자.

제시된 모양을 이용하여 규칙이 있는 무늬를 만들어 보게 해요.

엄 어떤 규칙으로 만들었지?
아 주어진 모양을 뒤집어서 놓았어요.

엄 바람개비 같구나. 이건 어떤 규칙으로 만들었어?
아 주어진 모양을 각각 90도씩 돌려서 놓았어요.

규칙적인 무늬를 만들면서 무늬의 규칙성을 경험해 볼 수 있어요.
또 무늬의 뒤집기, 돌리기를 직접 해봄으로써 공간감각을 기를 수 있어요.

Math Gabe 72

울타리 디자이너
모양의 규칙 찾기

7세 이상

규칙에는 수의 규칙, 모양의 규칙, 색깔의 규칙 등 여러 가지가 있어요. 직육면체의 서로 다른 면을 이용해 다양한 모양의 울타리를 만들며 규칙을 찾고 만들어 봐요. 어떤 규칙으로 울타리의 모양을 만들 수 있을까요?

🔺 **놀이 목표**
규칙이 있는 모양을 만들 수 있어요.

📦 **준비물**
4가베, 6가베

Step 1 모양의 규칙을 찾아요.

4가베 직육면체와 6가베 직육면체를 모두 꺼내요.

💬 이 가베들로 집과 울타리를 지어 보자.

가베 상자를 이용해서 집을 만들어요.

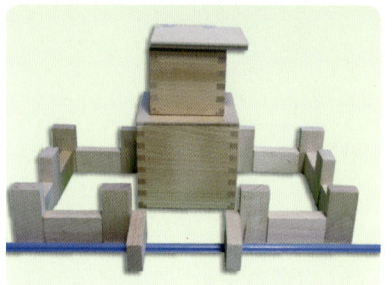

직육면체를 이용해 집의 울타리를 만들어요.

💬 집 주변에 멋진 울타리를 만들어 보자. 엄마가 만든 울타리에는 어떤 규칙이 숨어있을까?

만들어진 울타리를 보고 규칙을 찾아보세요.

🟠 찾은 규칙이 무엇인지 만들어 보겠니?
🔵 'ㄴ' 모양이 계속 반복되는 규칙이 있어요.

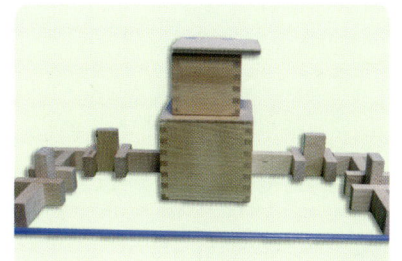

반복되는 규칙의 무늬를 만들어요.

🟠 다른 울타리를 만들었어. 규칙을 찾을 수 있겠니?

사진과 같은 규칙을 찾을 수 있어요.

Step 2 규칙이 있는 모양을 만들어요.

아이가 직접 규칙을 정하고 울타리를 만들어 보게 해요.

🟠 이번에는 네가 울타리를 만들어 봐. 어떤 규칙이 있는지 엄마가 찾아볼게.

이 놀이를 하고 나서 우리 주변에 있는 사물이나 디자인에서 모양 규칙을 찾는 놀이를 해 보세요.

Math Gabe 73

날마다 도넛을 먹어요
수의 규칙 찾기

7세 이상

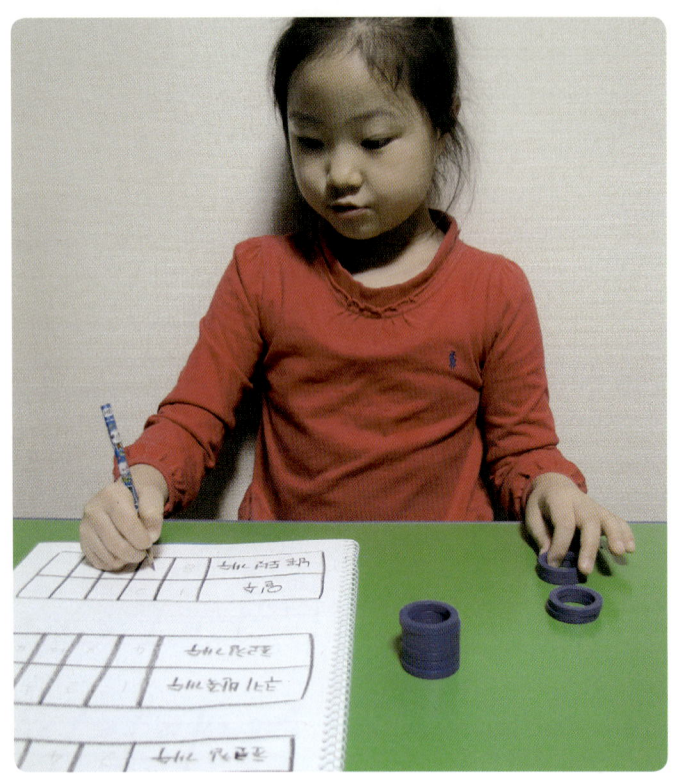

매일 일정한 개수의 비타민을 먹는다면 날이 갈수록 남은 비타민의 개수는 점점 줄어들겠죠? 이렇게 한쪽 수가 커질수록 다른 쪽 수는 점점 작아지는 수의 규칙을 경험해 보는 놀이예요. 일상생활 속에서 나타나는 규칙적인 현상들을 찾아보세요.

🔺 **놀이 목표**
수의 규칙을 찾을 수 있어요.

📦 **준비물**
9가베, 10가베, 스케치북

Step 1 수의 규칙을 찾아요.

9가베 작은 고리를 10개 꺼내서 도넛으로 사용해요.

🟠 오늘은 이 작은 고리가 맛있는 도넛으로 변신할 거야. 수리수리마수리 변해라 얍!

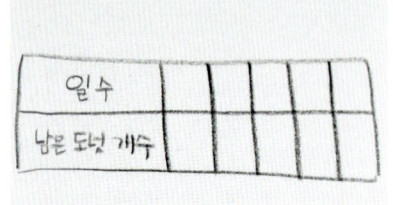

스케치북에 표를 그려요.

아이에게 도넛 10개를 주고, 하루에 2개씩만 먹으라고 해요.

🟠 엄마가 맛있는 도넛을 10개 사왔어. 그런데 도넛 10개를 한 번에 다 먹는 게 아니라 하루에 2개씩 먹을 수 있단다.

전체 도넛에서 첫째 날 먹은 도넛 2개를 뺀 후 세어서 표에 적어요.

㉢ 첫째 날 도넛 2개를 먹었어. 도넛은 몇 개가 남았지?

㉠ 8개가 남았어요.

8개의 도넛에서 둘째 날 먹은 도넛 2개를 뺀 후 세어서 표에 적어요.

㉢ 둘째 날 도넛 2개를 먹었어. 도넛은 몇 개가 남았지?

㉠ 6개가 남았어요.

6개의 도넛에서 셋째 날 먹은 도넛 2개를 뺀 후 세어서 표에 적어요.

㉢ 셋째 날 도넛 2개를 먹었어. 도넛은 몇 개가 남았지?

㉠ 4개가 남았어요.

4개의 도넛에서 넷째 날 먹은 도넛 2개를 뺀 후 세어서 적어요.

㉢ 넷째 날 도넛 2개를 먹었어. 도넛은 몇 개가 남았지?

㉠ 2개 남았어요.

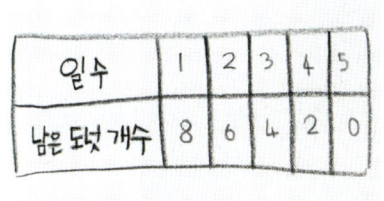

표에 모두 적은 다음, 어떤 규칙이 있는지 살펴봐요.

㉢ 표에 적힌 수를 잘 봐봐. 어떤 규칙이 있는 것 같아?

㉠ 윗줄의 수는 점점 커지고 아랫줄의 수는 점점 작아져요.

㉢ 맞아. 좀 더 자세히 말하면 날수가 1씩 늘어날수록 도넛의 개수는 2씩 작아지는구나.

> 이런 수의 규칙은 생활 속에서도 자주 경험할 수 있어요. 간식 먹기, 색종이 사용하기 등 일정 기간 동안 규칙적으로 소모되어지는 것들을 알아보고 수의 규칙을 정리해 보는 활동도 해 보세요.

Math Gabe 74

짝이 없는 친구는 누구?

7세 이상

홀수·짝수 이해하기

어릴 적 공깃돌을 쥐고 '홀짝 놀이'를 많이 해 보셨죠? 간단하면서도 '홀수, 짝수' 개념을 익히기에 아주 좋은 놀이지요. 아이와 교실놀이를 하면서 홀수, 짝수를 알아봐요. 수학 교과서에는 홀수, 짝수가 5학년 과정에 나오지만, 어렵지 않은 개념이어서 1학년 아이와도 가능한 놀이예요. 그럼 교실부터 만들어 볼까요?

🔺 **놀이 목표**
홀수와 짝수의 개념을 이해할 수 있어요.

📦 **준비물**
4가베, 6가베, 8가베, 준1가베, 3가베

Step 1 짝꿍 지어 주며 홀수·짝수를 이해해요.

정육면체의 구멍이 보이도록 하여 직육면체와 붙여요. 의자 아랫부분 구멍을 투명테이프로 막아요. 직육면체 2개와 받침 2개로 책상을 만들어요.

🟠 오늘은 학교놀이를 해 보자. 친구들이 앉을 수 있는 의자와 책상을 만들어 볼까?

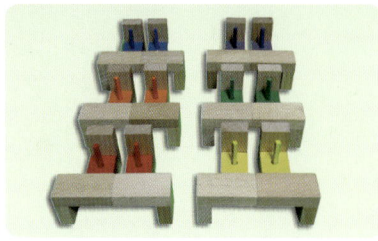

6가지 색의 의자를 2개씩 모두 12개 만들어요. 책상도 6개 만들어요. 8가베 2번 막대(5cm)를 구멍에 꽂아요.

🟠 여기는 구 친구들이 다니는 학교야. 구는 굴러다니니까 의자에 안전벨트를 끼워 주자.

준1가베의 구 12개를 책상에 앉혀요. 12개의 구는 모두 짝이 있어요.

🟠 모두 짝꿍이 있구나. 이렇게 남는 것 없이 모두 짝을 이루는 수를 '짝수'라고 한단다. 그러니까 12는 짝수야.

구 하나를 빼면 짝 없는 구가 하나 생겨요.

엄 구 하나가 아파서 병원에 갔어. 구는 모두 몇 개지?

아 11개요.

엄 하나의 구가 짝꿍이 없네. 이렇게 혼자 남게 되는 수는 '홀수'야. 그래서 11은 홀수란다.

다른 책상의 구를 꺼내니 10개가 남아요.

엄 빨간 구 하나도 시골에 가야 해서 일찍 집으로 돌아갔어. 10개의 구 중에 짝꿍이 없는 구가 2개야. 그럼 10은 짝수일까? 홀수일까?

아 짝수요.

엄 짝꿍 없는 친구들이 있는데 왜 짝수야?

짝이 없는 구를 옮겨 짝을 만들어 주세요.

아 짝이 없는 구끼리 서로 짝을 지어줄 수 있어요.

엄 그렇구나. 그래서 10은 짝수이구나.

Step 2 짝수·홀수의 덧셈 규칙을 이해해요.

3가베로 1~6이 적혀 있는 주사위 2개를 만들어요.

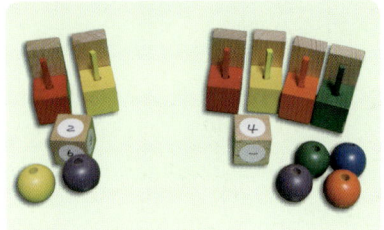

주사위 2개를 던져 2와 4가 나왔어요. 나온 두 수는 모두 짝수예요.

짝수 + 짝수 = 짝수

짝수와 짝수가 만나면 두 수의 합은 짝수가 돼요.

엄 짝이 있는 친구들이 만나면 어떻게 될까? 혼자 남는 친구가 없구나. 짝수 2와 짝수 4가 만나면 짝수 6이 되는구나.

짝수와 홀수가 만나면 두 수의 합은 홀수가 돼요.

엄 짝수 4와 홀수 1이 만나면 혼자 남는 친구가 있네. 홀수 5가 되었구나.

짝수 + 홀수 = 홀수

홀수와 홀수가 만나면 두 수의 합은 짝수가 돼요.

엄 홀수 3과 홀수 1이 만나면 어떻게 될까?

아 짝이 없는 두 친구가 짝꿍이 될 수 있어요.

홀수 + 홀수 = 짝수

짝이 없는 두 구를 짝지어 주니 짝수가 되었어요.

홀수, 짝수를 알기 위해 2개씩 짝짓는 활동은 수의 양감을 길러 주는 데 도움이 됩니다. 또 수의 배열에서 홀수와 짝수가 번갈아 놓이는 규칙성을 알게 되지요.

Math Gabe 75

방석 차지하기 게임

좌표 찾기

9세 이상

수많은 칸이 있는 놀이판에서 특정한 지점을 어떻게 알려줄 수 있을까요? 손으로 정확히 짚어 주지 않고도 두 수를 이용해서 정확한 위치를 찾는 방법이 바로 '좌표'입니다. 가로줄과 세로줄의 교차점을 찾는 게임을 하면서 좌표 찾기를 익혀 보세요.

🔺 **놀이 목표**
좌표를 찾을 수 있어요.

📦 **준비물**
7가베, 10가베, 준1가베, 그리드판, 부록 스티커

Step 1 가로와 세로가 만나는 좌표를 찾아요.

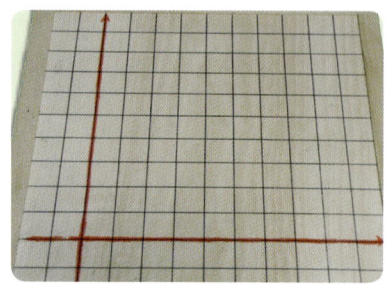

그리드판에 투명테이프를 붙인 뒤 매직으로 가로축과 세로축을 표시해요.

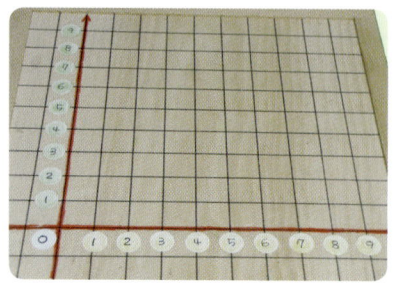

0 표시를 하고 가로는 노랑, 세로는 초록으로 숫자 스티커를 붙여요.

🟠 2개의 빨간 선이 만나는 곳이 0이야. 오른쪽으로 갈수록 숫자가 커지고 위로 올라갈수록 숫자가 커진단다. 가로는 노란색 숫자, 세로는 초록색 숫자 스티커를 붙여보자.

준1가베에서 노랑과 초록 정육면체를 꺼내 각각 1, 2, 3 숫자를 2개씩 써 주세요.

7가베 정사각형 여러 개를 마음에 드는 자리에 고정시켜요. 정사각형에 많이 들어가는 사람이 이기는 게임을 할 거예요.

🟠 정사각형은 방석이야. 이 방석을 많이 차지하면 게임에 이긴단다.

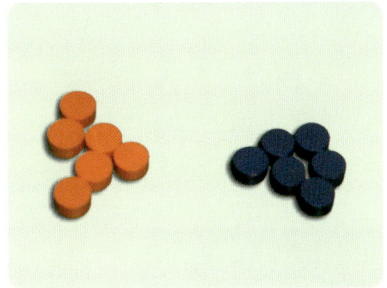

주황팀과 파랑팀을 정하고 같은 색의 10가베를 5개씩 꺼내요. 가위바위보로 순서를 정해요.

🟠 주황팀이 가위바위보를 이겼으니까 먼저 주사위를 던져봐.

노랑 주사위에 3이 나왔으니 가로축에서 3을 찾고, 초록 주사위에 1이 나왔으니 세로축에서 1을 찾아요. 3과 1이 만나는 교차점인 (3, 1)을 찾아 점을 놓아요.

🟠 주사위에 나온 두 수가 만나는 자리를 찾아 점을 놓자.

파랑팀은 (2, 3)이 나왔어요. 가로축에서 2, 세로축에서 3인 곳을 찾아 점을 놓아요.

주황팀은 (2, 2)가 나왔어요. 이미 나와 있는 말을 옮기거나 새로운 말을 꺼낼 수 있는데, 초록색 방석이 (2, 2) 자리이기 때문에 새로운 말을 초록색 정사각형 안에 넣었어요.

파랑팀은 (3, 2)가 나왔어요. (2, 3)에 있던 점을 가로로 3, 세로로 2만큼 옮겼더니 (5, 5)가 되었어요.

주황팀은 (2, 3)이 나와 (3, 1)에 있던 점을 가로로 2, 세로로 3 옮겨와 (5, 4)가 되었어요.

이와 같은 방법으로 계속 게임을 하면서 정사각형 안으로 많이 들어가도록 해 보세요. 모든 방석을 차지하거나 마지막 방석 (9, 9)를 벗어나 더 이상 방석을 차지할 수 없을 때 게임이 끝나요.

💬 놀이를 반복하면서 좌표 읽기에 익숙해지게 됩니다. 좌표는 중학교 과정에서 배우지만 우리 주변에서 쉽게 볼 수 있어요. 아파트의 호수, 사물함의 번호, 지도의 위도와 경도 등이 그 예랍니다.

Math Gabe 76

이익일까, 손해일까?

이익과 손해 이해하기

8세 이상

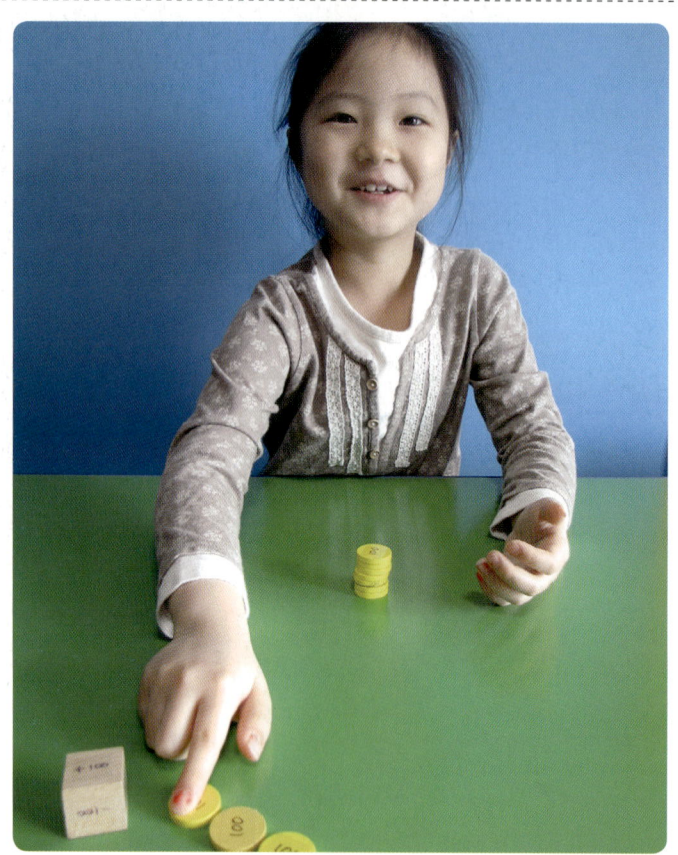

수학놀이를 하다 보면 더하기 빼기는 어느 정도 할 수 있으면서 이익과 손해를 계산하는 것에는 서투른 아이들을 종종 볼 수 있어요. 동전놀이를 하면서 처음 가진 돈에 비해 손해인지 이익인지 알아보는 놀이를 해 봐요.

🔺 **놀이 목표**
이익과 손해의 개념을 이해할 수 있어요.

📦 **준비물**
7가베, 3가베

Step 1 손해와 이익의 개념을 알아요.

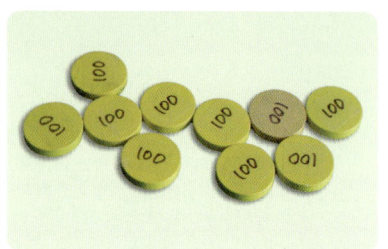

7가베 원을 꺼내 투명테이프를 붙인 후 네임펜으로 100을 써서 100원짜리 동전을 만들어요. (실제 동전을 사용해도 됩니다.)

3가베 정육면체에 투명테이프를 붙이고 네임펜을 이용해 +100(2개), -100(2개), +200, -200을 적어요.

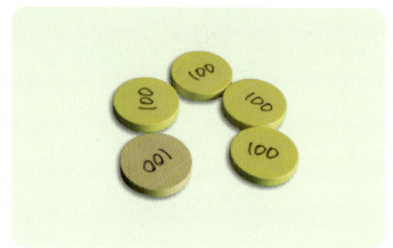

먼저 500원을 아이에게 줘요.
엄: 엄마가 동전 5개를 줄게. 그럼 넌 얼마를 가진 거야?
아: 500원이요.

주사위를 던지니 −100이 나왔어요. 500원에서 100원을 빼니 400원이 남았어요. '손해'의 개념을 알려 줘요.

🟠 처음 가진 것보다 적게 남았을 때 '손해'라고 한단다. 100원의 손해를 본 거야.

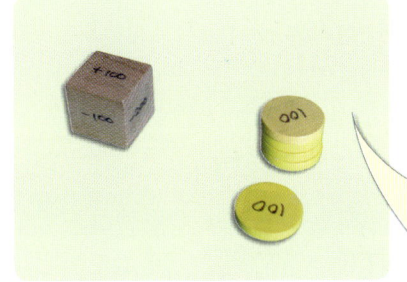

주사위를 던져 +100이 나왔어요. 다시 100을 더하니 500원이 되었어요. 처음과 같은 금액이므로, 손해도 이익도 아니에요.

🟠 다시 500원이 되었구나. 그럼 이익일까, 손해일까?

🔵 이익이에요.

🟠 처음에 500원이 있었는데 지금도 똑같이 500원이 있으니 이건 이익도 손해도 아닌 거야. 이것을 흔히 '본전'이라고 하고, 전문용어로는 '손익분기점'이라고 한단다.

💬 주사위에 +100이 나오면 아이는 이익이라고 생각해요. 처음 가지고 있던 것을 생각하지 않고 지금 100을 얻은 것만 생각하기 때문이에요. 처음 가지고 있었던 것이 기준임을 알려 주세요.

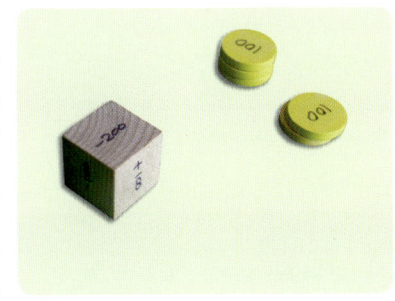

이번에는 주사위에 −200이 나왔어요. 200을 빼니 300원이 남았어요. 얼마의 손해를 보았나요?

🟠 처음 가졌던 것보다 200원 손해를 보았구나.

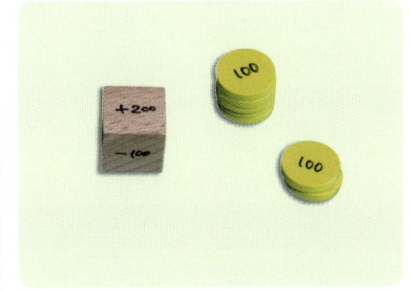

주사위를 던진 값이 두 번 연속으로 +200이 나왔어요. 가진 돈은 모두 700원이 되었어요. 처음 가진 돈보다 200원 이익을 보았어요.

🟠 가진 돈이 모두 700원이 되었구나. 손해일까, 이익일까?

🔵 이익이에요.

🟠 얼마의 이익을 봤어? 처음 가진 돈과 비교해 봐.

🔵 200원의 이익을 봤어요.

💬 가게놀이를 하면서 이익과 손해의 개념을 연습해 보세요.

학년별 놀이 찾기 2012년 교육과정 기준

⟨1학년⟩

수학 영역	놀이 목표	책 속 놀이
수와 연산	숫자와 양의 관계 이해하기	➡ 쌍둥이 주사위를 던져라 22
	수의 크기 비교하기	➡ 어느 접시를 먹을까? 26
	한 자리 수의 덧셈	➡ 빵 더하기 놀이 32
	수의 가르기와 모으기	➡ 숨은 공은 몇 개? 34
	더하기와 양의 관계 이해하기	➡ 덧셈 매트릭스 36
	10의 보수 찾기	➡ 계란을 팔아요 38
	가르기와 모으기	➡ 1가베 볼링놀이 40
	10 가르기	➡ 곶감 나눠 먹기 42
	길이를 이용해 더하기	➡ 빼빼로가 길어져요 44
	수와 길이의 관계 이해하기	➡ 라푼젤을 구해줘 46
	덧셈과 뺄셈의 혼합계산	➡ 열매를 따요 48
	게임으로 덧셈 연습하기	➡ 삼각형 덧셈 퍼즐 50
도형	다각형 만들기	➡ 색깔공과 모양 친구들 98
	입체도형 탐색하기	➡ 발자국을 남겨라! 146
	입체도형 탐색하기	➡ 도형 매트릭스 148
규칙성과 문제 해결	수의 규칙 찾기	➡ 날마다 도넛을 먹어요 234

⟨2학년⟩

수학 영역	놀이 목표	책 속 놀이
수와 연산	자릿수의 의미 이해하기	➡ 자리에 따라 달라요 24
	수의 크기 비교하기	➡ 어느 접시를 먹을까? 26
	가르기와 모으기	➡ 1가베 볼링놀이 40
	받아올림이 있는 두 자리 수의 덧셈	➡ 1가베 볼링놀이 40
	받아내림이 있는 두 자리 수의 뺄셈	➡ 10만 묶는 고리 괴물 (2) 54
	세 자리 수 덧셈과 뺄셈	➡ 용돈을 벌어요 56
	곱셈 이해하고 활용하기	➡ 과녁 맞추기 게임 60
	2씩 커지는 수 찾기	➡ 초코칩 쿠키 만들기 62
	배수의 개념 이해하기	➡ 꼭짓점이 늘어나요 64
	배수와 약수의 개념 이해하기	➡ 막대가 늘어나요 67
	등분할로 분수 이해하기	➡ 케이크를 나눠 먹어요 76
	등분할로 분수 이해하기	➡ 쓱싹쓱싹 떡을 썰어요 79
	등분할된 도형으로 분수 이해하기	➡ 7가베 도형 퍼즐 82
도형	쌓기나무 세기	➡ 나는 건축 디자이너 168
측정	나만의 자로 길이 재기	➡ 거인 나라 자 184
확률과 통계	그림그래프로 표현하기	➡ 도형 인기투표 208
규칙성과 문제 해결	모양의 규칙 찾기	➡ 울타리 디자이너 232

〈3학년〉

수학 영역	놀이 목표	책 속 놀이
수와 연산	나눗셈 개념 이해하기	➡ 동생이랑 나눠 먹어요 70
	분수를 읽고 알맞은 조각 찾기	➡ 조각조각 방석 만들기 84
도형	각의 개념 이해하기	➡ 부채를 펼쳐라! 102
	직각을 가진 물건 찾기	➡ 직각 먹는 물고기 105
	도형 뒤집기	➡ 3가베 대칭놀이 124
	도형 뒤집기	➡ 4가베 대칭놀이 126
	도형 뒤집기	➡ 10가베 대칭놀이 128
	도형 돌리기	➡ 3가베 회전놀이 133
	도형 돌리기	➡ 4가베 회전놀이 136
	도형 돌리기	➡ 10가베 회전놀이 138
측정	들이의 개념 이해하기	➡ 우유 한 컵 주세요 186
	들이에 맞는 그릇 만들기	➡ 어떤 그릇을 만들까? 188
확률과 통계	여러 기준으로 분류하기	➡ 친구들아, 모여라 212
규칙성과 문제 해결	무늬의 규칙 찾기	➡ 패턴 디자이너 230

〈4학년〉

수학 영역	놀이 목표	책 속 놀이
수와 연산	분수를 읽고 알맞은 조각 찾기	➡ 조각조각 방석 만들기 84
도형	삼각형이 되는 조건	➡ 삼각형이 되고 싶어 100
	다양한 삼각형의 이름	➡ 삼각형, 네 이름이 뭐니? 108
	다양한 사각형의 이름	➡ 사각형, 네 이름이 뭐니? 110
	칠교 만들어서 놀기	➡ 칠교 퍼즐놀이 112
	펜토미노 만들어서 놀기	➡ 펜토미노 퍼즐놀이 116
	입체도형 탐색하기	➡ 도형 매트릭스 148
측정	평면도형의 둘레 구하기	➡ 울타리를 지어 줘 190
	직사각형과 정사각형의 넓이 공식 이해하기	➡ 제일 넓은 곳은? 194
	평면도형의 넓이 공식 이해하기	➡ 넓이가 궁금해 198
	어림하여 세기	➡ 너무 많은 건 어떻게 셀까? 201

〈5학년〉

수학 영역	놀이 목표	책 속 놀이
수와 연산	배수의 개념 이해하기	➡ 꼭짓점이 늘어나요 64
	배수와 약수의 개념 이해하기	➡ 막대가 늘어나요 67
	분수의 곱셈 이해하기	➡ 비스킷 나눠 먹기 88
	분수의 곱셈 이해하기	➡ 포도송이 분수놀이 90
도형	선대칭도형 이해하기	➡ 친구를 껴안아 줘 130
	점대칭 위치에 있는 도형 만들기	➡ 180도 돌려봐 140
	직육면체와 정육면체 비교	➡ 같은 점 vs 다른 점 151
	직육면체와 정육면체의 비교	➡ 몇 개나 들어갈까? 154
	정육면체의 전개도 만들기	➡ 나는 의상 디자이너 (1) 158
	정육면체의 전개도 찾기	➡ 맞는 옷을 찾아라 160
	직육면체의 전개도 만들기	➡ 나는 의상 디자이너 (2) 162
확률과 통계	평균 이해하고 구하기	➡ 4가베 볼링놀이 214
	평균 이해하고 구하기	➡ 하루에 책을 몇 권 읽어? 216
규칙성과 문제 해결	홀수 · 짝수 이해하기	➡ 짝이 없는 친구는 누구? 236

〈6학년〉

수학 영역	놀이 목표	책 속 놀이
도형	삼각기둥의 전개도 만들기	➡ 나는 의상 디자이너 (3) 164
	원기둥의 전개도 만들기	➡ 나는 의상 디자이너 (4) 166
	쌓기나무 세기	➡ 나는 건축 디자이너 168
	위·앞·옆에서 본 모양	➡ 방향에 따라 달라요 171
	소마큐브 만들어서 놀기	➡ 소마큐브 퍼즐놀이 176
확률과 통계	경우의 수 이해하기	➡ 어떤 옷을 입을까? 218
	경우의 수 이해하기	➡ 학교 가는 길은 몇 가지? 220
	경우의 수 이해하기	➡ 세 자리 수를 만드는 방법은? 222

〈중학교 1학년〉

수학 영역	놀이 목표	책 속 놀이
확률과 통계	집합으로 묶기	➡ 친구를 찾아라 210
규칙성과 문제 해결	좌표 찾기	➡ 방석 차지하기 게임 238
	이익과 손해 이해하기	➡ 이익일까, 손해일까? 240

놀면서 배우는 **창의력** 발달
명품 조립교구 **미코믹**

1. 전세계 면세점 및 기내 판매 1위!
인천,제주공항 및 세계 40여개국 면세점 입점, 대한항공,아시아나 절찬리 기내판매 중

2. 독일 명품 디자인과 교육의 만남, 그 결정체!
독일 유명 완구 디자이너 클라우스 미클리츠와 교육전문가들의 합작품

3. 무독성 천연원료 사용!
독일 BASF의 무독성 원료 사용으로 EN71등 세계유명 안전기준치 통과

4. 창의력을 키워주는 멀티과학놀이!
핀과 집게를 이용해 완성품은 움직임을 갖는 장난감으로 탄생하며 과학적인 연구능력 발달

5. 감성을 자극하는 컬러테라피!
교육전문가들의 연구끝에 탄생한 미코믹만의 컬러와 촉감의 조화

미코믹 ·mic·o·mic·

독일 디자이너와 교육학자들의 기획으로 탄생된 조립기구 **미코믹!**

Always love kids

미코믹 한국 공식 독점 수입판매원 ㈜쿠키즈 www.toytree.co.kr
서울시 양천구 목1동 923-11 범문빌딩 6층 TEL : 02-2653-2660

로그인 유아영어 베스트셀러

'영어' 하면 기죽는 보통 엄마들의 고민 끝!
엄마표 생활영어 표현사전
쑥쑥닷컴영어교육연구소(홍현주 외) 저 | 560면 | 22,000원(MP3 다운로드 제공)

150만 쑥쑥맘이 열광한 '영어교육' 베스트 1위! How are you?밖에 모르는 영어꽝 엄마도 이 책 한 권이면 365일 아이와 영어로 말할 수 있다. 대한민국 No.1 영어교육 사이트인 『쑥쑥닷컴』이 엄선한 생활회화 8,000문장을 총 46챕터, 400여 개 소주제로 상세히 분류하여 소개하고 있다. '생활영어'에서 '연령별 표현', '과목별 기초표현'까지 이 한 권이면 모두 해결할 수 있다. 또한 본문 전체를 녹음한 총 10시간 분량의 MP3 다운로드 서비스를 제공한다.

엄마표 영어유치원 시리즈
첫 영어동화 읽기 ① ② ③
줄리 황 지음 | 84면(1,3권) 110면(2권) | 11,000원(1,3권) 12,000원(2권) (MP3 다운로드 제공)

인기만점 영어동화 10편 엄선! 어린이들이 일상에서 자주 접했던 동화를 통해 영어를 익힐 수 있도록 한 유아용 영어책. 예쁜 그림과 신나는 스토리가 있는 영어동화부터 영어 동요, 영어 놀이 그리고 어린이 동화 전문 성우들이 녹음한 실감나는 MP3 음원까지! 권말에 영어 놀이에 필요한 삽화컷과 등장인물 그림카드를 제공한다.

노래가 말이 되는
영어동요 하루Song, 대화Song
이고은(하루Song) · 세히라(대화Song) 지음 | 74면 | 각 권 13,800원 (CD 2장, 스티커, 미니북 포함)

아이의 생활과 관계없는 어려운 영어동요는 이제 그만! 〈하루Song〉은 일어나서 잠들기까지 아이가 하루 동안 겪는 20가지 상황을 노래로 만들었고, 〈대화Song〉은 엄마와 아이가 자주 나누는 대화 패턴을 노래로 만들었다. 노래를 따라 부르다 보면 생활회화 문장이 저절로 입에 붙는 고마운 책!

로그인 창의폭발 엄마표 베스트셀러

창의폭발 엄마표 판타스틱 미술놀이
박민재 지음 | 244면 | 값 12,800원 (특별부록: 미술놀이 재료, 만들기 도안)

1년 365일 집에서 아이와 환상적인 미술놀이에 빠지게 해 주는 엄마표 가이드북! 봄부터 겨울까지 계절별로 자연을 만끽하는 놀이, 기념일과 절기의 의미를 되새기는 놀이 등을 제시한다. 유아를 위한 촉감놀이·탐색놀이부터 초등학생을 위한 조형·만들기·디자인까지 광범위하게 담겨 있어 아이가 있는 집이라면 오랫동안 든든한 미술놀이 참고서가 되어줄 것이다.

창의폭발 엄마표 미술놀이
연후맘 지음 | 228면 | 값 12,800원

오감발달과 창의력 향상에 좋은 미술놀이, 이제 엄마표로 해결한다! 따라 하기 쉬운 창의적인 미술놀이로 입소문난 〈연후맘의 미술놀이〉 인기놀이 100개를 실었다. 모든 과정을 요리책처럼 사진으로 보여 주어, 미술에 자신 없는 엄마들도 누구나 쉽게 따라할 수 있다.

창의폭발 엄마표 그리기놀이
천소 지음 | 104면 | 값 12,800원

그림을 그리면 똑똑하고 자신감 있는 아이로 자란다! 누구든 따라만 그리면 예쁘게 완성되는 신기한 그리기 놀이책. 강아지, 고양이, 꽃, 나무, 자동차 등 아이들이 가장 좋아하는 50여 가지 그림을 예쁘게 그리는 법을 소개한다. 도형을 이용해 틀을 잡기 때문에 그림을 쉽고 간단하게 완성할 수 있어 그리기를 처음 시작하는 엄마와 아이도 쉽게 따라할 수 있다.

로그인 인기 놀이도서

창의폭발 엄마표 요리놀이
심진미 지음 | 200면 | 값 12,800원

다양한 재료를 찢고 자르고 뭉치는 요리과정을 통해 소근육과 오감을 발달시키고, 요리를 완성하면서 아이들의 성취감까지 키워 주는 요리놀이 80개를 소개한다. 태극기 케이크, 호떡 눈사람 등 아이들의 상상력을 자극하는 요리가 가득하다.

키짱 몸짱 자신감짱
아빠표 체육놀이
김도연 지음 | 200면 | 12,800원

하루 20분 아이와의 몸놀이, 아이의 인생을 바꾼다. 체력은 기본, 자신감과 리더십까지 키워 주는 아빠표 체육놀이를 손쉽게 따라할 수 있는 아빠 필독 가이드북! 사랑이 커지는 스킨십 놀이, 키 크는 데 도움 되는 놀이 등을 소개한다.

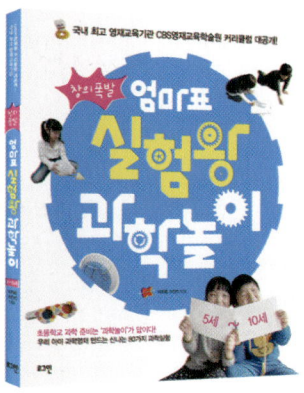

창의폭발 엄마표 실험왕 과학놀이
이조옥 이진선 지음 | 200면 | 값 16,000원

국내 최고 영재교육기관 [CBS영재학술교육원] 커리큘럼 대공개! 대한민국 상위 3%의 영재들만 누릴 수 있었던 프로그램을 한 권의 책에 담았다! 과학을 잘 모르는 엄마도 자녀를 '과학을 좋아하는 아이'로 키울 수 있는 생활 속 과학놀이를 소개한다. '화산폭발', '물을 빨아들이는 컵', '귤껍질 불꽃쇼', '식초로 쓴 비밀편지' 등 할 때마다 집안이 들썩들썩해지는 신나는 과학실험놀이 아이템 80가지를 담았다.

엄마표 수학가베놀이 스티커 부록

1   2   3   4   5   6

1   2   3   4   5   6

1   2   3   4   5   6

1   2   3   4   5   6

10   10   10   10   10   10   10   10

10   10   10   10   100   100   100   100

100   100   100   100   100   100   100   100

1 1 1 1 1 1 1 1 1 1 1 1 1

1	2	3	4	5	6		
1	2	3	4	5	6		
1	2	3	4	5	6		
1	2	3	4	5	6		
1	2	3	4	5	6		
1	2	3	4	5	6		
1	2	3	4	5	6		
1	2	3	4	5	6	7	8
1	2	3	4	5	6	7	8
1	2	3	4	5	6	7	8
1	2	3	4	5	6	9	9

1 2 3 4 5 6 7 8 9 10

1 2 3 4 5 6 7 8 9 10

1 2 3 4 5 6 7 8 9 10

1 2 3 4 5 6 7 8 9 10

1 2 3 4 5 6 7 8 9 10

1 2 3 4 5 6 7 8 9 10